뉴 프런티어와 위대한 사회

미국사 산책 9

미국사 산책 9 : 뉴 프런티어와 위대한 사회

ⓒ강준만, 2010

1판 1쇄 2010년 9월 6일 펴냄

지은이 | 강준만 펴낸이 | 강준우 기획편집 | 이혜미, 박김문숙, 이연희, 이동국
디자인 | 이은혜, 임현주 마케팅 | 이태준, 최현수 관리 | 김수연 펴낸곳 | 인물과사상사
출판등록 | 제17-204호 1998년 3월 11일 주소 | (121-839) 서울시 마포구 서교동 392-4 삼양빌딩 2층
전화 | 02-471-4439 팩스 | 02-474-1413 홈페이지 | www.inmul.co.kr | insa@inmul.co.kr
ISBN 978-89-5906-156-3 04900 ISBN 978-89-5906-139-6 (세트)
값 14,000원

이 저작물의 내용을 쓰고자 할 때는 저작자와 인물과사상사의 허락을 받아야 합니다.
파손된 책은 바꾸어 드립니다.

뉴 프런티어와 위대한 사회

미국사 산책 9

강준만 지음

제1장 존 F. 케네디의 뉴 프런티어
1960년 대선 제35대 대통령 존 F. 케네디 •9
경제를 위해 전쟁이 필요한가? 아이젠하워의 군산복합체 경고 •33
케네디의 좌절 피그스만 침공 사건 •44
박정희-케네디 회담 박정희의 미국 방문 •61
케네디의 도박 쿠바 미사일 위기 •67

제2장 마틴 루서 킹의 민권투쟁
'광활한 황무지' 대 '문화적 민주주의' 텔레비전 개혁 논쟁 •83
소비주의 찬양 앤디 워홀의 팝 아트 •92
극단을 향한 충동 메릴린 먼로와 존 F. 케네디 •103
'침묵의 봄'과 '여성의 신비' 레이철 카슨과 베티 프리단 •114
'악(惡)의 평범성' 아이히만 재판 •126
"나에겐 꿈이 있습니다" 마틴 루서 킹의 워싱턴 행진 •136

제3장 존 F. 케네디 암살
누가 케네디를 죽였는가? 케네디 암살 •149
'케네디 전설'과의 투쟁 제36대 대통령 린든 존슨 •165

자유를 위한 투쟁 비틀스와 '미시시피 버닝' 사건 •174
"미디어는 메시지다" 마셜 매클루언의 텔레비전론 •186
정보 전쟁 매스미디어와 국가 발전 •197

제4장 '베트남 악몽'의 시작

'베트남 악몽'의 시작 베트남 통킹만 사건 •207
'위대한 사회'와 '가난과의 전쟁' 1964년 대선 •218
'한국 경제의 구세주' 월트 로스토의 경제성장 5단계설 •228
"백인은 악마다!" 맬컴 엑스와 와츠 폭동 •236
"어떤 속도로 달려도 안전하지 않다" 랠프 네이더의 소비자운동 •249

제5장 베이비붐 세대의 저항

"맹호는 간다" 한국군의 월남 파병과 존슨의 방한(訪韓) •261
'몰리 세이퍼의 전쟁' 컬러텔레비전의 힘 •275
"나는 베트콩에 아무 감정이 없다" 알리의 징집 거부와 국방성 행진 •289
'보니와 클라이드' 베이비붐 세대의 저항 •301

참고문헌 •319 찾아보기 •341

• 일러두기

외국인의 인명은 생존한 경우 괄호 안에 본래 이름만 넣었고, 사망한 경우 본래 이름과 생몰연도를 함께 실었다. 그 외에 인명과 연도를 괄호 안에 함께 묶은 것은 책의 끝에 있는 참고문헌의 길라잡이로 밝히고자 함이다.

제1장
존 F. 케네디의 뉴 프런티어

1960년 대선
제35대 대통령 존 F. 케네디

존 F. 케네디는 누구인가?

1960년 대선은 민주당의 존 F. 케네디(John F. Kennedy, 1917~1963)와 공화당의 리처드 닉슨(Richard M. Nixon, 1913~1994)의 대결 구도로 치러졌다. 케네디는 누구인가? 앞서(6권 2장, 5장) 살펴보았듯이, 그의 아버지 조지프 케네디(Joseph Kennedy, Sr., 1888~1969)는 프랭클린 루스벨트(Franklin D. Roosevelt, 1882~1945) 대통령 시절 영국 대사를 지낸 재력가였고, 케네디의 어머니 로즈 케네디(Rose E. Kennedy, 1890~1995)는 보스턴 시장을 역임한 존 피츠제럴드(John F. Fitzgerald, 1863~1950)의 딸이었다. 9남매를 둔 조지프 케네디는 자신의 아들들을 정치가로 키우고 싶어 해 경쟁심 키우기를 가정교육의 으뜸으로 삼았다. 아버지는 자식들이 재미로 하는 스포츠에서조차 강인한 무언가를 보여주길 원했고, 밥상머리에선 공적인 주제로 격렬한 토론을 벌이도록 유도했다. 그는 늘 자식들에게 "2등이나 3등은 필요 없다. 오직 1등만이 모든

미국의 제35대 대통령 존 F. 케네디.

것이다"라고 말하곤 했다.(Leamer 2001)

1917년 5월 29일, 매사추세츠(Massachusetts) 주 브루클린에서 9남매 중 둘째로 태어난 케네디는 병약한 체질 탓에 잔병치레가 많았다. 병약한 체질은 평생 그를 괴롭히는데, 그의 병이 악화되는 데엔 아버지의 경쟁심 키우기가 큰 몫을 한다. 몸이 따라주지 않는데도 스포츠에서 강인함을 보여주려다가 병이 들었기 때문이다.

1936년 케네디는 아버지의 모교인 하버드대학에 진학했다. 그가 1940년에 제출한 졸업논문 「유럽의 회유(Appeasement in Europe)」는 아버지의 기획으로 『왜 영국은 잠자고 있었나(Why England Slept)』(1940)란 제목으로 출간돼 베스트셀러가 되었다. 이는 케네디 가문의 친구인 『뉴욕타임스(The New York Times)』 워싱턴 지국장 아서 크록(Arthur B. Krock, 1886~1974)이 제공한 자료를 상당 부분 베낀 것이었으며, 이 책을 극찬한 『뉴욕타임스』의 서평도 크록이 쓴 것이었다.(Chafe 1986, Heymann 1992, Shenkman 2003, 박성심 1998)

하버드대학을 졸업한 케네디는 1941년 봄, 육군에 입대 신청서를 냈으나 군의관으로부터 병역 불가 판정을 받았다. 대학 시절 미식축구를 하다 다친 척추 때문이었다. 그러나 그는 포기하지 않고 6개월간 피나는 재활 훈련을 통해 건강을 회복했고 그해 가을 해군에 입대했다. 1941년 12월 태평양전쟁이 발발한 후 1년 동안 케네디는 해군성 정보국에서 행정업무를 수행했다. 실전에 참가하길 원했던 케네디는 PT보트

1943년 군 복무 중 PT-109에서의 케네디.

(어뢰정)를 타겠다고 자원해 1943년 3월부터 전장에 나섰다.

그로부터 반년도 채 지나지 않은 1943년 8월 2일, 케네디 대위가 지휘하고 있던 훈련용 어뢰정이 남태평양 솔로몬군도 근처에서 일본 구축함의 공격을 받아 침몰했다. 이 사고로 두 명의 부하가 죽고 병사 대다수가 부상당해 표류했다. 케네디는 이때 결연한 의지와 리더십으로 모두를 구조해 훈장을 받으며 전쟁영웅으로 추앙(推仰)받았다. 훗날 케네디는 이를 자신의 정치적 자산으로 삼아 적극 홍보하는데, 홍보가 지나쳐 그의 공적이 과장되었다는 비판이 끊이지 않았다. 심지어 지휘관으로서의 잘못된 판단 때문에 일어난 사고이므로 케네디가 군

법회의에 회부될 수도 있는 사안이었다는 지적도 제기되었다.
(Matusow 1983a, Wills 1981)

본대로 귀환한 케네디는 어뢰정 지휘관으로 활동했으나 척추 부상과 말라리아로 1944년 마이애미로 후송되었다. 이해 6월 수술을 받고 해군병원에 입원해 있던 케네디는 미 해군 조종사로 복무하던 형 조지프 케네디 2세(Joseph P. Kennedy, Jr., 1915~1944)가 8월 12일 전투기 사고로 사망했다는 소식을 들었다. 형의 죽음으로 케네디는 의기소침해졌고 1945년 3월 전역했다.

조지프 케네디 2세의 죽음은 아버지 조지프 케네디에게도 충격이자 슬픔이었다. 사실 조지프 케네디는 장남을 정치가로 만들려 했고, 조지프 케네디 2세는 아버지의 그런 기대를 언제나 만족시켜왔다. 그런 장남이 사망한 것이다. 그러자 조지프 케네디는 차남 존 F. 케네디를 본격적으로 정치의 길로 인도한다. 케네디도 정치에 입문한 동기를 "조(Joe)가 죽었기 때문에……"라고 밝히기도 했다.(Ridings & McIver 2000)

아버지가 만든 아들

군 제대 후 한동안 기자로 활동하며 유엔총회, 포츠담회담 등을 취재한 케네디는 1946년 초여름 아버지가 막대한 돈을 뿌린 덕분에 보스턴의 연방 하원의원 민주당 후보가 될 수 있었다. 보스턴의 한 신문에 '국회의석 판매: 경험은 필요 없음, 지망자는 뉴욕에 살거나 플로리다에 거주해야 함, 오직 백만장자만 지원할 수 있음'이라는 케네디에 대한 야유성 광고가 실릴 정도였다.(임용순 1995)

그해 11월 하원의원에 당선된 케네디는 빼어난 외모로 인기를 누리면서 1948년과 1950년, 하원의원에 연속으로 당선되었다. 그는 1952년엔 1936년부터 매사추세츠 주 상원의원으로 활약해온 공화당의 중진 헨리 로지(Henry C. Lodge, Jr., 1902~1985)를 누르고 상원의원에 당선되었다. 1953년 24세의 재클린 부비에(Jacqueline Bouvier, 1929~1994)와 결혼한 케네디는 1954년 척추 이상으로 두 번의 위험한 수술을 한 끝에 간신히 건강을 회복할 수 있었다. 케네디는 요양을 하며 1956년 『용기 있는 사람들(Profiles in Courage)』을 발표했다. 이 책 또한 다른 사람들이 대신 써준 것이었다. 집안 친구인 아서 크록이 다시 나서서 『뉴욕타임스』와 매우 가까운 퓰리처상 위원회를 움직였다. 케네디의 책은 1958년 퓰리처상을 받는다. 그것참, 아버지는 잘 두고 볼 일이다.(Chafe 1986, Shenkman 2003)

케네디는 1956년 민주당 부통령 후보 지명을 위한 선거에 나섰다가 실패하자 미 전역을 돌아다니며 민주당 대선 후보 애들라이 스티븐슨(Adlai E. Stevenson II, 1900~1965)의 지지 연설을 하면서 지명도를 높여나갔다. 그는 1957년 인종차별을 하는 사람에게 강력한 제재를 가할 수 있는 권한을 법무장관에게 부여하자는 요지의 민권법(Civil Rights Act)을 제안해 관철시키고, 노인 복지법안을 제의하며 최저임금을 상승시켜야 한다고 주장함으로써 민주당 진보파의 지지를 받았다.

그해에 소련에서 최초의 인공위성인 스푸트니크 1호가 발사되자 케네디는 아이젠하워 행정부를 강력하게 비판했다. 정부가 미사일 개발과 우주 개발을 소홀히 해 미국이 미사일 개발에서 소련에 뒤졌으며, 이는 국가방어를 너무 소홀히 했기 때문이라는 것이 비판의 요지

1960년 3월 위스콘신 주 애플톤에서 유세 중인 케네디 부부. 두 사람 모두 유창한 말솜씨로 대중에게 어필했다. ⓒ Jeff dean

였다. 이처럼 그는 의회에 머무는 동안 대내적으로는 진보적인 정책을 지지하고, 대외적으로는 소련의 군사력 확장을 경계하며 반공 이데올로기를 고수하는 보수적인 입장을 표명했다. 그는 자신의 이런 신념을 대통령이 되어서도 고수한다.

1958년 74퍼센트의 득표율로 공화당 후보를 압도적으로 누르고 상원의원에 재선된 케네디는 1960년 대선을 염두에 두고 전국을 돌며 강연회를 열어 대중에게 자신을 알려나갔다. 그는 1960년 1월 2일 대선에 출마할 것을 공식 선언한 뒤, 그해 7월 로스앤젤레스에서 열린 민주당 전당대회에서 경쟁자들을 물리치고 민주당 대통령 후보로 지명되었다. 케네디는 대통령 후보 수락 연설에서 '뉴 프런티어(New

Frontier)' 개념을 역설했다.

"오늘날 '모든 지평선은 개척되었다. 미국에는 이제 프런티어가 존재하지 않는다' 고 말하는 사람도 있을 것입니다. 그러나 문제가 전부 해결된 것은 아닙니다. 모든 싸움에서 승리를 거둔 것도 아닙니다. 오늘 우리는 뉴 프런티어에 직면해 있습니다. 1960년대의 프런티어, 미지의 기회와 길 그리고 아직 채워지지 않은 희망과 위험을 안고 있는 프런티어. …… 우리가 여기서 이야기한 프런티어는 일련의 약속이 아닙니다. 그것은 일종의 도전입니다. 그것은 제가 국민 여러분께 무엇인가를 드릴 것이라고 약속하지 않습니다. 오히려 무엇인가를 바랄 것임을 약속합니다. …… 그것은 더 나은 안전을 약속하지도 않습니다. 오히려 더 많은 희생을 약속합니다. …… 이 프런티어 속에는 아직 지도에 나와 있지 않은 과학이나 우주 분야, 아직 해결되지 않은 평화와 전쟁의 문제, 아직 정복되지 않은 무지와 편견의 골, 아직 해답이 나오지 않은 빈곤과 과잉의 문제가 펼쳐져 있습니다."(사루야 가나메 2007)

케네디는 광고비를 포함해 경쟁자들보다 훨씬 더 많은 물량공세를 퍼부은 덕을 톡톡히 보았다. 이 물량공세에는 유능한 참모진도 포함되었다. 이를 두고 CBS 논평가 에릭 세버레이드(A. Eric Sevareid, 1912~1992)는 정치에도 경영혁명(the managerial revolution)이 도래했다고 선언했다. 민주당은 선거사상 최초로 전 선거과정을 관리하는 데에 전자 컴퓨터를 사용했는데, 이 컴퓨터는 국민 기계(the People Machine)로 불렸다.

닉슨과 케네디의 약점

반면 공화당은 어떠했던가? 1960년 8월 선거전이 한창일 때 드와이트 아이젠하워(Dwight D. Eisenhower, 1890~1969)는 공화당 대통령 후보 닉슨이 행정부에서 8년간 부통령을 지내며 주요 정책 결정에 어느 정도 참여했느냐는 기자의 질문을 받고 "일주일만 말미를 주시오. 그러면 내 하나 생각해내리다. 잘 기억나진 않지만"이라고 답했다. 나중에 아이젠하워는 농담으로 한 말이었다고 해명했지만 이는 닉슨에게 큰 타격이 되었다. 케네디 캠프는 잽싸게 이 말을 광고에 이용했다. 광고는 내레이터의 다음과 같은 말로 시작됐다.

"모든 공화당 정치인은 리처드 닉슨이 경험이 많다고 믿고 싶어 합니다. 그들은 물론 유권자 여러분도 닉슨이 백악관에서 실제 많은 결정을 내렸다고 믿고 싶어 합니다. 그러나 진실을 가장 잘 아는 한 사람, 미국 대통령의 말을 들어보십시오. 한 기자가 최근 아이젠하워 대통령에게 닉슨의 경험에 대해 물었습니다. 질문을 받은 기자회견장에서 아이젠하워 대통령이 대답했습니다. '나 외에 결정을 내린 사람은 없습니다.'"

이어 광고는 "일주일만 말미를 주시오. 그러면 내 하나 생각해내리다. 잘 기억나진 않지만"이라는 아이젠하워의 말을 소개한 후, 다음과 같이 끝맺는다. "아이젠하워 대통령은 기억해낼 수 없었습니다. 그러나 유권자 여러분께서는 기억하셔야 합니다. 1960년대를 이끌 진정한 지도자 존 F. 케네디 연방 상원의원이 대통령이 될 수 있도록 선택해주십시오."(Mark 2009)

케네디는 닉슨과의 텔레비전 토론에서도 아이젠하워의 말을 인용하며 닉슨을 몰아붙였다. 그렇다면 닉슨은 아이젠하워 행정부의 실정(失政)에 대해서는 면책되지 않았을까? 그렇지도 않았다. 아이젠하워가 2차 세계대전의 영웅인데다 워낙 거물인지라 그에 대한 비판에 부담을 느낀 사람들은 주로 닉슨을 물고 늘어졌다. 닉슨이 한 일이 있건 없건, 대선 기간에 터진 U-2기 격추사건도 닉슨에게 매우 불리하게 작용했다. '거짓말 정부'라는 말을 들을 정도로 정부의 명예가 실추되었으니 이는 집권여당 후보가 져야 할 부담이 되고 만 것이다.

어디 그뿐인가. 경제학자 에드워드 터프트(Tufte 1980·1987)의 연구 결과에 따르면, 미국 경제는 일종의 특유한 경기순환을 갖고 있는데 지난 수십 년간 중간선거 때마다 미국인의 가처분소득은 대폭 증가했으며, 대통령선거 때마다 실업률이 감소한 경향을 꾸준히 보여왔다는 것이다. 단, 아이젠하워와 지미 카터(Jimmy Carter) 정부 때만 예외였다고 한다. 아이젠하워 행정부는 어느 행정부건 대선 때마다 여당 후보를 위해 하게 마련인 '경제조작'을 전혀 하지 않음으로써 닉슨에게 타격을 안겨주었다는 것이다.(Schneider 1988, Wills 1987)

이런 주장에 영향을 받은 것인지 닉슨도 후일 자신이 출마했던 1960년 대선과 1954·1958년 중간선거에서 공화당이 패배한 이유를 설명하면서 선거 2~3개월 전의 경기 침체를 중요하게 지적했다. 닉슨이 회고록 『여섯 가지 위기(Six Crises)』(1962)에서 "아이젠하워는 일반인들의 눈엔 순진한 사람으로 비쳤지만, 대부분의 사람들이 알고 있던 것보다 훨씬 더 복잡하고 음흉한 사람이었다"고 주장한 것도 무리는 아니다.(Shenkman 2003)

U-2기 격추사건과 아이젠하워의 지원을 받지 못한 게 닉슨의 약점

이라면, 케네디의 약점은 가톨릭이라는 종교였다. 1960년 미국 전체에서 가톨릭 신자의 비율은 20~30퍼센트나 되었지만, 문제는 신자 수보다는 주류인 프로테스탄트의 가톨릭에 대한 뿌리 깊은 반감이었다. 일단의 프로테스탄트 목사들이 가톨릭 신도는 대통령이 될 수 없다는 내용의 성명서를 발표할 정도였다.(Barrett 1964)

이에 케네디는 '미국적 가치'를 내세워 정면 돌파하는 방법을 구사했다. 케네디는 민주당 예비선거에서부터 종교 문제를 관용(tolerance)의 문제로 바꿔버렸다. 자신에게 투표하는 것은 개방적인 마음을 나타내고, 반대하는 것은 편협한 마음을 나타낸다는 식이었다. 이 전략의 시험대는 웨스트버지니아(West Virginia) 주 예선이었다. 이곳은 프로테스탄트가 많은 주였고 케네디의 경쟁자인 휴버트 험프리(Hubert H. Humphrey, Jr., 1911~1978)는 프로테스탄트였다.

케네디의 '관용 전략'에 대한 시어도어 화이트(White 1961)의 평가에 따르면 "일단 문제가 관용 또는 불관용의 문제가 되자 휴버트 험프리는 교살당했다. 누구도 험프리에 투표해서는 자신의 관용을 증명할 수 없게 되었다. 그러나 아직 마음을 정하지 못한 사람들은 케네디에게 투표함으로써 적어도 자신이 관용적인 사람임을 입증할 수 있었다."(Jamieson 2002)

존슨은 어떻게 러닝메이트가 되었나?

케네디의 러닝메이트는 텍사스(Texas) 출신의 민주당 원내총무 린든 존슨(Lyndon B. Johnson, 1908~1973)이었다. 그는 191센티미터의 장신에 독특한 퍼스낼리티를 가진 인물이었다. 주변 사람들의 인물평을 종합해보자면 이런 사람이었다. "용감하지만 잔인하며, 애정이 있는 반면 무자비하고, 지적 능력이 뛰어난 반면 센스가 전혀 없었다. 관대하지만 이기주의자였고, 친절하지만 무자비했으며, 세속적이지만 아주 매력적이었다. 충동적이고 잔인무도했고 노골적이고 센스가 없고 유머가 없고 보잘것없었지만 감정이 있고 수줍어하며 세련되고 자아비판적이고 재치와 아량이 있다."(Greenstein 2000)

존슨이 케네디의 러닝메이트가 될 수 있었던 뒷이야기가 흥미롭다. 1960년 대선의 전 과정을 밀착 취재한 시어도어 화이트(Theodore H. White, 1915~1986)는 케네디가 존슨에게 러닝메이트 요청을 했다는 공식발표만을 기록하면서도 "엄청나게 복잡한 갈등 과정이 있었다"며 "이 문제는 훗날 역사가들의 몫"이라는 단서를 달았다.(White 1961) 아닌 게 아니라 훗날 앤서니 서머스(Summers 1995)가 기밀 해제된 문서들을 근거로 역사를 새롭게 썼다. 서머스의 주장을 근거로 살펴보자면 이런 이야기다.

조지프 케네디는 전국의 마피아들과 접촉하면서 막대한 선거자금과 마피아 헌금까지 동원하는 등 금권선거에 앞장섰다. 그러나 정작 문제는 돈이나 종교보다는 아들 케네디의 엽색행각이었다. 케네디는 병적일 정도로 섹스에 탐닉한 인물이었다. 마피아 자금과 엽색행각이라는 그의 약점을 꿰뚫고 있는 자가 있었으니, 바로 당시 존슨과 친했던 FBI 국장 존 에드거 후버(John Edgar Hoover, 1895~1972)다.

케네디의 여자들 중엔 아돌프 히틀러(Adolf Hitler, 1889~1945) 및 헤르만 괴링(Herman Göring, 1893~1946)과 친했던 여인도 포함돼 있었으니, 이 사실이 드러나면 케네디의 대통령 꿈은 날아갈 수 있었다. 애초에 케네디가 염두에 둔 부통령 후보 3인 중엔 존슨은 들어가 있지 않았는데, 발표 직전 뒤집혀 존슨으로 낙점되었다. 존슨과 후버가 합작으로 케네디를 압박한 탓이었다. 이 주장의 사실 여부에 관계없이 케네디가 대통령이 된 후에도 후버에게 계속 끌려다닌 건 분명한 사실이다.

케네디에겐 또 다른 약점이 하나 있었으니, 그건 바로 젊은 외모였다. 당선만 되면 43세의 대통령과 31세의 퍼스트레이디라는 신선미와 싱싱함을 과시할 수 있었겠지만, 대선 과정에서 이는 심각한 문제였다. 케네디의 외모는 실제 나이보다 더 어려 보여 대학생 같은 느낌마저 줄 정도였다. 이는 미성숙의 문제기 때문에, 종교보다 더 큰 문제라고 생각한 사람들도 많았다. 그래서 헤어스타일을 바꾸고 나이 들어 보이는 사진을 골라 유포시키는 방법 등이 동원되었다.

케네디는 43세 전에 국가지도자가 된 유명 정치가로 시어도어 루스벨트, 윌리엄 핏, 나폴레옹, 알렉산더 대왕 등을 열거했다. 이어 그는 만약 43세를 기준으로 자른다면 조지 워싱턴은 대륙군을 지휘하지 못했으며, 콜럼버스는 아메리카 대륙을 발견하지 못했을 것이며, 토머스 제퍼슨은 독립선언서를 기초하지 못했을 것이라고 주장했다. 참모들이 젊은 지도자 명단에 예수를 넣자 케네디는 그건 지나치다며 스스로 삭제했다.

케네디는 "내 일생에만 7명의 대통령 가운데 4명이 임기 중 일시적이라도 건강문제로 업무수행이 불가능한 적이 있었다"며 자신의 젊음을 건강과 연결하는 전술도 구사했다. 그러나 훗날 밝혀지지만, 그의 진짜 문제는 역대 그 어떤 노령의 대통령보다 더 나쁜 건강이었다.

그러나 이런 문제에도 불구하고, 케네디는 정치인으로서의 감각이 뛰어났다. 1960년 10월, 마틴 루서 킹(Martin Luther King, Jr., 1929~1968)이 다른 주 운전면허로 운전했다는 날조된 혐의로 조지아(Georgia) 주의 감옥에 감금되자, 케네디는 즉각 킹의 아내인 코레타(Coretta S. King, 1927~2006)에게 전화를 걸어 그녀를 위로하고 돕겠다고 약속했다. 평생 공화당원이었던 킹은 그 전화에 감격해 출감 후 흑인들을 상대로 적극적인 케네디 지원 운동을 벌였다. 케네디의 전화는 흑인들의 지지와 백인들의 반발이라는 양면성을 지닌 계산된 모험이었지만, 성공을 거뒀다고 평가되었다.(Gardner 1997)

시어도어 소렌센(Theodore C. Sorensen)이라는 탁월한 명문가를 곁에 둔 덕이기도 했지만, 케네디는 언어 구사력도 탁월했다. 오히려 지나쳐서 문제일 정도였다. 출신배경도 그랬지만 언어 구사에서도 케네디가 '귀족'이라면 닉슨은 '서민'이었다. 벤저민 브래들리(Bradlee 2002)에 따르면 "선거운동에서 케네디는 학자 같은 딱딱한 인상을 굳이 숨기려고 하지 않았다. 닉슨은 자신의 인상을 서민적으로 유지했다. 예컨대, 클리블랜드(Cleveland)에서 있었던 일이다. 케네디는 셔츠 바람으로 땀을 흘리는 10만 명의 군중 앞에서 15분간 연설하는 동안 여섯 개의 문장을 역사와 문학작품에서 인용했다. 그중 하나는 심지어 18세기 코네티컷(Connecticut) 주의회 하원의장의 말이었다. 닉슨은 자신의 연설을 그처럼 꾸미느니 차라리 국회의사당 기둥을 쓰러뜨릴 사람이었다."

대부분의 정치인이 그렇긴 하지만, 케네디의 기억력은 타의 추종을 불허할 정도로 비상했다. 그는 기자들을 포함한 수많은 사람들의 이름에서부터 자신의 스케줄에 이르기까지 잘 기억하고 있었다. 케네디는 유머 감각도 좋았다. 예컨대, 대통령이 된 후에 그는 전직 대통령 해리 트루먼(Harry S. Truman, 1884~1972)과 설전을 벌인 뒤 "트루먼이 저더러 SOB(son of a bitch; 개새끼)라고 부른 데 대해 사과할 걸로 봅니다. 그리고 저는 제가 SOB인 것에 대해 사과할 계획입니다"라는 명언(?)을 남기기도 한다.(Dole 2007)

사상 최초의 텔레비전 토론

1960년 대선의 백미는 대통령 선거사상 최초로 시도된 텔레비전 토론이었다. 텔레비전 토론은 흔히 군소정당의 후보들을 차별한다는 점에서 선거제도상의 근본적인 문제점을 안고 있다. 1960년 대선에서도 대통령으로 출마한 사람은 케네디와 닉슨 이외에 14명이나 있었다. 모든 선거 후보자들에겐 공평한 방송기회를 허용해야 한다고 규정한 '동등시간법(equal time law)'에 따르면 14명의 후보에게도 텔레비전 토론을 허용해야 하는데, 이는 방송사로서는 수용하기 불가능하다는 문제점을 안고 있었다. 그래서 미 의회는 케네디와 닉슨의 방송토론을 위해 이 규정의 적용을 일시 중지시켰다. 이후 대통령 선거 시 공화·민주 양당 후보자들은 뉴스, 인터뷰, 다큐멘터리 등 선의의 방송보도로 인한 특정 후보의 방송출연은 동등시간법의 적용을 받지 않는다는 점을 이용해 제3자가 주선하는 형식을 취하는 편법으로 방송토론에 출연한다.

물론 군소정당 후보들은 크게 반발했다. 사회주의 정당 후보였던 에릭 해스(Eric Hass, 1905~1980)는 다음과 같은 비판을 퍼부었다. "비슷하게 생기고, 비슷하게 말하고, 비슷하게 행동하는 양대 정당 후보들

케네디와 닉슨의 첫 텔레비전 토론.

에겐 무료 텔레비전 시간을 주면서 군소정당 후보들을 배제하는 건 모든 국민이 주요 이슈의 모든 측면을 다 알아야 하고 사상의 자유시장을 허용해야 한다는 민주주의 정신의 이론과 의도에 위배되는 것이다."(Culbert 1983)

  토론은 모두 네 번 열렸는데, 7350만 명의 시청자가 본 첫 번째 토론이 대선의 향방에 결정적인 영향을 미쳤다. 뒤이어 세 번의 토론을 지켜본 시청자의 수는 약 5000만 명으로 줄었다. 첫 토론은 9월 26일 시카고에서 열렸다. 마셜 매클루언(H. Marshall McLuhan, 1911~1980)을 포함한 많은 전문가들이 바로 이 토론 때문에 닉슨이 선거에서 패배했다고 주장했으며, 케네디도 선거 후 열린 첫 기자회견에서 텔레비전 토론이 없었더라면 이길 수 없었을 것이라고 말했다.(Becker 1961, Kane 1966, McGinniss 1969)

매클루언은 이 토론에서 닉슨이 케네디에 비해 '뜨거운' 이미지를 가졌기 때문에 불리했다고 말한다. 반면 1968년 선거에서 닉슨이 승리할 수 있었던 것은 경쟁자인 휴버트 험프리의 이미지가 닉슨보다 더 '뜨거웠기' 때문이라는 것이다. 그러나 닉슨의 패배는 꼭 그의 이미지가 케네디보다 뜨거워서만은 아니었다. 닉슨은 많은 실수를 저질렀다. 당시 텔레비전 토론의 프로듀서를 맡았던 CBS-TV의 돈 휴잇 (Don Hewitt, 1922~2009)에 따르면 이렇다.

케네디는 유권자들에게 보다 생기 있어 보이려고 미리 하루 종일 잠을 푹 자 두었으나 닉슨은 병을 앓아 지친 상태에서 전국목수협회에서 연설했고 차에서 내리다가 무릎까지 다쳐 선거 참모들로부터 조금이라도 분장을 하라고 권고를 받을 정도였다. 휴잇은 닉슨의 외모가 초래할 말썽의 소지를 알아차리고 당시 CBS 사장 프랭크 스탠턴 (Frank N. Stanton, 1908~2006)에게 닉슨이 카메라에 나오는 모습을 살펴보라고 요청했다. 스탠턴은 권투심판이라도 되는 것처럼 요모조모 살펴보더니 닉슨의 참모장을 불러 "당신네 후보의 외모에 만족합니까" 라고 물었다. 이 참모는 뜻밖에도 "물론이죠"라고 대답했다. 그러자 스탠턴은 휴잇에게 "그렇다면 우리는 이 문제에 대해 신경 쓸 것 없네. 그 사람들이 괜찮다면 별수 없지 않은가"라고 말했다.

텔레비전 토론 중 닉슨의 땀은 그에게 큰 약점으로 작용했다. 닉슨은 토론 도중 이마와 윗입술 사이로 땀을 뻘뻘 흘렸고 자주 땀을 닦는 모습이 화면에 나타났다. 사실은 전혀 그렇지 않았는데도, 시청자들로서는 닉슨이 케네디와의 논쟁에서 수세에 돌려 진땀을 흘리는 것으로 생각할 수밖에 없었다. 실제로 라디오 청취자들 가운데에는 닉슨이 토론에서 이겼다고 생각한 사람들이 더 많았다. 그러한 장면을 연출하도록 한 장본인은 바로 케네디의 참모였다. 케네디의 참모와 닉슨의 참모는 화면편집을 결정하는 휴잇을 사이에 두고 앉았는데 당시의 상황을 케네디의 참모는 이렇게 말했다.

"닉슨을 보면 그가 땀을 흘리기 시작하는 게 보인다. 또 조명 때문에 턱수염이 강하게 부각된다. 사실 그는 말끔히 면도를 한 상태지만 조명에 신경 쓰지 않은 탓으로 수염 그림자가 생기고 마치 4시나 5시가 된 것처럼 우중충하게 보이는 것이다. 그가 땀을 흘리면 나는 즉시 '휴잇, 닉슨 얼굴을 잡아. 우리 쪽 얼굴이 세 번이나 더 나왔어. 이제 닉슨 차례야'라고 외쳤다. 이러한 주문에 휴잇은 미칠 지경이었다."

이른바 '5시 수염(five o'clock shadow)'이 문제였다. 이는 아침에 깎은 수염이 저녁에 거뭇거뭇 자라 있는 모습을 나타내는 영어 표현이다. 미국인의 일상이 대개 오후 5시면 끝나기 때문에 생긴 말이다. 그런데 닉슨은 온종일 이런 모습으로 있었던 것으로 유명하다. 그는 분장을 하라는 참모들의 제의를 묵살하고 피곤하고 텁수룩한 채로 토론에 나갔다가 이런 말을 별명으로 얻고 말았다. 전염병으로 2주나 병원에 입원해 있다가 퇴원하다 보니 그 초췌함은 분장으로도 감춰지지 않았다. (Davis 2004)

생각해보면 이상한 일이었다. 닉슨은 텔레비전에 집중한 아이젠하워의 선거과정에 동참했을 뿐만 아니라 자신도 '체커스 연설'을 통해 텔레비전의 위력을 실감한 정치인이었음에도 텔레비전을 적극적으로 활용하려 들지 않았다. 그는 전 지역을 직접 방문해 선거유세를 하는 전통적인 방식을 택했다. 텔레비전으론 도저히 케네디를 당해낼 수 없다고 지레 겁을 먹었던 것일까?

텔레비전 토론 때문인지는 명확하지 않지만, 케네디는 11월 8일 선거에서 일반 투표 49.9퍼센트의 지지율을 얻어 49.6퍼센트의 지지를 받은 닉슨을 근소한 차이로 누르고 제35대 대통령에 당선되었다. 선거인단 투표 결과는 케네디 303표(22주), 닉슨 219표(26주)였다. 케네디는 선거인 수가 많은 큰 주에서 이겼다. 일반 투표에서는 겨우 11만여 표 차이였는데 여기에는 앨라배마에서의 득표 논란, 텍사스에서의 변칙행위, 일리노이(Illinois)에서의 불법행위 등 심각한 문제가 있었다. 일리노이와 텍사스에서 닉슨이 수천 표만 더 얻었으면 이 두 주의 선거인단을 확보해 닉슨의 당선이 확실하므로, 케네디 측의 불법행위에 대한 법적 판단에 따라 선거 결과가 뒤집힐 수도 있는 상황이었다.

노엄 촘스키(A. Noam Chomsky)는 "케네디는 시카고에서의 유권자 선거 부정으로 일리노이 주의 선거인단을 가져감으로써 선출된 것이 분명합니다"라고 말한다.(Chomsky & Barsamian 2009) 사실상 '도둑맞은 선거' 나 다를 바 없었지만 닉슨은 '국익' 을 내세워 선거 결과에 아무런 이의를 제기하지 않았다. 그와 같은 자제심도 그에게 신뢰를 가져다주지는 못했으니 닉슨으로선 억울할 법도 하다. 오히려 케네디는 당선소감에서 "그는 등장했을 때와 같은 방식으로 퇴장했다. 품위가 없는 사람이었다"고 독설을 퍼부었다.(Johnson 1993)

테디 화이트 신드롬

닉슨과 케네디의 텔레비전 토론은 언론의 호들갑으로 인해 '대토론(Great Debates)'으로 불렸다. '미국 대통령선거의 혁명'이라는 과장법이 난무했고, 토론의 승패우열(勝敗優劣)을 묻는 여론조사만 31차례나 이뤄졌다. 그래서 유권자들도 덩달아 이 토론에 큰 의미를 부여하는 상황이 벌어졌다.(Altschull 1973)

'호들갑'이라곤 했지만 이는 근본적으로 선거가 일종의 엔터테인먼트 소비 행위로 완전히 전환되었음을 의미하기도 했다. 그 과정에서 선거보도는 시종일관 철저하게 '의인화'(personification)와 개인화(personalization) 기법을 구사했다. 뉴스의 의인화와 개인화란 한마디로 사람 중심의 보도를 의미한다. '의인화(또는 인격화)'는 생명이 없는 구상적 사물 또는 추상적 관념에 인간적 성질 또는 특성을 부여하는 것이다. '개인화'는 스튜어트 홀(Hall 1973)의 정의를 빌리면 "사람을 그의 사회적·제도적 맥락으로부터 고립시키거나 한 개인 주체를 유일한 역사의 원동력으로 구성하는 작업"을 의미한다.

뉴스 제작의 효율성을 생각해야 하는 관리적 측면에서 어느 정도의 의인화와 개인화는 불가피하다. 사회 구조나 집단 전체의 문제를 있는 그대로 보도한다는 건 그리 쉬운 일은 아니기 때문이다. 따라서 조직적 생존을 뉴스 제작의 근거로 삼는 언론사로선 의인화와 개인화 기법에 의존하지 않을 수 없다. 그런 취재상의 한계와 더불어 의인화와 개인화 기법이 뉴스를 더욱 재미있게 만들어주는 것은 분명하다.

의인화·개인화 기법은 저널리즘의 탄생 이래로 존재했던 것이지만, 1960년 대선보도는 그런 기법이 본격화되었다는 점에서 중요한 의미를 지닌다. 이런 변화를 가장 잘 보여주는 것이 텔레비전 토론에 대해 '미국 대통령선거의 혁명'이라는 과장법을 쓴 장본인, 화이트(White 1961)가 전 선거과정을 밀착 취재해 내놓은 『대통령 만들기(The Making of the President)』라는 책이다.

이 책은 당시 미국 선거보도의 방법상 일대 혁신으로 평가받았다. 화이트는 이 책을 통해 기존의 인물 중심 보도를 심층적으로, 보다 화려하게 꾸미는 새로운 기법을 선보였다. 그는 정치보도를 퍼스낼리티들 간의 투쟁으로 그리는 소설의 경지에까지 이르게 했다. 이 보도기법에 따르면, 대통령선거는 드라마, 서스펜스, 로맨스, 어드벤처로 가득 찬 야망의 격전장이 되고 민주주의 과정은 '인간화'되는 동시에 신화가 된다. 지도자의 퍼스낼리티가 리더십의 질을 결정한다고 믿은 화이트는 대통령 집무실 '오벌 오피스(Oval Office)'를 최초로 대문자로 쓰기 시작했고 다른 언론인들은 이를 받아들인다. "미국 대통령 책상 위의 전화 한 대가 인류의 생사를 의미할 수도 있다"는 게 화이트의 지론이었다.

1961년 7월 『대통령 만들기』가 출간되자, 화이트는 세계 각국으로 6주간 판촉여행을 다녔다. 케네디 정부에 참여한, 그의 하버드대학 동기생 아서 슐레진저 2세(Arthur M. Schlesinger, Jr.)와 협력해 그는 사실상 민간 외교관 역할을 하고 다녔다. 이후에도 그는 케네디의 '뉴 프런티어'에 심취해 케네디 행정부를 위해 열심히 일했다. 그게 문제될 것은 없지만 중요한 점은 그가 언론인이라는 데에 있었다. 그래서 어떤 이는 "화이트의 그런 활약이 없었더라면 케네디 신화는 달라졌을지도 모른다"고 말한다.

케네디에게 가장 깊은 애정을 느끼긴 했지만, 화이트의 행정부와의 유착은 케네디에게만 국한되지 않았다. 1964・1968・1972・1980년 대선에도 비슷한 책을 낸 그는 1968년 선거를 다룬 책을 승자인 닉슨에게 보내면서 닉슨을 '영웅'이라고 칭했다. 이런 권력에의 추파와 유착에 대해 여러 언론인들이 공개적으로 비판하고 나섰지만, 독자들이 워낙 그의 책을 좋아했기에 그의 영향력엔 흔들림이 없었다. (Hoffman 1995)

한 퍼스낼리티의 구석구석까지 심층적으로 분석하는 방식의 보도에 긍정적인 측면이 있음을 부인하긴 어렵지만, 문제는 그것이 선거보도의 전부가 되어버린다는 데에 있었다. 1968년에 화이트의 책과 비슷한 선거보도관련 책이 18권이나 출간되었다는 점도 문제의 심각성을 시사한다. 이후 미국에선 대통령선거가 시작되기 전부터 언론이 예상 후보자를 주시하면서 지나친 폭로로 후보자를 부상시켰다가 도중에 죽여버리는 경우를 일컬어 '테디(시어도어의 애칭) 화이트 신드롬(Teddy White syndrome)'이라고 부르게 되었다. (Crouse 1972)

화이트가 1986년 71세로 사망하자 『타임(Time)』은 그가 "미국인들이 선거 캠페인을 보는 방법을 바꿈으로써 미국 정치를 변화시킨 인물"이라고 평했다. 선거를 국익 수호를 위한 영웅들 간의 투쟁이자 드라마로 보았던 영웅사관의 신봉자 화이트는 말년에 이르자 위대한 인물이 역사를 움직일 수 있다는 생각에 회의를 품게 되었다고 시인했다. (Adler 1986, Thomas 1986) 그러나 화이트가 남긴 유산은 아직 미국 선거보도 관행으로 건재하며, 전 세계로 수출되었다. 그 과정에서 화이트의 원래 의도는 크게 변질되어, 선거보도를 포함한 정치보도가 스포츠보도와 전혀 다를 바 없는 기준과 방법으로 다뤄지게 되었다.

캐멀롯 신화의 탄생

케네디의 대통령 취임 직전인 1960년 12월 앨런 러너(Alan Jay Lerner, 1918~1986)와 프레더릭 로우(Frederick Loewe, 1901~1988)의 뮤지컬 〈캐멀롯(Camelot)〉이 브로드웨이에서 개막되었다. 케네디를 숭앙하는 사람들은 그의 행정부를 아서왕의 신화적인 캐멀롯 궁정에 비유하면서 케네디에게 아서왕과 랜슬롯의 역할을, 재키(Jackie)에게는 귀네비어 왕비의 역할을 부여했다. 영국 아서왕 시절의 태평성대가 도래하길 바라는 마음에서였지만, 이는 사실과 무관하게 케네디의 비극적인 죽음이라는 후광을 업은 '캐멀롯 신화'로 미국인들의 마음에 영원히 자리 잡게 된다.(Belton 2000)

모든 퇴임 대통령들이 그렇겠지만, 아이젠하워는 1960~1961년 겨우내 백악관 앞에 케네디 취임식장 관람석이 설치되는 광경을 우울하게 바라보았다. 그는 훗날 "자기 교수대가 세워지는 것을 바라보는 수인 같은 느낌이 들었다"라고 말했다.(Dole 2007)

그런 이유 때문이었을까? 아니면 사색적으로 변하면서 역사와 국가를 의식한 양심이 발동했던 걸까? 혹은 대통령의 권력으로도 어쩔 수 없는 구조적 문제가 있다고 말하고 싶었던 걸까? 아이젠하워는 1961년 1월 17일 대통령직 고별연설에서 군부를 포함한 행정부와 산업체가 하나로 결탁한 이른바 '군산복합체(military-industrial complex)'의 실상을 지적하면서 경고장을 날렸다. 1960년 다니엘 벨(Daniel Bell)은 1950년대를 결산하면서 『이데올로기의 종언(The End of Ideology)』

케네디는 취임 후 피그스만 침공으로 정치적으로 수세에 몰리자 1961년 4월, 아이젠하워를 캠프 데이비드에 초대해 의견을 구하기도 했다.

을 출간하지만 군산복합체는 그런 선언이 성급하다는 점을 말해준다.

군산복합체는 "일반적으로 방위비 지출증가, 군비증대 그리고 냉전체제의 유지라는 특정 목적에 공감대를 형성하고 이의 실현을 위해서 영향력을 행사하는 집단이나 행위자들로 구성된 다소 느슨한 정치적 연합체"를 가리킨다.(문정인 1996) 2차 세계대전의 영웅 출신으로 대통령까지 지낸 사람의 지적이니 그만큼 권위가 있지 않겠는가. 아이젠하워의 이 발언은 미국의 군산복합체에 비판적인 사람들이 거의 예외 없이 인용할 만큼 중요한 의미가 있으므로, 다음 장에서 별도로 다루기로 하자.

참고문헌 Adler 1986, Altschull 1973, Barrett 1964, Becker 1961, Belton 2000, Bostrom 1968, Bradlee 2002, Chafe 1986, Chester 외 1971, Chomsky & Barsamian 2009, Crouse 1972, Culbert 1983, Davis 2004, Dole 2007, Gardner 1997, Gergen 2002, Greenstein 2000, Hall 1973, Heymann 1992, Hoffman 1995, James 1978, Jamieson 2002, Johnson 1993, Kane 1966, Leamer 1995·2001, Lyons 1986, MacNeil 1968, Mark 2009, Matusow 1983a, McGinniss 1969, Miller 2002, Patterson 1999, Ridings & McIver 2000, Schneider 1988, Shenkman 2003, Stelzner 1971, Summers 1995, Thomas 1986, Trent 1971, Tufte 1980·1987, Westbrook 1983, White 1961, Wicker 1968, Wills 1969·1981·1987, 강준만 1992, 권용립 2010, 문정인 1996, 박성심 1998, 사루야 가나메 2007, 임용순 1995

경제를 위해 전쟁이 필요한가?
아이젠하워의 군산복합체 경고

군산복합체와 군사케인즈주의

"최근의 세계적인 분쟁, 즉 2차 세계대전 당시까지만 해도 미국은 군수산업이라는 것을 전혀 가져본 적이 없었습니다. …… 방대한 군사조직과 군수산업 간의 결합은 미국인들이 전혀 경험하지 못했던 새로운 현상입니다. 경제적인 영역, 정치적인 영역 및 심지어는 정신적인 영역에까지 침투하고 있는 그것의 전면적인 영향력은 어느 도시, 어느 주 정부, 어느 연방 정부의 사무실에서나 뚜렷이 느껴지고 있습니다. …… 우리는 군산복합체의 부당한 영향력에 대해 경계해야 합니다. 잘못된 힘이 재앙적인 모습으로 등장할 가능성은 이미 존재하고 있고 앞으로도 지속될 것입니다."

아이젠하워가 1961년 1월 17일 대통령직을 떠나면서 한 고별연설에서 언급한 '군산복합체(military-industrial complex)' 론의 요지다. 훗날 널리 쓰일 군산복합체라는 단어가 최초로, 공개적으로 등장한 역사적

순간이었다. 군산복합체를 출현시킨 원동력은 로비(lobby)다. 로비는 이미 1950년에 하원의 로비조사위원회가 산업으로 선언했을 만큼 미국의 모든 공적 영역에 깊숙이 침투했다.

군부 측은 아이젠하워의 진의(眞意)가 왜곡되었다는 주장을 내놓기도 했지만, 설사 논의 과정에서 과장은 되었더라도 아이젠하워가 군산복합체의 메커니즘을 염려한 건 분명하다. 그는 거대해진 군산복합체가 국정을 좌우할지 모른다고 경고했다.

"정부의 자문위원회를 통해서 우리는 군산복합체에 의한 용납될 수 없는 영향력 행사에 그것이 추구되든 추구되지 않든 간에 반대해서 싸워야 합니다. 잘못 다뤄진 권력이 파괴적으로 부상할 가능성은 항상 존재하며 계속될 것입니다."

이상한 일이다. 아이젠하워는 군과 대기업의 절대적인 지지를 받던 인물이었다. 그는 대통령 재임 시 2차 세계대전 직후 군사비의 3~4배에 달하는 4200억~4900억 달러를 군사비로 썼고, 대량 핵 보복 독트린을 고수함으로써 핵전쟁의 위기를 고조시켰으며, 이란이나 과테말라의 쿠데타를 도와 페르시아만과 중앙아메리카의 불안을 부추긴 인물이 아니었던가. 그런 인물이 위와 같이 이야기했다는 건 무엇을 의미할까?

아이젠하워의 경고는 1975~1976년 군산복합체의 부정부패가 드러나면서 더 주목을 받았는데, 이때 미국 경제가 2차 세계대전을 계기로 '영구적인 전쟁 경제'로 바뀌었다는 주장이 등장하기 시작한다. (Hoxie 1976) 경제학자 존 케네스 갤브레이스(John K. Galbraith, 1908~2006)는 1977년에 낸 『불확실성의 시대』에서 군산복합체를 '군사케인

즈주의(Military Keynesianism)'라는 용어로 설명했다.(Galbraith 1995)

"일찍이 존 메이너드 케인즈는 영국 정부가 파운드 지폐뭉치를 폐갱에 넣고 갱을 메우면 어떻겠느냐고 제안한 일이 있다. 이렇게 하면 일자리가 만들어진다. 그리고 이번에는 파운드를 파내는 작업에 의해 더욱 많은 일자리가 만들어지고, 나아가서는 이 지폐를 사용함으로써 많은 수요가 생겨나리라는 것이다. 이 착상은 한 번도 실현된 적이 없었는데, 케인즈 이후의 세계에 와서 무기구매를 위한 지출—설계, 생산, 폐기, 대체의 순환—이 케인즈의 정책을 대신했다. 나는 전에 이것을 군사케인즈주의라고 부른 적이 있다. 정직한 경제학자들은 누구나 군사비 지출이 현대 경제를 떠받치는 역할을 하고 있다는 것을 인정하고 있다."

철의 삼각(iron triangle)

그도 그럴 것이 아이젠하워의 발언이 나온 지 40여 년 뒤인 2003년 전 세계의 군사비는 7500억 달러(862조 5000억 원)였는데, 그중 미국의 군사비는 3800억 달러(437조 원)로 그 절반을 넘었다. 미국 국방비의 국내총생산(GDP) 대비 비율은 3.2퍼센트에 지나지 않는데, 이는 그만큼 미국의 국력이 막강하다는 점을 말해주는 것이다.

2003년 세계 무기 거래액은 모두 256억 달러로 이 가운데 74퍼센트를 미국과 러시아가 차지했다. 미국은 2003년 세계 무기 거래액의 56.7퍼센트인 145억 달러어치(약 16조 8000억 원)를 판매해 무기 판매고 1위를 차지했으며, 러시아는 16.8퍼센트인 43억 달러어치(약 5조 원)로 2위를 차지했다. 3위는 14억 달러의 판매고를 올린 독일이었다.

무기를 가장 많이 수입한 나라는 중국으로 97억 달러였으며, 다음으로는 아랍에미리트, 이집트, 인도, 이스라엘, 한국, 사우디아라비아, 말레이시아, 싱가포르 등이었다.

2002년엔 중동과 아시아가 세계에서 거래되는 무기의 83.7퍼센트를 사들였다. 2002년 개도국에 대한 무기 인도 기준으로 세계 10대 무기 수출국은 미국 69억 달러, 영국 33억 달러, 러시아 29억 달러, 프랑스 13억 달러, 중국 8억 달러, 우크라이나 3억 달러, 브라질 2억 달러, 이스라엘 2억 달러, 스페인 1억 달러, 북한 1억 달러 등이었다. 2002년 계약 기준으로 세계 10대 무기 수입국은 중국 36억 달러, 한국 19억 달러, 인도 14억 달러, 오만 13억 달러, 이집트 12억 달러, 쿠웨이트 11억 달러, 사우디아라비아 9억 달러, 말레이시아 8억 달러, 이스라엘 7억 달러, 칠레 5억 달러 등이었다. 2006년 전 세계 군사비 사용액은 1조 2000억 달러로 이 중 40퍼센트인 4781억 달러는 미국의 군사비용이었으며, 전 세계 100대 군수기업 중 41개가 미국 기업이다.

혹 냉전체제의 붕괴로 미국의 무기 판매 수입은 크게 줄지 않았을까? 상식적으로 생각하자면 그래야 마땅할 터인데 오히려 크게 늘었다. 미국이 자국산 무기 판매를 위해 적극적으로 나설 뿐만 아니라 외국 정부에 무기 수입용 차관까지 제공하고 있기 때문이다. 미국이 못사는 나라들을 돕기 위해 쓰는 구호금은 일본, 독일에 비해 훨씬 떨어지며 그나마 해외원조 예산 중 3분의 1이 미국 무기 구매에 필요한 차관 제공의 형식으로 쓰이고 있다.

미국 군수업체는 전체 노동력의 2퍼센트 수준인 220만 명을 고용하고 있으며, 산업별 정치헌금 기부 순위도 8~9위권에 머무르고 있다.

그런데도 군수업체가 미국 정책결정 과정에서 막강한 힘을 발휘하는 이유는 무엇일까?

정욱식(2002)은 그 이유를 우선 산업의 특수성에서 찾을 수 있다고 말한다. 다른 산업과 달리 군수산업의 소비자는 일반 사람들이 아니라 미국 정부나 해외 정부이며, 무기 수출도 대부분 미국 정부의 승인과 보증이 필요한 해외군사판매 방식을 통해 이뤄지고 있기 때문에, 군수업체의 1차 로비대상은 미국 정부와 의회일 수밖에 없다는 것이다.

정욱식은 또 하나의 중요한 요인은 안보의 특수성에서 기인한다고 말한다. 미국이 권력 감시와 분산이 상대적으로 잘 이뤄진 것은 사실이지만, 외교·안보 분야의 정책결정 과정은 소수 전문관료들의 손에서 크게 벗어나지 않는다는 것이다. 즉, 외교·안보 분야는 전문성과 비밀을 요한다는 이유로 민주주의 틀에서 상대적으로 자율성을 누리고 있다는 것이다.

정욱식은 일반적으로 군산복합체는 군수업체와 펜타곤(Pentagon; 국방부) 그리고 의회 사이의 관계를 일컫는 '철의 삼각(iron triangle)'을 중심으로, 행정부 내의 친군사파, 군수업체로부터 연구기금을 지원받는 보수적 싱크탱크, 보수적인 언론 등으로 짜인다고 말한다. 이들이 강력한 인적·물적 네트워크를 형성하며 미국의

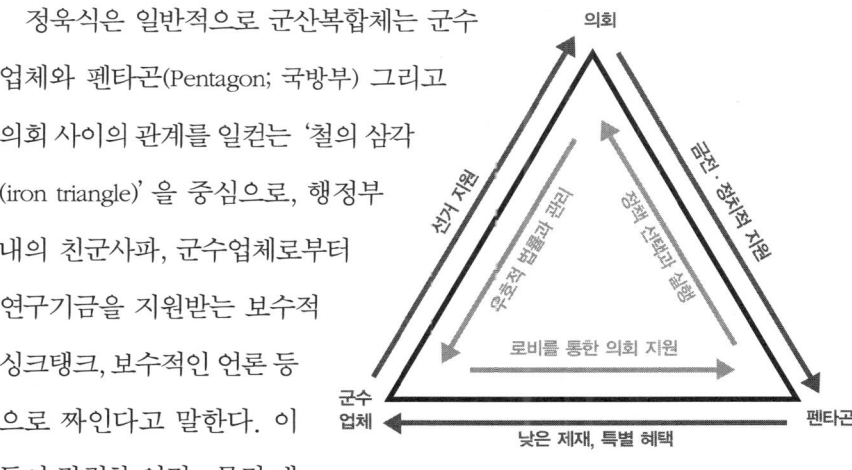

'철의 삼각'은 의회·이익집단·관료조직 위원회가 상호간의 이해관계를 보호하기 위해 긴밀한 동맹 관계를 형성하는 현상을 일컫는다.

외교 · 안보전략 및 국방예산 수립에 막대한 영향력을 행사한다는 것이다.

군산복합체는 전 지구적 현상

미국의 역사가 차머스 존슨(Chalmers Johnson 2003 · 2004)은 이제 펜타곤은 미국 정부의 핵심적인 '경제' 행위자이며, 군사적 경향의 생산품은 미국 국내총생산의 4분의 1을 차지한다고 말한다. 미국 정부는 전 세계 미국 대사관의 고위 관리들과 함께 무기 판매계획을 조정하고 관리하는 데만 6500명을 고용하고 있는데, 이들의 외교 업무 대부분이 무기 세일즈라는 것이다. 그는 군산복합체가 이제 전 지구적 현상이라고 주장한다.

김진균 · 홍성태(1996)는 군산복합체와 현대 자본주의는 '경제의 군사화'로 불륜 관계를 맺는다고 말한다. 한마디로 말해서 경제의 군사화는 민수(民需) 부문만으로는 더는 재생산이 불가능해진 현대 자본주의의 구조적 변화를 의미하는바, 군산복합체의 형성과 성장은 군사전략적인 차원만이 아니라 경제적인 차원으로도 설명되어야 한다. 2차 세계대전을 지나면서 급팽창한 국방예산의 비중이 전쟁이 끝났다고 해서 줄어들기는커녕 오히려 지속적으로 증가해왔으며, 이에 따라 뉴딜정책에서 본격화한 경제에 대한 국가의 개입도 더욱 강화되었다는 사실은 경제의 군사화를 보여주는 중요한 두 측면이며, 이러한 변화는 결국 현대 자본주의의 운영 메커니즘 변화로 귀결된다는 것이다.

김진균 · 홍성태는 할리우드에서 양산되는 전쟁 영화들은 군국주의에 대해 반대하는 한편으로 '방어전쟁' 또는 '애국전쟁'의 필요성

노스럽그러먼사가 제작한 B-2 스피릿 전략폭격기. 이러한 최첨단 무기들은 대부분 연방정부에 제공된다.

을 교묘하게 부각시킴으로써, 결국 군산복합체의 전쟁준비론을 대중 사이에 은밀히 스며들게 하는 역할을 충실하게 수행한다고 말한다.

군산복합체의 낭비, 부정, 남용 등 비리는 오래전부터 악명 높은 것이었다. 보잉(Boing), 제너럴 다이내믹스(General Dynamics), 노스럽그러먼(Northrop Grumman Corporation) 등을 비롯한 군수계약 5대 업체는 기업 이윤의 90퍼센트를 연방정부 계약에 의존하고 있다. 군사기밀보호라는 미명하에 상당수의 수억 달러짜리 계약이 경쟁 없이 이루어지고 있어 이는 부정의 온상이 되어왔다. 군수업체들의 폭리도 엄청나다. 기술을 빙자해 한 개에 13센트 하는 볼트를 2000달러 이상의 가격으로 팔아치울 수 있었으니, 줄만 잡으면 그야말로 땅 짚고 헤엄치는 식으로 돈을 번 것이다. 또한 이들 군수업체는 제3세계의 군부독재정권과도 밀접한 유대를 맺으며, 제3세계의 민주화를 실질적으로 방해하는 역할을 해왔다.

1980년 미국의 전체 연구개발자금의 50퍼센트가 군사적 목적에 사용되었는데, 이 수치는 로널드 레이건(Ronald W. Reagan, 1911~2004) 행정부 집권 말년에 73퍼센트로 상승했다. 레이건이 벌여놓고 이후에도 지속된 이러한 군사경제 구조는 앞으로 미국의 대통령이 되고자 하는 자는 대외정책에서 매파(호전파)의 길을 걷지 않을 수 없게 하는 족쇄가 될 것이 틀림없다. 군사와 경제가 도저히 분리될 수 없는 상황에 이른 것이다.

이제 미국 정부와 군수산업은 정보기술 중심의 군사시스템 혁명을 추구하고 있다. 이는 디지털 산업과 군수자본이 결합한 새로운 군사전략을 의미하는 것으로, 기존의 지상군이나 항공모함과 같은 산업시대의 군사체제를 대폭 줄이고 컴퓨터 등 정보기술에 근거한 신 군사체제로 대체하겠다는 것이다.

회전문 이론(Revolving Door Theory)

제3세계 내의 모든 분쟁이 종식된다면 미국 내의 파산기업은 엄청난 규모에 이를 것이며 미국은 신무기를 실험할 장소도 잃게 될 터라, 미국이 세계평화를 위해 애쓰리라는 것은 별로 기대하지 않는 편이 옳다는 주장도 있다. 그렇다고 해서 미국의 군사산업 경제구조의 이득이 미국인 모두에게 돌아가는 것도 아니다. 미국의 군사케인즈주의는 일부 자본집약적 고도기술에만 재미를 보게 했을 뿐, 미 연방정부의

1990년 걸프전 당시 미군을 방문한 조지 H. W. 부시 대통령. 당시 부시 행정부와 유착한 핼리버턴사는 유정 복구와 공공건물 보수공사 건을 따내면서 급성장했다.

적자상황을 악화시켜 그 부담을 빈민층을 포함한 전 미국인에게 전가했으며 군국주의 문화가 만개할 위험마저 몰고 왔다는 것이다. 1984년 『뉴욕타임스』 보도에 따르면, 상위 12위까지의 군수업체에는 평균 1.5퍼센트의 세율이 적용됐지만 중산층 미국인들은 평균 15퍼센트 이상의 세율이 적용되었다.(Zinn 2008)

군수업체 중역실과 미국 행정부 사이엔 회전문이 달렸다. 군수업체 중역을 하던 사람이 국무장관이나 국방장관 등의 고위직을 맡고, 또 그 사람이 군수업체 중역으로 일하는 악순환이 계속 벌어져도 미국에서는 이를 당연하게 생각하고 있는 것이다. 이를 가리켜 '회전문 이론(Revolving Door Theory)'이라고 한다.

부시 행정부(2001년 1월~2009년 1월)의 경우, 부통령, 국방부 장관, 국방부 부장관은 말할 것도 없고 외교안보팀의 3분의 2가 주요 군수업체의 간부, 대주주, 컨설턴트 출신이었다. 부통령 딕 체니(Dick Cheney)만 하더라도 대통령 조지 부시(George W. Bush)의 아버지 조지 H. W. 부시(George H. W. Bush)가 대통령을 지낼 때에 국방장관으로 걸프전을 지휘한 다음, 걸프전에서 큰돈을 번 군수업체 가운데 하나인 핼리버턴(Halliburton)의 사장이 되었다. 체니는 이 밖에도 TRW와 EDS라고 하는 군수용 운수산업의 중역이 되었으며, 그의 아내 린 체니(Lynne Cheney)는 거대 군수업체 록히드 마틴(Lockheed Martin)의 중역이 되었다. 이들은 수십억 원대의 연봉에다 한 건 크게 올리면 수백억 원대의 주식을 보너스로 받았다. 체니가 부통령으로 백악관에 복귀한 다음, 록히드 마틴은 수천억 달러짜리 차세대 전투기 제조계약을 따냈으며, 그의 아내 린은 신보수주의자들의 싱크탱크인 미국기업연구소(AEI; American Enterprise Institution)의 선임연구원으로서, 전국 순회강연을 다니며 전쟁에 반대하는 지식인들을 대학에서 내쫓아야 한다는 선동 작업을 열심히 수행했다.

 2003년 5월 6일, 미 민주당 하원의원 헨리 왁스먼(Henry Waxman)은 딕 체니가 한때 사장으로 있던 핼리버턴이 미국의 금수 조치에도 불구하고 이란, 이라크, 리비아 등과 거래해온 사실을 보여주는 자료를 공개했다. 왁스먼은 핼리버턴이 미국 정부가 테러 지원국가 또는 악의 축으로 거론한 이들 나라와 1980년대부터 거래를 시작했으며 체니 부통령이 최고경영자였던 1995~2000년뿐만 아니라 지금까지도 거래를 계속하고 있다고 밝혔다.

 딕 체니 부부와 같은 인물은 한둘이 아니다. 국민에게서 세금을 짜

내 엄청난 규모의 국방비를 만들어놓고 그 돈으로 극소수의 호주머니를 불려주는 부패가 미국에서 제도화되어 있다. 때문에 미국은 어떤 의미에선 한국보다 더 부패한 나라다. 그렇지만 여기서 주의해야 할 점은 '미국은 군산복합체의 위력으로 인한 정치·경제적 이유 때문에 전쟁을 필요로 한다'는 결정론을 모든 경우에 적용하는 오류다. 문제는 그렇게 단순하지는 않다.

또한, 미국인들은 아이젠하워의 경고에도 군산복합체의 영향력을 심각하게 생각하지 않는다는 점도 분명하게 알아둘 필요가 있겠다. 오죽하면 차머스 존슨(Chalmers Johnson)은 "미국 사회에서 군산복합체의 영향력을 사람들이 우습게 대하는 것을 보면 언제나 놀라워요"라고 말할까. 보스턴대학 역사학 교수 앤드루 바세비치(Andrew Bacevich)는 『미국의 새로운 군사주의: 미국인들은 어떻게 전쟁에 매혹되는가(The New American Militarism: How Americans Are Seduced by War)』(2005)에서 그 이유를 '전 지구적인 군사 우월주의라는 미국의 꿈에 대한 집착'에서 찾았다.(Engelhardt 2008) 다시 또 아메리칸 드림이란 말인가? '아메리칸 드림'은 정녕 미국의 축복이자 저주인지도 모르겠다.

참고문헌 Ali 2003, Andreas 2003, Chomsky 2000, Engelhardt 2008, Galbraith 1995, Green 외 1972, Hoxie 1976, Johnson 2003·2004, Kennedy 1996, Litfin 1974, Nimroody 1988, Piccone 1987-1988, Piccone & Zaslavsky 1981-1982, Roszak 2004, Zinn 2008, 국기연 2003, 김승수 2000, 김진균·홍성태 1996, 박경재 1995, 박견빈 2003, 박형준 2004, 세계일보 2004, 우태희 2008, 이성주 2003, 정욱식 2002

케네디의 좌절
피그스만 침공 사건

케네디의 뉴 프런티어

"국가가 당신을 위해 무엇을 해줄 것인가를 묻지 말고 당신이 국가를 위해 무엇을 할 수 있는가를 물어야 합니다.(Ask not what your country can do for you. Ask what you can do for your country.)"

제35대 대통령 존 F. 케네디는 1961년 1월 20일 대통령 취임 연설에서 지금까지도 자주 인용되는 명언을 남겼다. 그는 "희망의 횃불이 새로운 세대의 미국인에게 넘어가고 있다"며 다음과 같이 말했다.

"우리 함께 천체를 탐험하고 사막을 정복하고 질병을 퇴치하며 심해저를 개발하고 예술과 상업을 장려합시다. 이 모든 일이 취임 후 100일 사이에 이뤄지지는 않을 것입니다. 1000일 만에 이뤄지지도 않을 것이며 현 정부의 임기 중에 끝나지도 않을 것이며 어쩌면 우리가 지구상에 살아 있는 동안 이루지 못할 수도 있습니다. 하지만 시작합시다."

생동감과 더불어 감성이 흘러넘치는 취임 연설의 특성은 이후 전개될 케네디 행정부의 성격을 예고하는 것이기도 했다. 케네디는 그때까지의 미국 대통령 사상 최초로 20세기에 태어난 사람이었다. 케네디도 젊었지만 그의 실세 참모들은 더욱 젊었다. 청춘 정권이라고나 할까? 대부분 하버드 중심의 아이비리그 출신으로 최상의 영재(the best and the brightest) 군단이었다. 재능과 열정은 흘러넘쳤지만 경력과 신중함은 모자랐다.

케네디 역시 아무런 비전도 없이 대통령이 되었다는 주장도 있다. 그의 비전은 탁월한 연설문 작성가인 시어도어 소렌센에 의해 포장된 것일 뿐이라는 주장이다. 예컨대, 마이클 베슐로스(Beschloss 2002)에 따르면 "『뉴욕타임스』의 저명한 필자였던 제임스 레스턴(James Reston, 1909~1995)은 1961년 케네디와 대통령 취임식장으로 함께 차를 타고 가면서 어떤 나라를 후임자에게 물려주고 싶으냐고 물었다. 케네디는 마치 달에서 사람을 만난 것처럼 황당한 표정으로 레스턴을 쳐다봤다. 케네디는 우드로 윌슨이나 로널드 레이건 같은 거대한 비전을 갖고 있지 않았다. 그의 방식은 그때그때의 상황에 대응하는 위기관리 식이었다."

케네디 정부는 국무장관 딘 러스크(Dean Rusk, 1909~1994), 재무장관 더글러스 딜런(C. Douglas Dillon, 1909~2003), 노동장관 아서 골드버그(Arthur J. Goldberg, 1908~1990), 국방장관 로버트 맥나마라(Robert S. McNamara, 1916~2009), 법무장관 로버트 케네디(Robert F. Kennedy, 1925~1968) 등으로 구성되었다. 동생인 로버트가 법무장관에 임명되자 노골적인 족벌 정치라는 비난이 쏟아졌는데, 형이 대통령이라는

1962년 케네디 대통령(왼쪽)과 국방장관 로버트 맥나마라. 맥나마라는 2003년 다큐멘터리 영화 〈포그 오브 워(Fog of War)〉(감독 에롤 모리스)에 출연해 자신이 겪었던 2차 세계대전, 케네디·존슨 대통령과의 비화, 베트남전쟁사에 대해 직접 이야기하기도 했다.

이유만으로 법조 실무경험이 전혀 없는 서른여섯 살짜리 애송이를 법무장관에 앉힌 것은 해도 너무한다는 것이었다.(Ridings & McIver 2000)

도대체 케네디는 왜 그런 인사를 단행했던 걸까? 두 가지 설이 있다. 게리 윌스(Wills 1981)는 케네디가 자신의 동생을 법무장관에 앉힌 것은 자신의 모든 약점을 쥐고 있는 FBI 국장 후버를 다루기 위해서였다고 주장한다. 또 다른 하나는 아버지 조지프 케네디의 압력 때문이라는 설이다. 로렌스 리머(Leamer 2001)에 따르면, 원래 케네디는 로버트를 국방차관에 앉히려고 했는데 아들들을 모두 대통령으로 만들고 싶어 한 아버지가 강하게 밀어붙여 뜻을 관철시켰다는 것이다.

케네디는 미 공보원(USIA; United States Information Agency) 원장에 CBS의 전설적인 방송인 에드워드 머로(Edward R. Murrow, 1908~1965)를 임명했는데, 이는 시대의 변화를 말해주는 상징적인 사건이기도 했다. 머로의 '음울한 목소리(doomsday voice)'는 2차 세계대전의 긴박한 상황에선 카리스마로 다가왔지만 1950년대가 지나면서 점점 시대 상황과 맞지 않게 되었다. 그는 라디오 방송을 할 때에도 매우 긴장해 다리를 떨고 땀을 흘리는 체질이었다. 그의 텔레비전 프로그램 〈지금 봅시다(See It Now)〉가 1957년 시즌에 폐지된 것도 바로 그런 시장 상황과 개인적 한계를 반영했다. 머로는 1958년 10월 방송 저널리스트들을 대상으로 한 연설에서 텔레비전의 현실도피와 퇴폐를 맹렬히 비난하기도 했지만, 이는 그만큼 CBS에서 자신의 입지가 좁아졌다는 반증이기도 했다. 세상이 달라진 것이다.(Baughman 1981 · 1983, Gates 1978)

루스벨트의 뉴딜(New Deal)에 상응하는 비전으로 뉴 프런티어를 표방한 케네디는 취임 100일째에 접어들고 있던 1961년 3월 평화봉사단(Peace Corps) 창설 계획을 발표했다. 미국 젊은이들의 패기와 정열 어린 봉사활동으로 개발도상국들을 지원하겠다는 프로그램이었다. 평화봉사단은 공산주의에 대한 새로운 세대의 응답으로, 케네디의 '마셜플랜'인 셈이었다.

평화봉사단 단장으로 케네디의 여동생 유니스(Eunice Kennedy Shriver, 1921~2009)의 남편인 사전트 슈라이버(R. Sargent Shriver, Jr.)가 임명되었다. 1962년 막냇동생 에드워드 케네디(Edward M. Kennedy, 1932~2009)까지 30세에 형과 가문의 후광을 업고 매사추세츠 주 연방

상원의원에 당선되자 "케네디 가문이 워싱턴을 완전히 지배하려 든다"는 비난이 나오기도 했다.(Ridings & McIver 2000)

케네디의 제3세계 개입 정책은 프런티어십(frontiership)의 일환으로 추진되었다. 뉴 프런티어라곤 했지만 본질은 그대로였다. 라틴 아메리카에 대한 원조계획인 '진보를 위한 동맹(Alliance for Progress)'은 친미적인 우익 독재를 위한 동맹이었다. 이에 대해서는 따로 자세히 이야기하겠지만, 케네디의 뉴 프런티어는 이미 베트남 악몽의 씨앗도 내포하고 있었다. 그의 재임기에 베트남 개입의 토대가 구축되었기 때문이다.

케네디의 언론 관리술

언론도 개척해야 할 뉴 프런티어로 간주한 케네디는 '대통령-언론 관계의 혁명'이라는 말을 들을 정도로 언론과 적극적으로 교류하는 정책을 구사했다. 케네디는 언론에 대한 지극한 관심과 인간적 매력으로 언론을 자기편으로 끌어들이려고 애썼다.

신문을 거의 읽지 않았을 뿐만 아니라 독서마저 웨스턴 소설을 즐겨 읽었던 전임 대통령 아이젠하워와는 달리, 케네디는 신문을 왕성히 읽었으며 다른 관심도 언론에 집중시켰다. 1961년 1월 25일, 자신은 매일 모든 워싱턴 신문들과 『볼티모어 선(Baltimore Sun)』 『뉴욕타임스』 『뉴욕 헤럴드 트리뷴(New York Herald-Tribune)』 『월스트리트저널(Wall Street Journal)』을 읽는다고 밝히기까지 했다. 그는 기자들의 기사에 일일이 관심을 보이면서 그들과 대화를 나누는 데에 많은 시간을 할애했다.

그 과정에서 보도되어서는 안 될 사안들도 기자들에게 제공되었는데, 이는 '백그라운드(background)'로 처리되었다. 기자들의 취재기법상 백그라운드 정보는 인용은 할 수 있되 출처는 '고위관리' 따위와 같은 불확실한 출처를 사용하기를 요구하는 방식으로, 취재원(이 경우엔 백악관)의 발표가 확정적이지 않을 때 사용된다. 백그라운드 방식으로 주는 정보는 곧잘 고위관리들에 의해 여론시험용 또는 국제관계에서 일종의 경고로 이용된다. 나중에 그 정보에 대한 책임을 지지 않아도 되기 때문에 그 정보와 상반되는 정책도 얼마든지 실시할 수 있다.

케네디는 특히 영향력 있는 기자와 칼럼니스트들을 관리하는 데에 큰 공을 들였다. 케네디의 참모로 백악관에 들어간 슐레진저 2세는 자신의 오랜 친구인 칼럼니스트 월터 리프먼(Walter Lippmann, 1889~1974)이 파리를 좋아하는데다 프랑스 대통령 샤를 드골(Charles de Gaulle, 1890~1970)의 사랑을 받고 있으므로 그를 프랑스 대사로 보내자고 케네디에게 제안했다. 도무지 미국의 말을 듣지 않고 독불장군처럼 행동하는 드골을 관리해보자는 생각에서였다. 그러나 그보다는 리프먼을 미국에 두고 그의 호의적인 칼럼 지원 사격을 받는 쪽이 훨씬 낫다는 결론이 내려졌다.(Gaddis 2010, Newsweek 1961, Steel 1980)

케네디는 가까운 언론인에게는 특종을 공급함으로써 환심을 샀다. 케네디 행정부 시절 『뉴스위크(Newsweek)』는 늘 마감시간 직전까지 여분의 지면을 남겨놓는 관행이 있었는데, 이는 『뉴스위크』의 편집장 벤저민 브래들리의 친구인 케네디 대통령이 전화로 알려주는 정보를 싣기 위해서였다.(Lanouette 1979) 특정 언론사에만 특종을 주면 다른 언론사들이 들고 일어나 역효과가 나게 마련인데, 이를 능란하게 조종한 케네디 진영의 솜씨가 놀랍다. 케네디의 매력적인 카리스마와 기자들의 인터뷰 요청은 웬만하면 다 받아주는 노력이 그 비결이었는지도 모르겠다.

사실 브래들리의 언론인 생활은 '대통령과 언론' 연구의 좋은 사례 연구감이다. 대통령 후보를 취재하면서 연고 등으로 그 후보와 가까워진 기자의 언론사 내 위상은 그 후보가 대통령에 당선될 경우 고속으로 격상되는 법칙이라고나 할까? 케네디의 대학 4년 후배이자 같은 해군 장교 출신인 브래들리는 『뉴스위크』 평기자로 케네디를 취재하다가 케네디가 대통령에 당선되자 운명이 바뀐다.

브래들리(Bradlee 1997)는 이렇게 회고한다. "케네디 부부는 1961년 초에 한번 우리 집에 저녁을 먹으러 왔다. 생전 처음으로 민주당에 투표한 아버지를 위해 내가 부탁한 것으로, 나와 케네디의 우정을 드러내는 일이었다. 만찬은 괜찮았으며 모인 사람들도 훌륭했다. 우리 부모님 외에 리프먼 부부와 뉴 프런티어의 일거리를 맡을지 검토 중이던 해리 라비스 부부가 함께했다. 케네디 부부는 모두에게 우아하게 대해줬다. 그러나 대통령을 만찬에 제대로 모시자면 숱한 에너지를 투입해야 했다. …… 대통령 경호원들이 우리 집을 점령했고 망할 놈의 기자들은 뭐든 알고 싶어 했다. 아버지는 너무도 자랑스러워하면서 케네디의 부친인 조가 하버드 신입생 야구팀의 코치였던 시절을 회상했다.(아버지는 포수를 맡았다.) 그런 것들이 만찬을 가치 있게 만들었다."

대통령 부부를 자신의 집에 초대할 수 있는 기자라면 그냥 둘 수는 없잖은가. 이후 브래들리는 고속 승진을 거듭해 2년 만에 워싱턴 지국장 그리고 1965년 『뉴스위크』의 모기업인 『워싱턴포스트(The Washington Post)』의 부국장을 수개월 하다가 편집국장을 맡아 세상을 깜짝 놀라게 한다.

케네디와 『워싱턴포스트』 사주 캐서린 그레이엄(Katharine M. Graham, 1917~2001)의 관계도 흥미롭다. 1963년 캐서린의 남편 필립 그레이엄(Philip L. Graham, 1915~1963)이 극심한 조울증을 이겨내지 못하고 권총 자살을 하자 케네디 대통령은 두 차례에 걸쳐 그레이엄에게 위로 편지를 보냈고 케네디의 아내 재키도 8장에 달하는 위로 편지를 보냈다. 물론 그들은 필립의 장례식에도 참석했다. 그레이엄(Graham 1997)은 회고록에서 그런 친밀한 관계가 신문 보도와 논평엔 아무런 영향을 미치지 않았다고 힘주어 말하고 있지만, 사람 사는 게 어디 그런가.

언론인들은 케네디와 격의 없이 가깝게 지니면서 큰 보람과 만족을 얻었겠지만, 세상에 공짜는 없는 법이다. 다시 브래들리(Bradlee 1975)의 회고에 따르면, 케네디 진영은 친구처럼 지내는 언론인들에게 110퍼센트의 반대급부를 원했으며 그 목표에 조금이라도 못 미치면 배신당했다고 느낄 정도로 친한 언론인들을 이용하려고 들었다. 아서 크록(Krock 1968)도 훗날 회고록에서 자책하듯 "언론인이 정치인과 맺은 친교는 매우 값비싼 대가를 요구한다"고 경고했다.

1963년 2월 기자회견에선 메이 크레이그(May Craig, 1889~1975)라는 삐딱한(혹은 용감한) 기자가 케네디에게 '관리된 뉴스(managed news)'의 정의를 묻고, 왜 그것을 자꾸 시도하느냐는 질문을 던지기도 했다.

케네디의 대답은 궁색했지만, 사실 케네디의 최강의 무기는 전통적인 언론과의 관계가 아니라 텔레비전이었다. 오죽하면 그런 힘을 감지한 벤 바그디키언(Bagdikian 1962)이 "텔레비전은 대통령의 미디어인가?"라는 질문을 제기했겠는가.

피그스만 침공 사건

말이 씨가 된다고, 취임연설에서 1000일 운운했던 케네디가 대통령직에 머물렀던 기간은 공교롭게도 1000일이었다. 정확히 말하면 1037일이었다. 그는 3년이 채 안되는 기간에 강경 노선의 대외 정책을 택했다. 그 때문에 아이젠하워 대통령 시절부터 계속되던 미·소 간 대립은 그 골이 점점 깊어졌다. 케네디의 대외 정책은 군사력에서 우위를 확보해 그것으로 평화를 유지한다는 것이었다.

1961년 케네디는 방위비 예산을 15퍼센트나 증가시켰으며 1963년까지 미국은 31개 국가에 275개의 주요 기지를 건설하고, 65개국이 미군을 수용하게끔 했다. 또 72개국에서 미국인들이 병사를 훈련시켰고, 125만 명의 미국인들이 군사 관련자로 외국에 주둔했다. 또 미국은 1961년에 631개의 대륙간 탄도미사일을 보유했고, 1963년에 그 수는 1000개를 넘어섰다. 그리고 이 시기 나토(NATO)의 화력은 60퍼센트나 증가했다.(박성심 1998)

강경정책의 첫 시험대로 떠오른 곳은 이미 1961년 1월 외교 관계를 단절한 쿠바였다. 케네디는 아이젠하워 행정부 시절부터 CIA에 의해 계획되었던, 피델 카스트로(Fidel Castro) 정권 전복을 위한 일련의 작전 시행을 승인했다. 미국에서 96킬로미터밖에 떨어지지 않은 쿠바에 사

유리 가가린은 보스토크 1호를 타고 지구 상공을 일주해 인류 최초로 우주비행에 성공했다.

회주의 혁명 정권이 들어선 것을 내버려둘 수는 없다는 이유에서였다.

1961년 4월에는 좋지 않은 일이 일어났다. 4월 12일, 소련이 스푸트니크 실험에서 얻은 자료를 토대로 인류 최초의 우주인 유리 가가린(Yurii Alekseevich Gagarin, 1934~1968)을 우주로 보내는 데 성공한 것이다. 총 1시간 48분 동안 우주비행을 한 가가린은 우주선에서 지구를 바라보면서 "우주는 캄캄하고 지구는 푸르렀다"라는 유명한 말을 남겼다. 이는 미국 최초의 우주인이 탄생한 시점보다 약 10개월 앞선 기록이다.

미국인들의 자존심은 구겨질 대로 구겨졌다. 만회가 필요했다. '소련의 우주비행 성공 때문에 쿠바 작전을 서둘러 시행한 건 아니었을까?' 의심해도 무방할 만큼 쿠바 작전은 엉망진창이었다.

1961년 4월 17일, 훈련도 제대로 받지 못하고 장비도 허술한 쿠바인 1400여 명이 쿠바 피그스만(Bay of Pigs) 해안에 상륙했다. 이들은 미국에 망명 중인 반(反)카스트로 세력으로 카스트로 정권을 전복하기 위해 미 해군·공군·CIA의 지원을 받아 전투에 나섰지만, 상륙 이틀 만에 쿠바군에 진압당하고 말았다. 쿠바군의 인명 손실이 더 많긴 했지만, 침공대원 114명이 죽고 1189명은 생포돼 포로로 억류되었다.

1961년 4월, 포로로 억류된 쿠바 침공대원들. ⓒ richard jehn

이들은 1년 반 뒤에 미국이 쿠바 측에 5300만 달러 상당의 식량과 의료품을 제공하는 조건으로 풀려났다.

미국의 손실도 컸다. 두 척의 미군 보급선이 쿠바 전투기에 의해 격침되었으며 4명의 미군 조종사가 사망했다. 그러나 이 사실은 당시 극비에 부쳐졌다. 미군과 전혀 관계없는 쿠바인들의 공격으로 위장하기 위해서였다. 미국의 손실은 이에 그치지 않았다. 케네스 데이비스(Davis 2004)는 "쿠바 침공으로 인한 이 같은 피해는 모두 당장의 손실에 불과했다. 장기적인 피해는 더욱 막심했다"며 다음과 같이 말한다.

"케네디가 전 세계에 심어놓은 미국의 명예와 긍지는 하룻밤 사이에 바닥으로 추락했다. 민주당 대통령 후보를 지낸 인물로 당시 미국의 유엔 대표를 지내고 있던 애들라이 스티븐슨도 백악관의 잘못된 정책으로 인해 창피함을 무릅쓰고 총회에서 쿠바 침공에 대해 거짓말을 해야 했다. 소련은 케네디를 나약한 인물로 생각했다."

집단사고의 함정

참담한 실패 후 케네디는 "내가 어쩌다 그런 어리석은 계획을 추진했을까"라고 한탄했다. 왜 그런 어리석은 일이 벌어졌을까? 이와 관련해 미국 예일대학의 심리학자 어빙 재니스(Irving Janis, 1918~1990)는 1982년의 연구에서 어떻게 자타가 인정하는 우수한 두뇌집단이 잘못된 결정을 내릴 수 있는가에 관한 문제를 연구하면서 '집단사고(group think)'라는 개념을 제시했다. 쉽게 말하자면, 낙관론에 집단적으로 눈이 멀어 버리는 현상이다. 재니스는 집단사고를 '응집력이 강한 집단의 성원들이 어떤 현실적인 판단을 내릴 때 만장일치를 이루려고 하는 사고 경향'이라고 정의하면서 다음과 같이 말한다.

"정책결정 집단 내부의 구성원들 사이에 호감과 단결심이 크면 클수록, 독립적인 비판적 사고가 집단사고에 의해 대체될 위험성도 그만큼 커지게 된다. 그리고 이러한 집단사고는 집단 외부를 향해 비합리적이고 비인간적인 행동을 취하게 만든다."

미국에서 집단사고의 대표적인 예로는 케네디 행정부의 피그스만 침공(Bay of Pigs Invasion) 외에도 존슨 행정부의 베트남 정책, 닉슨 행정부의 워터게이트 사건(Watergate scandal) 등이 지적되고 있다. 이 모든 사건들이 그랬듯이, 집단사고는 집단 구성원으로부터 따돌림 당할 가능성에 대한 우려, 혹은 보상에 대한 기대로 인해 의심을 억누름으로써 나타난다.

케네디 행정부에 브레인으로 참여해 이 사건을 지켜본 슐레진저 2세는 "우리는 회의를 하면서 합의를 가장하는 이상한 분위기로 몰고 간다"고 말했다. 그 침공계획에 의심을 품은 사람들이 있었지만 행여 온건파라는 딱지가 붙을까 봐 두려워 입을 닫았다. 슐레진저 2세도 그런 사람 중의 하나였다. 그는 『천 일(A Thousand Days: John F. Kennedy in the White House)』(1965)에서 다음과 같이 고백했다.

"계획은 그 어떤 반대도 없이 추진되었다. 만약 단 한 명의 관료라도 반대했다면 케네디가 그 계획을 취소했을 것이라고 나는 확신한다. 하지만 그 누구도 반대하지 않았다. …… 피그스만 사태 이후 수개월 동안 나는 중대한 논의 과정에서 침묵으로 일관했던 자신을 심하게 자책했다. …… 내가 할 수 있는 유일한 변명은 당시의 토론 분위기가 나로 하여금 몇몇 소극적인 질문들을 제기하는 것 이상으로 그 터무니없는 일에 반대하지 못하게 했다는 것이다." (Sunstein 2009)

케네디의 탁월한 언론 관리술이 부메랑으로 작용할 줄 누가 알았으랴. 케네디는 피그스만 침공을 미리 알고 있던 『뉴욕타임스』의 보도를 막고 축소시키는 데에 자신의 역량을 유감없이 발휘하여 국가안보를 내세우며 고압적인 자세로 압박을 가했다. 그랬던 케네디는 피그스만 사건이 있고 몇 주일 뒤에 백악관의 한 모임에서 『뉴욕타임스』 편집국장 터너 캐트리지(Turner Catledge, 1901~1983)에게 "그 작전에 대해 더 많이 썼다면 아마도 우리가 그런 터무니없는 실수를 저지르진 않았을 거요"라고 말했다. 당시 『뉴욕타임스』 부국장 클립턴 대니얼(E. Clifton Daniel Jr., 1912~2000)은 "『뉴욕타임스』와 다른 신문들이 독자들에게 정보를 더 충실히 제공했더라면 피그스만 침공작전은 취소되었을 수도 있었고, 결과적으로 미국이 곤경에 처하지 않을 수도 있었다"고 아쉬워했다.

　케네디는 1년 후에도 『뉴욕타임스』 발행인에게 "쿠바에 관한 이야기를 모조리 다 실었으면 좋았을 텐데 그렇게 하지 않은 것이 유감이오"라고 말하지만, 진심인 것 같진 않다.(Lipman-Blumen 2005) 진심이라면, 오직 피그스만 사건에 국한해 그런 아쉬움을 표했다고 보는 게 옳겠다. 왜냐하면, 케네디의 기존 언론 관리술은 이후 지속될 뿐만 아니라 언론에 강한 압력을 행사할 정도로 더욱 공격적인 자세를 취하기 때문이다. 반면 뼈아픈 실책을 범한 『뉴욕타임스』는 자사의 대통령관련 정책을 전면 재검토하면서 전의(戰意)를 다지는데, 이는 훗날 위법부담을 무릅써 가면서까지 국방성 기밀문서를 보도하는 공격성으로 나타난다.(Griffith 1976)

　『워싱턴포스트』도 케네디의 압력에 굴복한 신문이었다. 이 신문은 4월 22일 사설을 통해 "이 사건은 더욱 밝은 미래와 자유를 향한 긴 역사의 한 장일 뿐"이라고 선언했다가 5월 1일엔 "쿠바의 불행", 그다음 날엔 "지독한 판단착오"라고 말하는 논조의 변화를 보였다. 케네디 진영과 밀접한 관계를 맺으면서 피그스만 침공작전이 성공하기를 원했기 때문에 빚어진 일이었다. 이 신문 역시 권력과의 유착 관계를 청산하겠다는 듯 나중에 워터게이트 보도의 경우처럼 공격성을 보이게 된다.(Graham 1997)

집단극화의 위험

집단사고의 배경은 집단의 응집력인데, 케네디 팀은 이것이 너무 강했다. 케네디 팀보다는 덜했을망정 후임인 존슨 팀도 비슷했다. 훗날 존슨 대통령의 측근이었던 빌 모이어스(Bill Moyers)에 따르면 "케네디와 존슨 행정부의 커다란 문제 가운데 하나는 국가안보를 다루었던 사람들이 지나칠 정도로 밀접한 개인적 관계를 맺고 있었다는 점이다. 국사를 다루는 데 있어 그들은 사교클럽의 회원인 양 처신하는 경향이 있었다. 중요한 결정들이 클럽 회비를 얼마나 낼지를 결정하는 소규모 이사회처럼, 훈훈한 동료애 속에서 이루어졌다."(Sunstein 2009)

바로 이것이 문제였다. 이런 문제와 관련해 제임스 서로위키(Surowiecki 2005)는 "설사 처음에는 실제 합의가 이루어지지 않은 채 무늬만 합의를 이루었다고 해도 집단이 응집력을 발휘하면 무늬는 실재가 된다"며 다음과 같이 말한다.

"그 과정에서 구성원들이 품을 수도 있는 의심이나 회의는 모두 사라져버린다. 이 과정은 집단 구성원들이 이미 공통된 사고 체계를 공유하는 상황이라면 훨씬 더 강력하게 그리고 분명히 작용한다. 통념에 도전하는 정보는 배제되거나 오류로 합리화되기 때문에 사람들은 토론을 하지 않고 자신들이 옳다는 신념을 공고히 하게 된다. 집단사고가 행해지는 곳에서 토의는 사람들의 생각을 여는 효과를 낳는 게 아니라 닫아버리는 부작용을 낳는다."

피그스만 침공사건이 일어난 바로 그해에 제임스 스토너(James A. Stoner)가 갈등 상황에 대한 실험을 통해 개인 차원의 의사결정과 집단이 토론을 통해 결정한 결과를 비교해, 집단 의견이 개인 의견보다 좀 더 위험을 감수하는 경향이 있다는 사실을 밝혀냈다.(Sunstein 2009)

이런 경향을 가리켜 '집단 편향성' 또는 '집단극화(group polarization)'라고 한다. 이는 어떤 문제에 관한 집단토의에 참가한 후에 구성원들이 토의 전보다 더 모험적인 의사결정들을 지지하는 경향을 말한다. 이른바 '모험성 이행(risky shift)'이 일어나는 것이다. 1960년대에 이루어진 이러한 발견은 집단들이 의사결정 시 비교적 보수적이고 지지부진하다는 보통의 생각과 모순되었기에 상당한 관심을 불러일으켰다.

이러한 집단극화가 일어나는 이유는 사람들이 집단토의에서 나오는 주장들을 듣는 과정에서 새로운 정보를 획득하기 때문이다. 이러한 주장들이 구성원들의 처음 입장들을 지지하는 경향이 있기 때문에, 사람들은 대개 자신의 입장에 반대하는 이유보다 찬성하는 이유를 더 많이 듣게 된다. 집단토의는 적극적으로 스스로를 개입하도록 고무시키며, 사람들에게 자기들의 당초의 견해들이 옳다는 것을 납득시키고, 따라서 보다 더 극단적 의견들이 나오게 된다.(Sears, Freedman & Peplau 1986)

거시적 차원에서 비슷한 문제로 '사회적 쏠림 현상(social cascade)'이 있다. 선스타인(Sunstein 2009)에 따르면 "쏠림 현상이 발생할 때 나타나는 가장 중요한 문제는 그것을 따르는 사람들이 개인적으로 가진 정보를 밝히지 못하거나 자신이 가진 정보에 따라 판단을 내리지 못한다는 것이다. 개인들이 가진 정보가 사회에 알려지지 않기 때문에 사회는 심각한 문제나 재앙에 봉착할 수 있다."

집권 엘리트가 상호 사교클럽의 회원인 양 처신하는 경향이나 훈훈한 동료애 속에서 결정을 내리는 관행은 위험하다는 모이어스의 경고가 가슴에 와 닿는다. 바로 이 점이야말로 특히 한국에서 여러 정권들이 실패하는 가장 큰 이유이기 때문이다.

참고문헌 Bagdikian 1962, Baird & Weinberg 1981, Baughman 1981·1983, Beschloss 2002, Bingham & Just 1964, Bradlee 1975·1997, Chafe 1986, Cornwell 1970, Cose 1992, Davis 2004, Decter 1970, Edwards & Wayne 1985, Ekirch 1976, Gaddis 2010, Galbraith 1994, Gates 1978, Graham 1997, Griffith 1976, Halberstam 1979, Hartley 1971, Hutchison 1961, Kaufer 1979, Kennedy 1972, Kern 외 1983, Krock 1968, Lanouette 1979, Leamer 2001, Linkugel 외 1972, Lipman-Blumen 2005, Matusow 1983, Newsweek 1961, Ostman 외 1981, Pollard 1961·1964, Porter 1976, Ridings & McIver 2000, Rinn 1969, Schlesinger 1965, Sears, Freedman & Peplau 1986, Shoemaker 1993, Steel 1980, Sunstein 2009, Surowiecki 2005, Tebbel 1974, Wicker 1975, Wise 1973, Wolfarth 1961, Zinn 1986, 강준만 외 1999-2003, 김우룡 1992, 김진우 2009, 민웅기 1999, 박경재 1995, 박성심 1998, 시무라 마사오 외 1995, 송기도 2003

박정희-케네디 회담
박정희의 미국 방문

박정희 의장 대장 진급식

1961년 5월 16일, 한국에선 박정희(1917~1979) 소장이 주도한 쿠데타가 일어났다. 1960년 4·19혁명으로 탄생한 장면(1899~1966) 정부가 무너지고 새로운 군사정권이 들어섰다. 당시 미국과 일본은 한일 국교정상화에 몸이 달아 있었다. 5·16쿠데타가 일어나고 나서 채 한 달도 안 된 1961년 6월 10일 일본 수상 이케다 하야토(池田勇人, 1899~1966)는 워싱턴에서 케네디를 만나 이렇게 말했다.

"일본으로서는 중국보다도 한국이 더욱 중요한 문제다. …… 만일 부산에 붉은 기가 나부끼게 된다면 일본의 안보는 중대한 위협을 받게 될 것이며 따라서 남한의 반공체제 강화에 대해서는 깊은 관심을 기울이지 않을 수 없다. …… 또 쿠데타로 성립된 남한의 군사정권은 비록 민주적 정권은 아닐망정 적어도 형식상으로는 합법정권이며 반공체제를 견지시키기 위해서라도 일본은 경제원조를 하지 않을 수 없

으므로 하루속히 국교정상화를 실현시켜야만 된다고 믿는다."(정경모 1991)

1961년 7월, 1년 전 수상직에서 물러난 일본 정계의 실력자인 기시 노부스케(岸信介, 1896~1987)는 박정희의 친구인 신영민을 박정희에게 파견해 한일 국교정상화 가능성을 타진했다. 1961년 8월 박정희는 호의적인 답장을 보냈다. 물론 한일 국교정상화는 미국의 뜻이기도 했다. 그것도 아주 강력한 뜻이었다. 11월 4일 미 국무장관 딘 러스크가 한국을 방문했고, 박정희-케네디 정상회담이 11월 14일로 잡혔다. 방미 일정이 결정된 직후 박정희는 청와대로 대통령 윤보선(1897~1990)을 방문했다.

윤보선의 비서관 김준하(2002)의 증언에 따르면 "그날따라 박 의장은 좀처럼 보기 드물게 만면에 미소를 지으면서 비서들과 일일이 악수도 하고 대통령을 만나러 들어갔다. 비서들은 모처럼의 외국여행에 앞서 인사 차 온 것으로 생각했다. 그러나 박 의장의 방문 목적을 듣고 고소(苦笑)를 금할 수 없었다. 그의 말에 따르면 미국에 대해서 권위를 보이기 위해 자신의 군 계급을 중장에서 대장으로 승진해야 되겠다는 요지였다. 7개월 만에 소장에서 2계급 특진하자는 것이다. …… 박 의장은 방미에 관한 여러 이야기가 끝날 무렵 '대통령께서 직접 계급장을 달아주셨으면 고맙겠습니다'라고 직설적으로 요청했다. '박 의장에게나 있을 법한 일이구나'라고 생각했다. 옆에 서 있었던 비서들은 웃음을 참느라고 애를 먹었다."

며칠 후 청와대 대회의실에선 최고회의 출입기자들이 참석한 가운데 박정희 의장의 성대한 대장 진급식이 열렸다. 훗날 윤보선은 자신이 박정희의 어깨에 대장 계급장을 달아준 일을 두고 "숙명적인 들러리를 서게 됐다"고 자탄했다.

미국의 박정희 기죽이기

대장 계급장은 달았지만, 미국은 박정희와 군사정권의 약점을 꿰뚫어보고 그들을 무시하고 있었다. 이미 박정희의 방미(訪美) 사전교섭 과정에서 미국 측은 박정희가 비공식으로 방문한다는 이유로 워싱턴에서의 숙박 및 교통편을 일절 제공하지 않는다고 통보했다. 예약과 비용 지급도 모두 한국의 몫이었다. 국무부와 백악관 보좌진들은 케네디에게 보고한 문서에서 "군사교육을 위해 짧게 미국에 체류한 경험밖에 없는 박 의장에게 미국의 힘과 능력을 보여줄 것"을 건의했다. 박정희 '기죽이기'였다.(김용석 2001)

신문의 부패에 대해 큰 반감을 갖고 있던 군사정권은 박정희의 미국 방문 수행 취재단으로 부패하지 않은 기자들만 선발토록 했다. 그 덕분에 선발 인원 5명 중 합동통신을 대표해 들어간 기자 리영희(1988)로선 기쁘게 생각할 일이 틀림없었지만, 그는 썩 유쾌하지 않았다고 말한다.

"나는 박정희 의장의 케네디 대통령 방문에 수행하면서 마치 조선왕조의 조공(朝貢) 사신을 따라가는 통신원 같은 기분이 들었다. 태자 책봉 때마다 '대국(大國)'의 승인을 얻으러 연경(燕京) 가던 사대주의 행사의 목적지가 워싱턴으로 바뀐 것뿐이 아닌가! 나는 민족의 현실에 대해서 짙은 모멸감을 떨쳐버릴 수가 없었다."

박정희는 미국에 가기 전 동경에 들러 일본 수상 이케다 하야토와

회담을 갖기로 했다. 당시엔 아무도 몰랐지만, 이런 비화가 있었다. 다시 리영희(1988)에 따르면 "여기서 훗날의 파란 많은 한일 국교정상화 회담의 스케줄이 합의된 것이다. 박은 일본 정부와의 이 합의를 케네디 대통령과의 회담 선물로 들고 가게 돼 있었다. 미국 정부는 이승만의 반일적 고집에 골치를 앓고 민주당 정부의 우유부단에 속을 태운 터라, 군인 독재 권력으로 하여금 기어이 매듭을 짓게 하려는 정책이었다. 일본 정부와의 이 사전 합의가, 새로 취임한 케네디 대통령이 박을 워싱턴으로 초대하는 외교 시나리오의 가장 중요한 동기이고 목적이었던 것이다."

박정희는 일본 정관계 인사들을 만나 '반공 유대 강화'를 외쳤다. 일본 정부가 간절히 원하던 바였다. 11월 12일, 박정희와 이케다의 회담은 순조롭게 진행됐다. 케네디 참모들은 케네디에게 "한일 정상회담은 성공적이었으며 이번 회담은 공산주의자들에게 치명적인 타격을 입힌 역사적인 성취"라고 보고했다.(김용석 2001)

박정희의 베트남 파병 제의

박정희는 미국에 도착해서 자신과 동갑내기인 케네디를 만났다. 어떻게 해서든 미국의 인정을 받고 싶었던 박정희는 케네디에게 한국군의 베트남 파병을 제의했다. 미국은 박정희의 파병 제의를 삭제한 상태로 외교문서를 공개했다가 1996년에서야 삭제분을 복원시켰다.

미국이 본격적으로 베트남에 뛰어들기도 전에 그런 제의를 했으니 박정희에게 선견지명(先見之明)이 있었다고 해야 할까? '필요 없다'고 답한 케네디는 자신이 죽은 후 본격화된 베트남전쟁이 그렇게까지 미

미국을 방문해 케네디 대통령과 회담을 가진 박정희.

국을 괴롭히리라곤 꿈에도 생각지 못했을 것이다.

박정희-케네디 회담의 공동성명은 요란했다. 거기에 더해 국내에선 '전면적 성공' 운운해대는 엄청난 과장 기사가 양산되었다. 그러나 삐딱한 기자가 한 명 있었다. 리영희였다. 리영희는 4·19 의거 때 기사를 기고하곤 했던 『워싱턴포스트』 인맥을 이용해 정밀 취재에 들어가 박정희-케네디 회담의 실무책임자였던 국무부 관리를 인터뷰하는 데에 성공했다.

다른 수행 기자들은 "한국이 뭐든지 달라는 대로 주기로 약속하다"라는 식으로 기사를 부풀려서 송고했지만, 리영희는 케네디 정부의 태도가 유보적임을 알아냈다. ①조속한 시일 내의 총선 실시 ②민정 이양 조건의 정치적 승인 ③경제원조의 일시유보 ④제1차 5개년 경제계획에 대한 자금 22억 달러 지원요청 거부 ⑤조속한 시일 내의 한

일관계 정상화, 국교수립 및 일본 경제권 내 남한 편입식 경제발전전략 ⑥경제계획을 자본집약 방식에서 노동집약적 방식으로 개편 ⑦베트남전쟁에 대한 군사적 협력 등, 7개 조건을 내세웠던 것이다.(리영희 1999)

그런 이면의 문제가 있었음에도 박정희는 "큰 희망과 용기를 주는 메시지를 갖고 귀국한다"는 성명을 발표했고, 미국 측이 이와 유사한 성명들을 내놓음으로써 박정희의 방미는 성공적인 것으로 평가받았다. 이후에도 군사정권의 베트남 파병 의지는 집요했다. 당시 중앙정보부장이었던 김종필은 1962년 2월 베트남을 방문해 직접 파병 의지를 밝혔으며, 주미대사 김현철도 한국 정부의 파병 의지를 계속 미국 정부에 전달했다.(조갑제 1998, 홍규덕 1999)

앞서(8권 2장) 살펴보았듯이, 이승만의 '반공 선민주의'와 이후에 나타난 이승만의 '세계 4대 강국론(한국은 세계 4대 강국 중의 하나라는 주장)'이 미친 영향 때문이었을까? 아니면 어떻게 해서건 경제개발을 할 수 있는 출구를 찾지 못하면 정권 자체를 유지할 수 없다는 긴박감 때문이었을까?

참고문헌 강준만 2002-2006, 고성국 1991, 김용석 2001, 김준하 2002, 리영희 1988 · 1999, 정경모 1991, 조갑제 1998, 홍규덕 1999

케네디의 도박
쿠바 미사일 위기

케네디의 바보 같은 실수

다시 피그스만 침공 사건으로 돌아가보자. 피그스만 침공 사건은 커뮤니케이션학 연구의 보고(寶庫)다. 집단사고와 집단극화 외에도 여론조사 연구에서도 이 사건은 자주 거론된다. 케네디가 피그스만 침공 사건이 실패로 돌아간 다음 날 텔레비전에 출연해 자신의 실수를 인정하고 책임을 지겠다고 했는데, 방송이 나간 뒤 케네디의 지지율은 82퍼센트를 기록했다.

1994년 8월 28일, 케네디 행정부에서 공보담당 비서관을 지낸 피어 샐린저(Pierre Salinger, 1925~2004)가 『워싱턴포스트』에 기고한 글에 따르면, 케네디도 그 결과에 깜짝 놀라 흥분된 어조로 샐린저에게 전화를 걸어 "국민에게 인기 있는 대통령으로 남으려면 더는 바보 같은 실수는 하지 않아야겠어요"라고 말했다.(이승숙 1994)

이 상황을 어떻게 설명할 것인가? 여론조사 전문가 조지 갤럽

(George H. Gallup, 1901~1984)이 당시 내놓은 설명에 따르면 "사람들은 그 사람의 목표가 무엇이며 무엇을 하려고 애썼는가에 따라 그를 평가하려는 경향이 있다. 꼭 그 사람이 무엇을 성취하고 어떻게 성공했는가에 따라 평가하는 건 아니다.(People tend to judge a man by his goals, by what he's trying to do, and not necessarily by what he accomplishes or by how well he succeeds.)" (Edelman 1964)

그러나 케네디의 '바보 같은 실수'는 계속되었다. 샐린저는 "얼마 후 케네디는 쿠바에 경제제재를 가했고 나중에 가서야 그것이 또 하나의 실수임을 깨달았다"고 말한다. 왜 그런가? 이를 설명하기 전에 쓴웃음을 자아내는 에피소드를 미리 감상해보자.

어느 날 밤 케네디는 샐린저를 불러 쿠바산 최고급 시가인 프티 어프만을 가능한 한 많이 구해두라는 지시를 내렸다. 헬렌 토머스(Thomas 2000)에 따르면 "케네디는 다음 날 아침까지 요구했다. 그래서 샐린저와 그의 보좌관팀은 워싱턴 전 지역의 담배 가게를 밤늦게까지 샅샅이 뒤져야만 했다. 그다음 날 아침, 샐린저는 대통령 집무실에 불려갔다. '얼마나 구했는가?' 케네디가 묻자 샐린저가 대답했다. '한 1200개쯤 됩니다.' 이에 만족한 케네디는 책상 서랍 쪽으로 가서 종이 한 장을 꺼내 사인했다. 그것이 바로 대(對)쿠바 무역금지 법안이었다."

그런데 왜 이것이 실수였는가? 미국의 경제 봉쇄는 쿠바의 경제를 위협했다. 당시 쿠바의 경제는 설탕 수출에 절대적으로 의존하고 있어 설탕 수출이 전체 수출액의 85퍼센트에 이르렀다. 더 큰 문제는 설탕의 거의 전량을 미국에 수출하고 있었다는 점이다. 쿠바는 오랜 지배 기간을 거치면서 미국의 설탕 시장에 죽고 사는 식민지 경제구조를 갖고 있었던 것이다. 그러니 미국의 경제 봉쇄는 쿠바 경제의 숨통을 끊어놓는 행위나 다름없었다. 시인이자 독립운동 지도자로서 쿠바의 국민 영웅인 호세 마르티(José Martí, 1853~1895)는 단 하나의 상품에 스스로의 생존을 맡기고 있는 국민은 자멸한다고 예언한 바 있는데, 그 예언이 현실로 임박한 것이었다.

바로 그런 상황에서 소련이 쿠바 설탕을 국제시장 가격 이상으로 구입했고 원유도 저렴한 가격으로 공급해주었다. 소련과 관계를 맺으면서부터 카스트로는 골수 공산주의자로 변신했고 결국 쿠바혁명을 다른 제3세계로 수출하는 제3세계 혁명의 대부 노릇을 자임하게 된다. 카스트로는 1963년 유엔총회 연설에서 자신이 공산주의자임을 선언하고, 이후 미국 대통령들과 힘겨운 싸움을 계속한다. 미국은 경제 봉쇄 이외에도 '라디오 마르티(Radio Martí)', 'TV 마르티(TV Martí)' 등의 프로파간다 방송으로 카스트로를 공격하는 심리전에도 심혈을 기울인다. 카스트로가 미국을 겨냥해, 자신에 대한 암살 시도로 보자면 '올림픽 기록'을 갖고 있다고 말한 것도 미국의 카스트로 제거 작업이 얼마나 치열했는지를 시사한다.

소련의 베를린 봉쇄

소련의 우주 비행 성공에 이어 피그스만 침공 사건으로 좌절을 겪은 케네디 행정부로서는 상처받은 미국의 자존심을 회복할 그 무엇이 필요했던 걸까? 1961년 5월 25일, 케네디 대통령은 상하원 특별연설을 통해 "10년 이내에 달에 미국인을 보내 안전하게 귀환시키겠다"는 야

1969년 여름, 전 세계 7억 5000만 명이 우주인의 달 착륙 모습을 생중계로 지켜보았다.

심찬 계획을 발표했다. 실제로 미국은 약 8년 후 이 계획에 성공한다. 그래서 인간의 달 착륙은 케네디의 비전과 선견지명의 결과물로 예찬되지만, 달리 보는 시각도 있다.

앞서 케네디의 비전 결여를 지적한 베슐로스(Beschloss 2002)는 "1970년이 오기 전에 달에 인간을 착륙시키겠다는 케네디의 공언은 그의 방식을 보여주는 완벽한 사례다. 대통령이 되었을 때만 해도 그는 단기간에 달 착륙 계획을 추진할 생각이 없었다"며 다음과 같이 말한다.

"그의 보좌진들은 달 착륙 계획은 비용이 너무 많이 들 뿐만 아니라 통신, 군사, 기상, 탐사 및 다른 분야들로 나뉜 우주개발계획의 전체적 균형을 잃게 만들 것이라고 말했다. 그러나 1961년 봄, 러시아인들은 인류 역사상 최초로 유리 가가린을 우주로 쏘아올림으로써 미국인의 자존심을 훼손시켰다. 그리고 케네디와 CIA는 피그스만 침공에 실패함으로써 정말 난처한 지경에 빠지고 말았다. 그 어설픈 침공 때문에 케네디는 미국의 자존심을 회복할 만한 것을 빨리 찾아내라고 보좌진들을 들볶았다. 그렇게 해서 달 착륙 계획은 낡은 장롱 속에서 튀어나온 것이다."

그러나 문제는 베를린에서도 불거져나왔다. 1961년 6월 3일과 4일, 오스트리아의 빈에서 열린 미·소 정상회담에서 니키타 흐루쇼프(Nikita S. Khrushchyov, 1894~1971)는 동독 영토에 있는 베를린에서 서방 군대를 철수하라고 요구했다. 베를린이 무장해제 되면 동독으로 편입되리라고 본 케네디는 흐루쇼프의 이런 요구를 무시했고 정상회담은 결렬되었다. 케네디는 서베를린을 '서유럽인의 용기와 의지의 위대한 시험장'으로 보고 오히려 미국 의회에 32억 달러의 추가 방위비와 예비군 소집권을 요청했다.

1961년 6월 케네디는 핵전쟁은 얼마든지 일어날 수 있다는 듯, 핵방공호를 건설할 것을 제창했다. 이는 일종의 사회적 신드롬으로 비화했다. 방공호를 파면 핵위협을 피할 수 있다느니 없다느니, 방공호를 파려면 이렇게 해야 한다느니 저렇게 해야 한다느니 하는 논란이 분분한 가운데 전국적으로 방공호 건설 붐과 관련 물품들이 날개 돋친 듯이 팔려나갔다. 이즈음 미래학자라는 허먼 칸(Herman Kahn, 1922~1983)은 『열핵전쟁론(On Thermonuclear War)』에서 핵전쟁 후의 영향은 그다지 심각한 것이 아니며, 평화의 공포와 전쟁의 공포 차이는 '양적인 수준의 차이'에 지나지 않는다고 주장함으로써 핵전쟁 가능

1961년 11월 20일, 동베를린 공사 인부들이 베를린 장벽을 건설하는 현장.

성을 부추겼다.(Yakovlev 1989)

핵전쟁 가능성보다 시급한 것은 다시 베를린 문제였다. 1961년 8월 13일, 흐루쇼프는 동독 군대를 동원해 철조망과 바리케이드로 동베를린과 서베를린을 가로지르는 장벽을 46킬로미터에 걸쳐 쌓기 시작했다. 동베를린에서 서베를린으로 망명한 동독인 수가 1959년 14만 5000명, 1960년 5만 6000명을 기록한 데 이어 1961년 7월 한 달 동안 3만 명을 넘자 취한 조치였다.(Knopp 1996)

케네디 행정부는 소련의 행동에 즉각적으로 대응해 1만 5000여 명의 군대를 동원해 위협을 가했다. 16시간의 대치 끝에 미·소가 군대를 철수시켜 한순간 긴장은 사라지는 듯했지만, 1961년 9월 흐루쇼프가 잠정적으로 중지했던 핵실험을 재개한다고 발표하는 등 그들의 대립은 군비확대로 이어지며 심화됐다.

케네디가 피그스만 침공 사건 실패 이후 쿠바를 포기한 것도 아니었다. 그는 1961년 10월 쿠바 침공을 계획했고, 11월에는 연간 5000만 달러를 들여 400여 명의 CIA 요원이 참여하는 몽구스 작전(Operation Mongoose)을 승인했다. 동시에 카스트로 암살계획을 계속 추진했다. 케네디는 카스트로가 좋아하는 시가에 폭탄을 장착하는 음모 등을 포함해 CIA가 마피아와 짜고 카스트로를 암살하려는 계획도 승인했다. 1962년 3월엔 미국도 핵실험을 재개한다고 선언했다.(Harman 2004, 박성심 1998)

쿠바 미사일 위기 사건

흐루쇼프는 피그스만에서 당한 미국의 패배를 즉각 쿠바에 대한 중무장의 신호탄으로 보고 1962년 10월 쿠바에 미사일을 배치하는 '미사일 위기'를 촉발시켰다. 그러나 역지사지(易地思之)로 말하자면, 쿠바 영해·영공에 대한 미군의 침범이 잇따른 데에 위협을 느낀 쿠바가 1962년 9월 '소련·쿠바 무기원조협정'을 통해 소련의 미사일을 도입했다고 볼 수도 있다.

1962년 10월 14일과 15일, 쿠바 상공을 정찰하고 온 U-2 정찰기는 소련이 미사일 기지를 건설하는 현장을 담은 사진을 보내왔다. 16일, 케네디는 쿠바의 수도 아바나에서 50마일 떨어진 지점에 소련이 중거리 핵미사일을 배치했다는 정보를 확보했다. 긴급 소집한 국가안보회의 집행위원회에선 네 가지 대응책이 건의되었다. 첫째, 이 문제를 유엔에 넘기는 방법 둘째, 쿠바와 소련에 미사일 기지의 자발적 해체를 요구하는 방법 셋째, 쿠바를 침략하는 방법 넷째, 쿠바 해상을 봉쇄하

(왼쪽 위)모스크바 붉은 광장에서 선보인 소비에트 중거리 탄도 미사일(CIA 촬영).
(왼쪽 아래)1962년 10월 18일, 케네디 대통령이 소련 외무장관 안드레이 그로미코를 오벌 오피스에서 접견하고 있다. 이때 케네디는 소련의 미사일 구축 사실을 알고 있음을 내색하지 않았다.
(오른쪽 위)1962년 10월 22일, 케네디 대통령이 쿠바 해상봉쇄안을 승인하고 있다.
(오른쪽 아래)쿠바 미사일 위기가 촉발된 후, 쿠바로 이동 중인 소련 화물선 위로 미 해군 정찰기가 날고 있다.

는 방법 등이었다. 미8군 사령관과 극동군 사령관을 지낸 바 있는 통합참모본부 의장 맥스웰 테일러(Maxwell D. Taylor, 1901~1987) 등은 "쿠바를 공격해야 한다. 핵무기 사용도 불사해야 한다"며 강경론을 전개했지만(히로세 다카시 2000), 결국 해상봉쇄안이 채택됐다.

10월 22일 저녁 7시, 케네디는 텔레비전 전국 방송을 통해 "소련이 쿠바에 미국의 주요 도시들을 타격할 수 있는 중거리미사일 기지들을 건설하고 있다"면서 쿠바에 대한 해상봉쇄조치를 취했다고 발표했다. 그는 소련에 미사일 기지 해체를 요구하면서 만약 쿠바에서 미사일이 날아온다면 미국은 이를 소련의 공격으로 간주하고, 소련에 보복공격을 감행할 것이라고 선언했다. 일종의 '치킨 게임'이 시작되었다.

10월 23일, 미국은 소련의 잠수함과 선박이 쿠바로 이동하고 있다는 첩보를 받았다. 위기는 24일 미사일을 실은 소련 선박들이 쿠바에 대한 미군의 해상봉쇄선에 다가가면서 최고조에 달했다. 미군은 2차 세계대전 이후 가장 높은 단계의 경계 태세인 '데프콘(defcon) 2'에 들어가면서 소련과의 전면전에 대비했다.

대륙 간 탄도미사일 부대들과 미사일 탑재 잠수함들, 1400대의 폭격기들이 비상대기했으며, 핵무기를 탑재한 폭격기 수십 대는 공중에 떠 있는 채로 출격 준비를 갖추었다. 또 쿠바에서 96킬로미터 떨어진 플로리다에 병력 10만 명, 함정 90척, 비행중대 68개, 항공모함 8척으로 구성된 침략군을 결집시켰다.

유럽 각국의 수도에서는 10월 24일 밤부터 25일에 걸쳐 반전론자들의 데모가 벌어졌으며, 런던의 미국 대사관 앞에서는 성조기가 불태워졌다. 여러 나라에서 전시(戰時)에 대비해 사재기 열풍이 불었다.(Knopp 1996) 미국인들은 더욱 절박했다. 공포 분위기가 순식간에 미국 사회를 휩쓸었고, 학교마다 "나는 죽기 싫어"라고 외치면서 흐느끼는 학생들의 울음소리로 술렁거렸다.(Fairlie 1973) 작가 노먼 메일러(Norman K. Mailer, 1923~2007)는 훗날 이때를 회상하면서 "온 세상이 벼랑 끝에 선 기분을 느꼈고 …… 건물을 지날 때면 저 건물을 또다시 볼 수 있을 것인지 확신이 없었다"고 썼다.(Hoberman 2001)

극적인 미소(美蘇) 타협

10월 26일, 흐루쇼프는 미국이 쿠바를 침공하지 않는다고 약속한다면 미사일을 철거하겠다는 뜻을 전달했다. 27일에는 쿠바의 소련 미사일 기지와 터키의 미국 미사일 기지를 상호철수하자고 제안했다. 그 와중에 미군 정찰기가 쿠바 상공에서 격추돼 조종사가 사망하는 사건이 벌어져 긴장감을 높이기도 했다. 유엔 사무총장 우 탄트(U Thant, 1909~1974)는 양국의 정상에게 평화회담 개최를 촉구했다.

10월 28일, 미국은 쿠바를 침공하지 않겠다는 케네디의 유화 메시지를 전해 들은 흐루쇼프가 전격적으로 미사일 철수를 명령하고 쿠바로 향하던 소련 선박의 방향을 돌리게 하면서 일촉즉발의 상황은 해소되기 시작했다. 케네디는 그 대신 터키와 이탈리아의 나토 기지에서 주피터 미사일을 철수하라는 흐루쇼프의 요구조건을 들어주었다. 11월 2일, 케네디는 해상봉쇄를 취소했고 그해 말 모든 공격 미사일이 쿠바에서 철거됐다. 김봉중(2006)은 "케네디가 비밀리에 소련과 협상했다는 사실을 모르는 미국인들에게 케네디는 다시 영웅으로 부상했다"며 다음과 같이 말한다.

"국민은 케네디가 '눈에는 눈'으로 '이에는 이'로 대응하는 과감하고 패기 있는 정책을 펴서 소련을 압도했다고 보았다. 그러나 개인적인 자존심과 국가의 자존심 때문에 전쟁이 일어날 수 있는 일촉즉발의 상황까지 몰고 간 케네디의 위기정책(brinkmanship)은 자칫 수많은 인명을 앗아가는 대형 재앙으로 확대될 수 있는 도박이었다."

이 사건을 계기로 1963년 미·소 간에 핫라인(직통 전화선)이 개설됐고 '제한적인 핵실험 금지조약(Limited Test Ban Treaty)'이 체결됐다. 이는 냉전이 시작된 이래 처음으로 맞이한 군비 감축 선언이었다. 경제·사회적 힘이 아니라 전쟁과 속도가 인간사회와 현대문명의 기초라고 주장하는 프랑스의 철학자 폴 비릴리오(Virilio 2004)는 이 사건을 이렇게 해석한다.

"이 당시에 두 초강대국은 전쟁을 선포할 것인가 말 것인가를 15분 내에 결정해야 했다. 미국의 입장에서 보자면, 카스트로의 섬에 장착될 러시아 로켓은 곧 이 시간이 30초로 줄어든다는 위협과도 같았다. 케네디 대통령은 무조건적인 거부가 가져올 모든 위험에도 불구하고, 도저히 이런 상황을 받아들일 수 없었다. 우리는 사태가 어떻게 돌아갔는지 잘 알고 있다. 결국 양국 간에 '핫라인'이 개통되어 양국의 수장이 상호 연결된 것이다!"

흐루쇼프는 훗날 회고록에서 "나는 가면무도회에서 방귀를 뀌었다고 해서 자살이나 하는 차르 시대의 장교가 아니다. 전쟁을 하는 것보다 후퇴하는 것이 나았다"고 말했다. 후퇴를 생각하지 않았던 카스트로는 이런 타협에 대해 욕을 퍼붓고 벽을 발로 차며 거울을 내던지면서 격분했다. 그러나 그는 10년 후 조지 맥거번(George S. McGovern)에게 다음과 같이 말했다.

"나는 흐루쇼프보다 더 강경노선을 취할 수도 있었다. 그가 타협했을 때는 격분했지만, 흐루쇼프가 노련했고 현명했다. 지금 돌이켜보면 그가 케네디와 멋진 화해를 했다고 생각한다. 만약 나의 주장을 밀고 나갔다면 끔찍한 전쟁이 있었을지도 모른다."(Johnson 1993)

1994년 7월, 1962년 10월 18일부터 26일까지 계속된 백악관의 대책회의 내용을 담은 테이프가 공개됐다. 이 테이프에 따르면 케네디와 측근 보좌관은 당시 쿠바 미사일 기지에 대한 대대적인 폭격작전을 검토했다. 특히 10월 18일 백악관 긴급회의 테이프에는 케네디가 대쿠바 무력대응을 놓고 고심한 흔적이 역력히 드러나 있다. 그는 당시 쿠바에 개별 미사일 기지는 몇 개가 되는지, 기지마다 몇 개의 미사일 발사대가 있는지 등 주로 기술적 상황을 먼저 질문했으며 맥나마라 국방장관에게 미사일 기지 공습 시 예상되는 인명피해 상황을 물었다. 맥나마라는 이에 대해 "340개의 네이팜탄을 사용할 것이며 그럴 경우 수백 명의 쿠바 주둔 소련인이 희생될 것"이라고 보고했다. 하지만 일부 보좌관들은 쿠바에 대한 섣부른 공격을 반대한 것으로 드러났다. 이들은 쿠바에 대한 폭격이 흐루쇼프를 막다른 궁지로 몰아넣어 미·소 전면전으로 번질 우려가 있다며 반대했다. 또 소련이 미국에 대한 직접 공격뿐 아니라 다른 지역에서 보복조치를 취할 가능성도 있다고 보좌관들은 경고했다.(한국일보 1994)

2001년 6월 이 쿠바 미사일 위기 사건을 다룬 할리우드 영화 〈D-13〉이 개봉되었다. 로버트 케네디의 사후에 출간된 저서 『13일(Thirteen Days)』(1969)에서 제목을 따왔다. 이 영화와 관련해 이철민(2001)은 "소련의 핵미사일이 쿠바에 설치됨으로써 워싱턴을 포함한 미국 동남부 지역이 5분 안에 괴멸될 수 있다는 위협이 생긴 것은 사실이다"라고 전제하면서 다음과 같이 주장한다.

"그러나 1962년 당시 미국이 소련을 향해 언제든지 발사할 수 있었던 핵미사일의 수는 500기 이상이었고 소련은 10분의 1 수준인 약 50여 기에 불과했다는 사실을 이해하고 나면, 소련의 입장에서는 쿠바에 핵미사일을 배치하는 것이 가장 효율적인 대응방법이었다는 것을 쉽게 알 수 있다. 또 하나는 미사일 위기 이전에 이미 케네디 행정부가 먼저 쿠바를 침공한 상태였다는 사실이다. 그 어떤 나라의 집권자도 자신의 국가와 국민이 외부로부터의 위협에 처할 경우, 상대방 국가의 입장에서는 비이성적으로 보일 수 있는 결정을 내리는 것은 당연한 일. 따라서 역사적인 맥락이 거세되고 미국의 위협이 강조되게 마련인 할리우드 영화에서는 다른 모든 적대국가들은 비이성적으로 사고하고 판단하는 무지몽매한 집단으로 비칠 수밖에 없는 것이다."

어찌 되었건 쿠바 미사일 위기 사건은 오늘날까지도 케네디의 위대한 업적으로 알려지며 케네디 신화의 토대를 구성하고 있다.

참고문헌 Beschloss 2002, Davis 2004, Edelman 1964, Fairlie 1973, Harman 2004, Hoberman 2001, Johnson 1993, Knopp 1996, Thomas 2000, Virilio 2004, Yakovlev 1989, 김봉중 2006, 김진우 2009, 박성심 1998, 손세호 2007, 송기도·강준만 1996, 이승숙 1994, 이철민 2001, 한국일보 1994, 히로세 다카시 2000

제2장
마틴 루서 킹의 민권투쟁

'광활한 황무지' 대 '문화적 민주주의'
텔레비전 개혁 논쟁

광활한 황무지 연설

케네디 정부의 출범은 방송에도 큰 영향을 미쳤다. 아이젠하워 시대엔 방송규제기관인 미 연방통신위원회(FCC; Federal Communications Commission)조차도 극도로 부패해 흔히 'From Crisis to Crisis'로 불리기까지 했다. 라디오 방송국의 면허기간은 7년, 텔레비전 방송국의 면허기간은 5년이었으나 면허갱신은 매우 형식적인 절차에 지나지 않았다. 여기에 부정부패가 비집고 들어간 것이다. 정치학자 머레이 에덜먼(Murray J. Edelman, 1919~2001)은 이미 1930년대 및 1940년대부터 FCC의 면허 부여기능은 하나의 허구적인 정치적 상징에 지나지 않는 것임을 시사했다.(Edelman 1950)

케네디는 '텔레비전 대토론'에 힘입어 대통령에 당선되긴 했지만 너무 젊고 행정경험이 미숙하다는 이유로 미국인의 불안한 시선을 받으며 대통령직에 취임했다. 그는 자신이 국민의 신뢰와 인기를 얻기 위한 가장 강력한 무기가 텔레비전임을 알고 있었다. 다행히 당시 미국 방송이 상업성을 절제하는 공익수호의 차원에서 절실히 필요로 하던 방송 저널리즘의 강화는 케네디의 정치적 목적과도 부합되는 것이었다. 방송 저널리즘도 신문 저널리즘과 마찬가지로 대통령을 주요 뉴스 출처로 이용할 수밖에 없을 것이 분명했기 때문이다.

케네디가 FCC의 위원장으로 임명한 38세의 젊은 변호사 뉴턴 미노우(Newton N. Minow)는 보도매체로서의 텔레비전에 강한 신념을 갖고 있는 인물이었다. 그는 네트워크들이 퀴즈쇼 스캔들(8권 5장) 직후, 보도 프로그램을 2배로 늘렸음에도 그 정도로는 매우 부족하다고 생각하고 있었다. 그는 1961년 5월 9일 열린 NAB(National Association of Broad-casters)의 연례총회를 자신의 견해를 피력할 호기로 생각하고 매우 충격적인 내용의 연설 문안을 작성했다. 바로 '광활한 황무지 연설(a vast wasteland speech)'이다. 미국의 텔레비전을 '광활한 황무지'에 비유한 미노우는 앞으로 방송국들이 보도 프로그램을 더욱 강화하지 않는 한 면허는 자동으로 갱신되지 않을 것이라고 경고했다.

원래 NAB 총회에서 행하는 FCC 위원장의 연설은 매우 의례적인 것으로 단순한 격려사의 성격을 띠기에 미노우의 연설을 들은 네트워크 사장들을 포함한 방송경영자들은 매우 놀라지 않을 수 없었다. 텔레비전에 대해 강한 라이벌 의식을 느끼고 있던 신문들은 미노우의 연설을 대대적으로 보도하며 미국 텔레비전의 노골적인 상업성을 매도하는 근거로 사용했다.

그 어느 나라를 막론하고 방송은 공익을 추구해야 하며 그래서 규제가 필요하다는 전제하에 존재해왔다. 미국 방송도 예외는 아니었다. 그러나 '공익'이라는 개념은 모든 것을 의미하는 동시에 아무것도 의미하지 않는 말이었다. 공익은 그저 철학적인 개념으로 추상화된 단계에만 머물렀고, 미국의 방송규제는 기본적으로 자본주의 시장경제질서를 존중하면서 그때그때 방송으로 말미암아 야기되는 사회적 논란들을 잠재우고자 하는 '대중요법'의 성격이 강했다.

게다가 행정행위로서의 규제는 본질적으로 정치·사회·문화적으로 상호 상충되는 목표들을 추구하는 성격을 갖고 있는데 미국의 방송규제는 더욱 그러했다. 시장기능의 존중은 늘 '다양성'의 문제와 상충되었으며, 언론자유의 존중은 늘 방송윤리적인 문제와 상충되었다. 방송규제기관인 FCC는 그러한 갈등을 해소하기보다는 그 애매한 성격 탓에 때론 더 큰 혼란을 낳기도 했다. 일반적으로 미국의 독립행정기구(administrative agency)들은 그 위상이 불분명해 "코끼리, 토끼, 종달새를 합한 괴물"로 표현되어왔는데 FCC의 경우엔 더욱 그러했다. FCC 위원장 미노우의 표현을 빌리건대, FCC가 "월·화요일엔 좋은 법관, 수·목요일엔 좋은 의원, 금요일엔 좋은 행정가"가 되기는 매우 어려운 일이었다.

'문화적 민주주의' 논쟁

네트워크들은 미노우의 연설에 크게 당황해 그의 주장을 반박할 필요성을 느끼기 시작했다. CBS 사장 프랭크 스탠턴은 CBS가 퀴즈쇼 스캔들 이후 얼마나 보도 프로그램을 많이 늘렸는가를 입증하는 자료를 미노우에게 보내면서 그의 연설이 부당하다는 이의를 제기했다. 12월 7일에는 네트워크의 공개적인 일대 반격이 일어났다. 스탠턴은 펜실

베이니아대학에서 열린 강연을 통해, 또 RCA(Radio Corporation of America) 회장 데이비드 사르노프(David Sarnoff, 1891~1971)의 아들인 NBC 사장 로버트 사르노프(Robert W. Sarnoff, 1918~1997)는 베벌리힐스에서 개최된 NBC 가맹사총회를 통해 미노우의 연설을 맹공격했다. 『뉴욕타임스』의 방송비평기자 잭 굴드(Jack Gould, 1914~1993)는 미국 방송계의 두 지도자가 같은 날 한 명은 동부에서, 또 한 명은 서부에서 미노우를 공격한 것은 전략적 계산에 근거한 행동이라고 평했다. 그러자 스탠턴은 굴드에게 "백화점 체인 메이시는 백화점 재벌 김블과 타협하지 않는 법"이라며 반박편지를 보냈다.

그러나 당시 상황을 보자면 FCC의 규제로 이익을 볼 것을 기대하는 ABC가 중립을 지키는 가운데 CBS와 NBC가 손을 잡고 FCC에 강력하게 대응하지 않을 수 없었다. 미노우는 단지 보도 프로그램의 강화만을 요구한 것이 아니라 네트워크 텔레비전의 철학이라 할 시청률제도까지 매우 부정적인 시선으로 보고 있었기 때문이다. 미노우는 "시청률은 방송인의 노예가 아니라 주인"이라고 비판했다. 신문도 구독률을 조사하지만, 신문의 1면은 여전히 뉴스로 채워지며 사설을 만화로 대체하거나 실연자에게 보내는 충고 따위로 온 지면을 채우지는 않는데 비해 텔레비전은 그런 일을 실제로 하고 있다는 것이다.

CBS와 NBC는 잇따라 FCC에 강력히 대응하는 성명을 발표했다. 미국 방송계의 대변인이라는 칭호를 받던 스탠턴은 텔레비전은 'mass medium'이지 'elite medium'은 아니며 대부분의 시간에 대부분의 사람들을 상대로 하는 것이 방송사의 임무라고 주장했다. 그는 '문화적 민주주의(cultural democracy)'를 내세워 방송 프로그램의 내용을 시청자가 결정하도록 하는 것이 바로 민주주의 정신이며, 시청률 측정은 투표를 집계하는 것과 같은 민주적인 방법으로서 공중이 원하는 것을 공중에게 주기 위한 것이라고 말했다. 그는 미국의 텔레비전에 대해 적대적인 지식인들은 아무리 똑똑하고 성미가 고약해도 텔레비전에 관한 한 '소수' 일 뿐이며 민주적 과정과 가치는 '다수' 라고 하는 수량적인 고려를 무시할 수 없다고 말했다. 그는 미국의 텔레비전이 모든 부작용에도 불구하고 '정부의 통제와 보조' 그리고 '국민의 부담' 이라고 하는 두 가지 악을 피하고 있다고 역설했다.

스탠턴의 문화적 민주주의에 대해 미노우는 버나드 쇼(G. Bernard Shaw, 1856~1950)를 인용해 중국 사람들이 쌀을 먹는 이유는 스테이크를 먹어본 적이 없기 때문이라고 반론을 폈지만, 미국의 다수 텔레비전(majority television)은 미국의 자본주의체제라고 하는 구조적 산물이었다.

그러나 여론은 FCC 편으로 기울고 있었다. 슐레진저 2세는 네트워크들이 문화적 민주주의와 같은 허튼소리를 하면서 현 상황을 정당화시킨다면 공중이 개입할 수밖에 없으며 네트워크도 일반 방송국처럼 면허를 받아 일정 실적에 따라 그 면허를 취소할 수도 있는 상황이 도래할 것이라고 경고했다.

미노우는 '광활한 황무지 연설' 에 뒤이어 미국 텔레비전 수상기에 UHF 수신장치를 의무화시키는 '전채널법(All-channel law)' 의 통과를 위해 의회를 설득하는 노력을 전개했다. 당시 미국의 텔레비전 수상기 제조업체들은 텔레비전 수상기를 많이 팔 목적으로 VHF 수상기와 UHF 수상기를 따로 제조함으로써 UHF 방송은 매우 침체된 상황에 놓

텔스타 1호

여 있었다. 미노우의 끈질긴 로비 끝에 1962년 봄 미 의회는 1964년 4월부터 효력을 갖는 전채널법을 통과시킴으로써 UHF 교육방송과 독립방송국들에 활로를 열어주었다.

기술적 변화는 하늘에서도 일어나고 있었다. 1962년 7월 미국항공우주국(NASA)은 텔레비전 신호를 포함하는 모든 형태의 통신을 중계할 수 있게 AT&T가 만든 최초의 위성 텔스타 1호(Telstar I)를 쏘아 올렸다. 텔스타는 7월 23일 최초로 미국—영국—프랑스 간에 텔레비전 생방송을 시작했으며, 이에 자극받아 민간부문의 국제위성통신 개발 참여를 보장한 '커뮤니케이션 위성법(Communi-cation Satellite Act)'이 제정되고 AT&T, RCA, WUI(Western Union International), ITT 등이 참여하는 복합기업 컴샛(Comsat)이 형성되었다. 이와 같은 상황변화와 더불어 1964년 8월 위성 신콤 3호(Syncom III)가 적도 상공의 정지궤도상에 자리하는 데 성공해 동경올림픽을 미국 내에 생중계할 수 있게 되었다.

'뉴스 비즈니스 = 쇼 비즈니스'

한편, CBS와 NBC가 FCC를 상대로 벌인 '신경전'은 CBS와 NBC의 판정패로 끝나고 말았다. 네트워크들은 보도 프로그램을 더 늘리고 이제 새로운 고민에 빠져들었다. 갑자기 2배로 늘어난 뉴스 프로그램은 텔레비전 네트워크들 사이에 예전엔 볼 수 없었던 치열한 경쟁을 불러일으켰다. 이익은 고사하고 뉴스 프로그램으로 인한 손실을 최소화시켜야 할 위기 상황에 직면했기 때문이다.

시청자를 한 명이라도 더 끌어모으려면 불가피하게 '뉴스의 오락화'에 의존하지 않을 수 없었다. 물론 이는 새삼스러운 일은 아니었지만, 갑자기 늘어난 뉴스 프로그램이 편성에서 차지하는 비중 때문에 1940년대와는 다른 상황이었다. 텔레비전 네트워크들은 뉴스의 오락화를 위해 앵커 시스템을 본격적으로 도입하고 앵커를 스타로 만드는 데에 골몰했다. 영화의 내용도 질도 아닌, 스타가 관객을 끌어모으더라는 할리우드의 비법을 일찌감치 도입한 것이다.

1961년 3월 당시 쳇 헌틀리(Chester R. Huntley, 1911~1974)와 데이비드 브링클리(David M. Brinkley, 1920~2003)라는 남성 듀오 앵커가 진행한 NBC의 저녁뉴스 〈헌틀리-브링클리 리포트(The Huntley-Brinkley Report)〉의 프로듀서 류벤 프랭크(Reuven Frank, 1920~2006)는 자신의 프로그램이 "뉴스 비즈니스가 아니라 쇼 비즈니스"임을 솔직히 시인했다. 프랭크의 주요 관심은 어떻게 하면 헌틀리와 브링클리를 잘 어울리게 만들어서 시청자들에게 편안한 기분을 느끼게 해줄 것인가 하는 문제였다. 두 사람이 동성애자도 아닌데 뉴스가 끝날 때면 서로의 이름을 다정하게 부르는 등 낯간지러운 연기를 했던 것도 바로 그러한 연구 끝에 나온 시도였다.

케네디 대통령의 취임식 파티에서 당시 NBC 소속이던 가수 프랭크 시내트라(Frank A. Sinatra, 1915~1998)와 코미디언 밀턴 벌리(Milton Berle, 1908~2002)에게 "헌틀리 브링클리, 헌틀리 브링클리, 한 명은 엄숙하고

한 명은 반짝거리네"라는 노래를 부르게 했을 정도로 NBC의 〈헌틀리-브링클리 리포트〉 선전은 집요했다. 그러한 노력 덕분에 헌틀리와 브링클리 듀오는 당시 여성들에게 폭발적 인기를 누렸다. 그들은 늘 데이트를 요구하는 여성팬들 때문에 피해 다녀야 했으며, 특히 브링클리는 극성팬들이 짐을 싸들고 그의 집을 찾아와 죽치는 바람에 경찰이 출동하기까지 했다.(Matusow 1983)

그러나 당시만 해도 쇼맨은 앵커맨으로 족했고, 기자들까지 필요한 것은 아니었다. 기자들은 목소리만 내보냈을 뿐 아직 화면에 직접 나타나지 않았다. 프랭크는 이 점에 대해 "나에게는 헌틀리와 브링클리가 있다. 광대들은 필요치 않다. 내가 원하는 것은 그림이다. 우리는 가능한 한 방해받지 않고 그림이 이야기하도록 애를 썼다"고 말했다.

〈헌틀리-브링클리 리포트〉의 쳇 헌틀리(왼쪽)와 데이비드 브링클리. 이 프로그램은 1956년부터 1970년까지 방영되는 동안 높은 시청률을 기록했다.

당시 헌틀리와 브링클리가 이끄는 NBC 뉴스는 시청률에서 CBS를 압도했다. CBS는 NBC를 따라잡는 문제를 놓고 고민했다. 1961년 11월 CBS 뉴스의 부사장 블레어 클라크(L. Blair Clark, 1917~2000)는 "가장 큰 문제는 퍼스낼리티를 생각하지 않을 수 없다는 것이다. 앵커맨이 신뢰감 있게 보이고 들려야 한다"고 고민을 털어놓았다.

1962년 4월, CBS는 결국 결단을 내렸다. 그 당시 앵커맨이던 더글러스 에드워즈(Douglas Edwards)를 신뢰성 있는 퍼스낼리티를 지닌 인물로 교체한 것이다. 바로 월터 크롱카이트(Walter L. Cronkite, Jr., 1916~2009)였다. 좋은 의미에서든 나쁜 의미에서든 CBS가 에드워즈를 크롱카이트로 교체한 사건은 텔레비전 뉴스가 퍼스낼리티 쇼로 탈바꿈했다고 웅변하는 대목이었다. 3개 텔레비전 네트워크 가운데 가장 후발주자인 ABC-TV는 기자도 화면에 등장시킴으로써 NBC와 CBS의 뉴스 아성에 도전했으나 그럴듯한 퍼스낼리티를 찾아내지 못해 크게 고전했다.

대중이 원하는 바를 주자는 '문화적 민주주의'의 원리는 방송을 넘어 유통업에도 적용되기 시작했다. 1945년 잡화점을 시작해 박리다매(薄利多賣)로 성공을 거둔 샘 월튼(Sam M. Walton, 1918~1992)은 1962년 아칸소(Akansas) 주 로저스에 월마트(Walmart) 1호점을 개설했다. 미국 유통업의 판도를 바꿔놓을 혁명이었지만, 이는 훗날 뜨거운 논란을 낳게 된다.

참고문헌 Barnouw 1978, Baughman 1985, Bookman 1961, Broadcasting 1961, Castleman & Podrazik 1982, Edelman 1950, Halberstam 1979, Matusow 1983, McGraw 1975, Minow 1962, Morgan 1961, Newsweek 1963, Summers & Summers 1966, Stanton 1960 · 1972

소비주의 찬양
앤디 워홀의 팝 아트

화랑을 슈퍼마켓으로

"미국에서는 수 킬로미터가 연인들을 갈라놓았고, 모든 약속은 자동차 주위에서 정해지며 모든 일은 자동차 안에서 이루어졌다. 자동차 없이는 여자와 약속을 정할 수도 없을뿐더러 데리러 갈 수도 없었고 전형적인 미국 영화관 중의 하나인 '드라이브인'에 함께 갈 수도 없었다. 또한 이동 방편인 자동차는 외적으로는 부를 표시했으므로 여자를 유혹하는 데는 좋은 무기가 되었다. 유명한 영화 〈아메리칸 그라피티(American Graffiti)〉—1962년 여름밤 캘리포니아(Califonia)의 한 작은 도시에서 벌어진 일—에서는 너무 못 생겨서 개구리, 소시지, 세균 등의 별명까지 갖고 있는 테리조차도 자신의 멋진 자동차 덕분에 인형처럼 예쁜 곱슬머리의 여자를 꾀는 데 성공한다." (Casta-Rosaz 2003)

자, 사정이 그와 같은데 멋진 자동차를 가지고 싶은 욕망을 '물질주의'니 '소비주의'니 하는 말로 폄하할 수 있을까? 어림도 없는 일이

1971년 런던 화랑에서 자신의 작품 〈메릴린 먼로〉를 배경으로 포즈를 취한 앤디 워홀. ⓒ 중앙일보

다. 자신이 꿈에 그리던 여자를 만나게 해줄 수 있는 마법을 발휘하는 자동차는 영혼의 신전에 모셔놓아도 시원치 않을 정도였다. 어찌 자동차뿐이겠는가. 이제 '물질'과 '소비'의 많은 영역이 그런 신성한 경지의 반열에 오르게 되었다. 1962년 가을, 팝 아티스트 앤디 워홀(Andy Warhol, 1928~1987)의 첫 번째 뉴욕(New York) 전시회는 바로 그렇게 달라진 세상을 표현하고자 했다.

워홀은 엘비스 프레슬리(Elvis Preseley, 1935~1977)와 메릴린 먼로(Marilyn Monroe, 1926~1962)를 소재로 삼은 작품을 전시했다. 〈메릴린 먼로〉는 워홀이 영화 〈나이아가라(Niagara)〉(1953년, 감독 헨리 해서웨이)에서 '키스(Kiss)'를 부르는 먼로의 모습에서 영감을 받아 만든 작품이었다.(Rollyson 2003) 이 작품이 큰 성공을 거두어 워홀은 적어도 맨해튼의 미술 세계에서는 유명인이 되었다.

워홀이 그린 캠벨 수프 깡통, 코카콜라 병도 큰 화제가 되었는데, 이것이 미술 전시회의 형식을 통해 소개된 것에 분노하는 사람들이 많았다. 그림에 분노한 사람들은 워홀을 화랑이나 박물관을 슈퍼마켓으로 만들려는 야바위꾼, 사기꾼이라고 비난했다. 그러나 이들이 비난하는 포인트가 바로 워홀이 의도한 것이었으니 어쩌겠는가.(Ratcliff 1995, 김성화·권수진 1995)

워홀은 이왕 사기꾼 노릇을 하려면 큰 사기꾼이 되자고 작정했던 것 같다. 그는 1963년부터 사진을 이용한 실크스크린 인쇄를 시작했는데, 이는 무엇보다도 대량 생산이 가능하다는 데에 큰 의미가 있었다. 이와 관련해 비평가 로버트 휴즈(Robert Hughes)는 다음과 같이 말한다.

"수프 깡통을 그리는 일 자체가 딱히 급진적인 행위라 할 수 없다. 그러나 워홀이 급진적인 것은 수프 깡통을 생산하는 수단들을 그가 그림을 생산하는 방식에 적용했다는 것, 즉 그림들을 대량 생산했다는 점이었다. 그럼으로써 소비문화의 외관뿐만 아니라 그 과정도 꼭 닮은 소비 예술을 대량 생산해낼 수 있었다."(Russell 1996)

워홀은 큰 성공을 거둬 스타가 되고 싶어 했다. 심하게 말하자면, 단지 그것뿐이었다. 그러나 그의 성공은 워홀 개인의 성공만으로 끝나지 않았다. 미술계에 일대 파란을 몰고 온 것이다. 이에 대해 신지영(1995)은 "1960년대 초반, 워홀이 등장하기까지 미국을 지배한 미술은 추상표현주의였다. 즉 예술은 예술 자체로서의 독립된 지고한 목표를 지니며, 이와 더불어 특권의식에 팽배해 있던 작가들은 자신만의 내적 세계에 우월감을 지니고 미술이란 심오한 내적 세계의 표출이라는 관념에 사로잡혀 있었다. 따라서 미술은 지극히 난해하고도 주관적인 형태를 띨 수밖에 없었으며 그만큼 대중과 멀어질 수밖에 없었다"며 다음과 같이 말한다.

"이런 상황에서 워홀은 만화·광고·할리우드 스타 등, 대중문화를 고급 예술에 수용해 비개성적이고 객관적인 예술을 만들어냈다. 소재뿐 아니라 기법에 있어서도 워홀은 획기적이었다. 대부분의 그의 작품은 실크스크린이라는 상업적인 프린트 기법을 사용한 것이다. 처음에 고무도장이라는 원시적인 판화 기법을 사용하던 워홀은 점차 자신의 작품이 수공적인 분위기가 배제된 공산품같이 보이기를 원했다. 실크스크린은 보다 강력한 공장 조립대의 효과를 추구하던 이러한 워홀의 열망의 결정체라고 할 수 있다. 이렇게 워홀은 소재뿐 아니라 기법에 있어서도 철저히 대중문화의 그것을 따름으로써 순수미술과 대중미술로 엄격히 구분되던 기존 예술의 불문율에 성공적으로 의문을 제기했다. 또한 그의 구체적인 대중 이미지는 19세기 말부터 반세기 이상 추상에 몰입되어 있던 서구 미술에 형상을 부활시키는 계기를 마련했고, 구상미술을 표방하는 20세기 후반의 다수의 의욕적인 미술의 물꼬를 트는 전환점이 되었다."

"나는 소비한다. 고로 나는 존재한다."

'팝 아트(pop art)'는 영국의 미술평론가 로렌스 알로웨이(Lawrence Alloway, 1926~1990)가 1950년대 초에 처음 사용한 용어이지만, 그것이 세상 사람들의 큰 관심을 끌게 된 건 1960년대부터였다. 기존의 고급문화 영역에서 대중문화에 대한 긍정적 반응이 가장 잘 나타난 경우라고 볼 수 있는 팝 아트의 표현법에는 유화, 조각, 콜라주, 판화 등 시각예술의 여러 작업들이 포함된다. 팝 아트는 현실 자체를 대상으로 하지 않는다. 그래픽 디자인이나 대중매체 가운데에서 발견되는 가공된 현실을 음미의 대상으로 삼을 따름이다. 따라서 거기에서는 광고, 디자인, 회화의 경계가 모호해진다.(Walker 1987)

이는 현대 도시민들에게 자연이 거의 완전히 인공적인 것으로 대체되었다는 것을 의미한다. 사실 도시에서 자연을 어떻게 만날 수 있는가? 건물 옥상 위의 나무들? 그렇다. 자연마저도 인공적으로 만들어진다. 그런 인공적인 자연마저 많지 않다. 우리는 광고와 텔레비전과 그 밖의 매체들로 가득 찬 숲에서 살고 있다고 해도 지나친 말이 아닐 것이다. 요컨대 고급문화의 환경 자체가 변화되었다. 그렇게 본다면 팝 아트가 런던과 뉴욕 등 서구 소비사회의 중심지에서 발생한 사실은 당연한 일인지 모른다.

그러나 팝 아트가 처음 선보였을 때, 일부 비평가들은 그것이 상업적 작가들의 작업을 모사하는 표절이라고 비난했으며, 또 어떤 비평가들은 팝 아트가 피상적이며 퇴폐적인 예술 형식이라고 비판했다. 자본주의와 소비주의의 가장 좋지 못한 측면들을 무분별하게 재현하고 찬양하는 '반동적 현실주의'라는 것이다.

그러나 그렇게 일방적으로 비판하기에 앞서 1950년대와 1960년대의 시대 상황을 감안할 필요가 있다. 당시 서구 소비사회의 풍조를 극명하게 요약해주는 표어는 "나는 소비한다. 고로 나는 존재한다"였다. 영국의 선구적 팝 아티스트인 리처드 해밀턴(Richard Hamilton)이 "1950년대에 순수 예술가이기를 고집하는 것은 정신분열증 환자처럼 자기분열을 감내하겠다는 것과 다르지 않다"고 말한 것도 아마 그런 시대적 상황을 무시하는 이들을 향한 항변이었는지도 모른다.

같은 맥락에서 팝 아트의 소비주의에 대한 찬양은 1950년대와 1960년대 서구의 생활수준에 괄목할 만한 증진이 있었기 때문에 정당화될 수 있다고 말하는 사람도 있다. 또 팝 아트에는 어느 정도 우상파괴적인 면이 있어, 그때까지 경시되던 상업적 예술을 사용해 고급문화의 영역 속에 일종의 억압받던 것을 복귀시켰다는 것이다.(Walker 1987)

대부분의 팝 아티스트들은 프티 부르주아와 노동계급 출신이었다. 순수 미술가들과 동일한 사회적 지위를 누리지 못했던 이들은 일반 대중을 위한 미술을 생각해냈는데, 이러한 팝 아트에 관한 논의는 1950년대 초의 런던에서 '독립단체(IG; The Independent Group)'로 자처하는 지식인들 사이에서 활발하게 이루어졌다. 그들이 갖고 있던 문제의식은 다음과 같은 것이었다.

"IG는 피라미드와 같은 문화의 위계적 개념―제일 밑에는 저급문화 그리고 정상에는 고급문화가 있는―이 민주적, 산업적 사회에서는 낡은 개념이 되었으며 반위계적 연속체, 즉 순수미술과 민중미술(popular arts)이 동등한 조건에서 나란히 존재하는 수평적 띠나 스펙트럼으로 대체될 것이라는 결론에 도달했다. 즉 오페라는 록 음악보다 우수한 것이라기보다는 단지 다른 종류의 음악일 뿐이다. 이러한 선상에서 전통적인 순수 미술은 규범적인 지위를 상실한다. 다양한 미디어와 미술 형식들이 점점 더 상호작용하고 미술적 표현이 성격상 더욱 멀티미디어적으로 변한다는 생각은 매우 중요하다."(Walker 1998)

누가 스타를 싫어하는가?

워홀은 그런 문제의식을 미국적으로, 극단으로 밀고 나간 경우였다. 1949년 여름 공립학교의 미술교사가 되겠다는 꿈을 안고 대학을 졸업한 워홀은 처음엔 백화점에 취직해 진열장 장식 일을 하다가 뜻한 바가 있어 단돈 200달러를 들고 뉴욕으로 떠났다. 뉴욕에 도착하자마자 워홀은 당시의 인기 텔레비전 토크쇼 진행자인 트루먼 카포트(Truman Capote, 1924~1984)에게 1년 동안 하루도 빠지지 않고 팬레터를 보내며 "나는 언제 유명해지지?"라는 말을 입버릇처럼 외고 다녔다.

워홀은 잡지 『글래머(Glamour)』의 기사 삽화를 그리면서 인정을 받기 시작했는데, 원래 성격은 소극적이고 내성적이었으나 워낙 성공에 대한 열망이 강해 자기를 팔기 위해 매우 공격적으로 행동했다. 그는 이미 1950년대 중반 유능한 패션 일러스트레이터로서 성공을 거둬 맨해튼 중심가에 제법 괜찮은 아파트를 마련할 정도가 되었지만, 그것으로 만족할 워홀이 아니었다. 워홀은 1960년 〈수퍼맨(Superman)〉, 〈딕 트레이시(Dick Tracy)〉 등 코믹 연재만화에 쓰인 그림들을 그렸지만 큰 성공을 거두진 못했다. 앞서 본 바와 같이, 1962년이 그의 인생에 전환점이 되었다. 사기꾼이라는 비난도 있었지만, 일부 평론가들은 워홀을 상업예술의 기법을 사용해 대중문화의 진부함과 강한 잠식력을 폭로하는 사회적인 비평가로 평가했는데, 이에 대해 카터 래트클리프(Carter Ratcliff 1995)는 다음과 같이 반론을 제기한다.

"사회풍자로서의 팝 아트라는 것은 워홀과 리히텐슈타인, 제임스 로젠키스트가 왜 대중문화에 그토록 집착하는지 설명하기 위해 미술비평가들이 만든 일종의 허구에 불과하다. …… 그는 자신이 그리고 있는 인물을 좋아할 뿐이다. 무엇보다 워홀이 좋아하는 인물은 찬란하고 번쩍이는 인물—그리고 이것이 이미지라면 더욱더 좋아한다—이라는 것을 이해해야만 한다. 워홀은 스타를 좋아하는 것이다."

아닌 게 아니라 워홀은 할리우드에 푹 빠져 있었다. 그가 뉴욕에 도착하자마자 트루먼 카포트에게 팬레터를 집요하게 보낸 것도 바로 그의 '스타 집착증'을 말해주는 것에 다름 아니었다. 팝 아트 초기의 소재 대부분이 할리우드 스타로부터 출발했다는 건 결코 우연이 아니다. 워홀은 "현대 사회는 제임스 딘에게서 키스하는 법을, 제인 폰다에게서 남자를 유혹하는 법을 배우는 사회"라는 정의를 내린 바 있다.

워홀의 관심은 시종일관 스타였다. 그는 1969년 가을에 잡지 『인터뷰(Inter/View): 앤디 워홀의 영화 잡지』를 발간했는데, 이 잡지는 "패션과 미술, 오락과 사회가 만나는 문화의 한 부분을 집중적으로 다루는 세련된 잡지"로서 "유명인들에 대한 소문과 이야깃거리와 우아한 사진으로 가득 차 있었다." 이 잡지에서 그가 표출한 바는 이것이다. "스타를 좋아하지 않는 대중이 누가 있는가? 특별히 좀 더 좋아한다고 해서 그게 문제가 되는가?" 소비대중문화를 위한 당당한 항변인 셈이다.

소비자본주의 리얼리즘

워홀은 미국과 유럽의 관계에서 대단히 중요한 의미를 갖는 상징적인 인물이다. 오랫동안 유럽은 미국을 경멸해왔다. 친미주의자인 프랑스의 우익 지식인 기 소르망(Sorman 1998)은 유럽의 반미주의자들이 비판해온 미국의 특징은 그 자체가 미국적인 것이라기보다는 모더니즘의 징후라고 말한다. 그는 "반미주의 모습을 한, 이러한 현대에 대한 거부"를 설명하기 위해 워홀의 팝 아트를 들고 있다. 물론 그의 주장에 동의할 필요는 없다. 미국과 유럽의 전통적인 관계에서 워홀이 그 어떤 상징적인 역할을 하고 있을 수도 있음을 이해하는 것으로 충분할 것이다. 기 소르망은 다음과 같이 말한다.

"소비시대의 가장 상스러운 물질들, 수프 깡통, 케첩, 스타의 사진 등을 여러 개로 복사해 재창출하고선 예술이라고 주장한다. 예술은 예술인데 대중적인—팝 아트— 예술이었고 의도적으로 의미가 없도록 만든 것이었다. 유럽의 미학 전통 자체를 부인하는 것이었다. 코멘트라고 달아놓은 글은 '미래에는 모두가 15분 동안 텔레비전의 유명 인사가 될 수 있을 것이다' 등이다. 워홀은 예술의 모든 의미를 부정하고 엘리트라는 개념 자체를 조소한다. 침례교 목사들이 우리 모두가 신이라고 선언한 후, 이제는 워홀이 '우리는 모두가 예술가'라고 주장한다. 팝 아트는 새로운 미국 종교의 미학적 구성 요소가 된다."

워홀을 긍정적으로 평가하는 존 워커(Walker 1987)는 워홀을 비롯한 팝 아티스트들의 팝 아트가 그것을 공격하는 사람들이 동의하고 있는 것보다 훨씬 복잡하고 모호하며 여러 뿌리가 뒤섞인 미술 경향임을 인정하면서, 팝 아트에 대한 전면적 부정은 너무 성급한 결정이라고 말한다. 그렇다면 어떻게 보아야 할까?

워커는 "산업사회에 맞는 산업예술(이를테면 팝 아트)을 제작하기 위해 예술적 생산방식을 산업화한다는 것이 워홀의 명민함이었다. 또 이러한 통찰은 지극히 이단적이며 불온한 조치이기도 했다. 왜냐하면 산업혁명의 도래 이후 문인들과 사회비평가들은 꾸준히 기계를 예술의 정반대의 것으로서 간주해왔으므로 그 같은 관점은 엄청난 위협이 아닐 수 없었다"며 다음과 같이 말한다.

"기계란 반복, 표준화, 자동화, 동일한 물건의 대량 생산, 수공적 기술의 붕괴, 그 순환 법칙의 단조로움, 비인간적 성격과 권태 등에 대한 노동자의 종속 따위를 의미했기 때문이다. 이와는 대조적으로 예술은 개성적, 인간적 표현, 독창성, 유일함, 숙련된 수공적 가치를 상징했다. 한마디로 예술이 인간성의 정수와 같은 반면, 기계는 비인간적 또는 반인간적인 것이나 마찬가지라는 것이다. 화실을 공장으로 바꿔 놓으면서, 기계에 대한 찬미를 공언하고 나서면서, 시시콜콜하고 뻔한 이미지들을 가장 유효한 것으로 선택하면서, 자신은 별난 재능이나 솜씨를 지니지 못했다고 주장하면서, 반복과 단조로움과 권태에 축복을 내리면서, 워홀은 예술과 예술가가 전통적으로 맺어왔던 가치에 사실상 도전했고 또 그것을 전도시켰다."

실제로 워홀은 한 개인적 예술가가 아니었다. 그는 사무실과 많은 직원을 거느린 사업체의 운영자였으며, 워홀은 그의 이름인 동시에 일군의 상품에 붙여진 제조 상표였던 것이다. 그래서 워홀도 자신의 작업을 '비즈니스 아트(business art)'라고 부르면서 다음과 같이 말했다.

"비즈니스 아트는 예술 다음에 오는 단계다. 나는 스스로 상업적 예술가이기를 주장했고 이제는 비즈니스, 즉 사업 예술가로서 끝마무리를 지으려 한다. …… 사업에서 성공한다는 것은 가장 매력적인 종류의 예술이다. …… 돈을 번다는 것은 예술이며 일한다는 것도 예술이며 훌륭한 사업은 최상의 예술인 것이다."

워커는 워홀이 예술의 상업적 차원을 간파한 점에 주목한다. 워홀은 자본주의 제도 속에서 예술의 자본주의적 본성을 기꺼이 정직하게 직시하려는 극소수 현대 예술가들 중 한 사람이라는 것이다. 그래서 워커는 워홀이야말로 '자본주의 리얼리즘 작가'라고 부를 만하다고 말한다. 여기서 리얼리즘이란 소비자본주의의 첨단을 달리는 미국인의 풍요와 고독에 관한 것일까?

참고문헌 Casta-Rosaz 2003, Ratcliff 1995, Rollyson 2003, Russell 1996, Sorman 1998, Walker 1987·1998, 김성화·권수진 1995, 신지영 1995

극단을 향한 충동
메릴린 먼로와 존 F. 케네디

먼로의 죽음

1962년 8월 5일, 메릴린 먼로가 자신의 자택에서 사체로 발견됐다. 실오라기 하나 걸치지 않고 전화 수화기를 붙잡은 채 발견된 먼로의 죽음은 수많은 논란을 불러일으켰다. 자살이냐 타살이냐를 시작으로 자살 원인이 무엇이냐, 타살 원인이 무엇이냐에 이르기까지. 그녀의 죽음에 관한 미스터리는 아직도 밝혀지지 않았다. 그녀의 죽음을 자살로 규정하는 이들은 그녀가 영화사로부터 배역을 받지 못한데다 손해배상까지 당했기 때문이라고도 하고, 존 F. 케네디·로버트 케네디에게 실연당했기 때문이라고도 한다. 타살을 주장하는 이들은 사법부가 케네디 형제를 보호하기 위해 마피아를 시켜 살해했다고도 하고 그 반대로 마피아가 케네디 형제를 곤경에 빠뜨리고자 불륜관계에 있던 먼로를 살해했다고도 한다.(정태원 1999)

먼로가 대통령을 위한 축하모임에 참석해 '해피 버스데이, 미스터

프레지던트(Happy Birthday, Mr. President)'를 부를 때부터 수상하긴 했지만, 가장 세인의 관심을 끄는 것은 먼로와 케네디 형제의 관계다. 1961년 12월부터 먼로와 관계를 맺은 케네디는 1962년 5월 마지막 정사를 가진 후 자꾸 만나자고 보채는 먼로를 피하려고 백악관 집무실 직통 전화번호를 바꾸고 먼로에 대한 뒤처리를 동생에게 떠넘겼다. 동생인 로버트 케네디는 경고 및 위로 차 먼로를 직접 방문했다가 그녀의 매력에 무릎을 꿇고 형

1959년작 〈뜨거운 것이 좋아(Some Like It Hot)〉에서의 한 장면. 메릴린 먼로는 지금까지도 미국인들의 '영원한 섹스 심벌'로 기억되고 있다.

대신 관계를 맺지만, 그 역시 곧 먼로를 떼어내는 문제로 고민했다.

먼로는 케네디 형제와의 관계에 대해 여기저기 떠벌리고 다녔는데, 이는 과시라기보다는 그들로부터 버림받은 좌절감에서 비롯된 것이었다. 로버트 케네디의 부인으로 퍼스트레이디가 되리란 꿈도 있었던 먼로는 그들의 배신에 분노와 큰 상처를 받아 난폭해졌고 자신이 학대받고 있다는 생각에 더욱 약물에 의존했다. 그녀의 죽음과 관련해 케네디 형제 연루설이 나오는 배경이다.(Brown & Barham 1994, 한국일보 1992)

케네디의 섹스 중독

먼로의 죽음으로 불거진 케네디의 엽색행각은 세인의 상상을 초월하는 수준이었다. 섹스 중독도 유전인가? 아버지 조지프 케네디도 희대의 난봉꾼이었다. 조지프 케네디는 막강한 재력을 바탕으로 영화 제작에도 관여하면서 글로리아 스완슨(Gloria Swanson, 1899~1983)을 비롯한 할리우드 여배우들을 적잖이 섭렵했으며, 심지어는 딸 유니스의 친구들까지 넘보는 추태를 부리기도 했다. 여자를 탐하는 '마초' 기질을 평소 자식들에게 교육시킨 경쟁심과 정복욕의 필수요소로 본 건지도 모르겠다.(Chafe 1986, Leamer 2001, Rollyson 2003)

아들 중 아버지의 그런 점을 가장 빼닮은 자식이 존 F. 케네디였다. 싱글 시절부터 바람둥이로 유명했던 케네디는 재키와의 결혼 생활 중에도 끊임없이 여자를 찾았다. 그 수가 너무 많아 그들의 이름조차 기억하지 못할 정도였는데, 수백 명에 이르는 것으로 추산된다. 케네디는 백악관에 밀회 장소를 만들어놓고 섹스 파티를 벌여 경호원들에게 굴욕감을 주는 것도 아랑곳하지 않았다. 대통령의 신분임에도 유명한 마피아 갱의 여자친구와 관계를 가져 협박을 받을 정도로 무모했다.(Ridings & McIver 2000, Shenkman 2003)

케네디도 자신이 섹스 중독임을 알고 있었던 것 같다. 영국 총리 해럴드 맥밀런(Harold Macmillan, 1894~1986)에게 사흘 이상 섹스를 하지 않으면 두통이 생긴다는 말을 스스럼없이 할 정도였으니 말이다.(Gergen 2002) 상원의원인 조지 스매서스(George A. Smathers, 1913~2007)는 "케네디는 여자 뒤를 쫓는 일이라면 물 위를 걸어갈 수도 있다고 생각했다"고 회고했다.(Summers 1995) 케네디의 고문이었던 시어도어 소렌센은 "이 정부는 아이젠하워 정부가 골프에 미쳐 있던 것보다 더 심하게 섹스에 미쳐 있다"고 말했다.(Brown & Barham 1994)

미국의 유명 작가 고어 비달(Gore Vidal)은 1996년 출간한 『잭과 재키: 한 미국인 부부의 초상화(Jack and Jackie: Portrait of an American Marriage)』에서 케네디의 부인인 재클린도 남편의 엽색행각에 복수하려고 미남 배우인 윌리엄 홀덴(William Holden, 1918~1981) 등과 관계를 맺었다고 주장했다. 재클린은 1955년 홀덴과 잠깐 관계를 가졌으며 케네디가 대통령이 되고 나서는 국방부 차관 로스웰 길패트릭(Roswell L. Gilpatric, 1906~1996)과도 사랑을 나누었다는 것이다. 이 저서에 따르면 케네디 대통령은 오드리 헵번(Audrey Hepburn, 1929~ 1993), 소피아 로렌(Sophia Loren), 리 레믹(Lee Remick, 1935~1991), 진 티어니(Gene Tierney, 1920~1991) 등 유명 여배우들도 모두 섭렵했다. 상원의원이었던 1953년 재클린과 비밀 데이트를 하고 있을 때 헵번과 관계를 맺었으며, 그해 9월 재클린과 결혼하고서도 헵번, 레믹과 계속 애정행각을 벌였고 1957년 로스앤젤레스에서 레믹과 밀회를 즐기는 동안 소피아 로렌과도 관계를 맺었다는 것이다. 케네디 부부는 복잡한 애정행각 외에 암페타민과 스테로이드 등 약물에도 중독돼 있었다고 이 책은 주장했다.(조선일보 1996) 이게 사실이라면, 참 멋있게 산 부부라고 칭찬해야 할까?

케네디의 엽색행각은 오늘날까지도 끊임없는 뉴스거리를 제공하고 있다. 2010년 2월 스웨덴 여성 거닐라 폰 포스트(Gunilla von Post)는 평생 간직해온 케네디 대통령의 자필 연서 11통과 전보 3통을 인터넷 경매에 내놓았다. 이는 11만 5537달러(약 1억 3200만 원)에 팔렸다. 두 사람은 어떤 관계였던가? 1953년 당시 36세인 케네디 상원의원과 21세의 포스트는 프랑스 지중해 휴양지 코트다쥐르(Côte d' Azur)에서 만났다. 케네디는 재클린 부비에와 결혼을 불과 한 달 앞둔 시기였지만, 둘 사이는 금방 불이 붙어 "밤새 춤추고 환상적인 키스를 나눴다"고 포스트는 회상했다. 케네디 결혼 이후 둘은 1955년 스웨덴의 한 고성에서 일주일간 밀회를 나눴다고 한다.(박승혁 2010; 정영오 2010)

케네디-마피아-후버

케네디의 섹스 중독은 FBI 국장 후버에게는 큰 무기가 되었다. 대통령에 당선되기 이전의 엽색행각은 말할 것도 없거니와 대통령 당선자 시절 케네디가 몇 차례 관계를 맺은 창녀 마리엘라 노보트니가 소련의 미인계 공작과 연루된 것으로 밝혀지면서 케네디는 후버에게 또 한번 완전히 발목이 잡히고 말았다.(Summers 1995)

36세의 젊은 나이에 법무장관을 맡은 케네디 대통령의 동생 로버트 케네디는 후버에게 더는 끌려다닐 수 없다는 생각으로 후버를 잡으려고 발버둥 쳤다. 언제든지 후버를 호출할 수 있도록 핫라인을 설치하는 등 여러 방법으로 그를 압박했지만, 이미 여러 대통령들을 상대해온 후버를 당해낼 재간은 없었다.

로버트 케네디는 후버에게 조직범죄에 대한 강력 대응을 요구했다. FBI는 이미 1930년대 말부터 조직범죄에 대해 사실상 방관정책을 써왔기 때문에 그의 요구는 둘 사이에 긴장을 유발했다. 그러나 마피아 두목 중 한 사람인 카민 롬바도지는 "후버는 우리 수중에 있었다. 그는 우리가 두려워할 필요가 없는 인물이었다"고 말했다. 왜 그랬을까?

후버는 일단의 마피아 두목들과 은밀한 만남을 갖고 경마 도박에 빠져들었다. 마피아가 후버가 경마에서 재미를 보도록 도와준 것이다. 후버가 마피아를 건드릴 수 없는 이유로 추측되는 것이 바로 동성애다. 마피아의 두목이 후버의 동성애에 대한 확실한 정보를 입수해 FBI가 그들의 활동을 간섭할 수 없도록 무력화했다는 것이다.

그러나 로버트 케네디의 압박이 워낙 거세 후버도 조직범죄를 단속하는 시늉이나마 내지 않을 수 없었다. 이에 마피아들은 배신감을 느끼고 보복을 결심했다. 케네디 정부와 마피아의 관계를 조정하던 조지프 케네디가 1961년 12월 19일 뇌졸중으로 쓰러진 것이 둘 사이의 관계를 악화시킨 결정타가 되었다. 조지프 케네디는 그후 8년을 더 살았지만, 중재 역할은 이미 그때 끝나버렸다.

먼로의 사인은 진정제 과용으로 밝혀졌는데, 일부에서는 진정제가 누군가에 의해 입이 아닌 직장(直腸)으로 투입되었으며, 시카고 마피아의 짓이라는 음모설이 떠돌았다. 그녀를 살해함으로써 로버트 케네디의 스캔들이 폭로되고 더 나아가 대통령까지도 곤경에 몰아넣을 수 있는 효과를 기대했다는 것이다.

그러나 먼로의 사망 직후 모든 진상은 은폐되었다. 백악관 전화번호가 적힌 종잇조각과 문제의 소지가 있는 물품들은 곧바로 자취를 감추었다. 법무장관의 오랜 친구인 로스앤젤레스 시경 정보과장인 제임스 해밀턴의 지시로 일어난 일이었다. 그러나 FBI도 뛰어들어 증거 쟁탈전이 벌어졌고, 먼로의 전화 기록은 FBI 손에 넘어갔다. 후버는 은폐에 협조했다. 8월 7일, 로버트 케네디는 이전의 자세를 180도 바꿔 후버를 지지하는 발언을 한다. 10월에는 후버의 압력에 굴복해 마틴 루서 킹에 대한 도청을 허가하기에 이른다. 후버는 훗날 먼로의 죽음은 타살이며, 이 사건에 케네디 형제가 연루돼 있다고 말하곤 했다.(Summers 1995)

"케네디 형제가 범인이다"

마피아가 먼로를 살해했다는 주장은 1992년 시카고 마피아 두목이었던 샘 지앙카나(Sam Giancana, 1908~1975)와 그의 조카 척 지앙카나(Chuck Giancana)가 공저한 『더블 크로스(Double cross)』란 책에서 다시 불거져나왔다. 이 책에 나온 먼로의 죽음에 관한 내용은 이렇다. 1961년 1월 케네디가 대통령에 취임하고 법무장관이었던 로버트 케네디에게 마피아를 없애라는 지시를 내렸다. 대통령의 지시에 따라 로버트 케네디가 시카고 마피아 두목이었던 샘 지앙카나를 제거하

케네디 형제. (왼쪽부터) 존, 로버트, 에드워드. 유부남이자 정치가인 이들 형제에게 섹스 스캔들은 민감한 문제였다.

려 하자 로버트 케네디와 먼로의 불륜을 알고 있었던 지앙카나가 로버트를 제거하기 위해 그가 메릴린의 집에 다녀간 뒤 그녀를 살해했다.(국민일보 1992)

같은 해에 『로스앤젤레스 타임스(Los Angeles Times)』 기자 피터 브

라운(Peter H. Brown)과 『헤럴드 이그재미너(Herald-Examiner)』 출신의 전직 언론인 팻 바햄(Patte B. Barham)이 같이 쓴 『메릴린: 그 마지막 장면(Marilyn: The Last Take)』도 케네디 형제를 살인의 배후로 지목했다. 이 책의 주요 내용은 이렇다. 먼로는 죽기 10여 일 전인 7월 22일 아버지가 존 F. 케네디인지 로버트 케네디인지 알 수 없는 케네디가의 태아를 남몰래 낙태하고는 악에 받쳐 주변 사람들에게 자신과 케네디 형제의 관계를 모조리 폭로하는 기자회견을 열겠다고 공공연히 떠들어댔다. 저택 관리인이 먼로의 시체를 발견한 건 8월 4일 밤 10시경이었지만 주치의에게 연락을 취하다 늦어져 로스앤젤레스 서부경찰서 당직이었던 잭 클레멘스 경사에게 신고된 것은 다음 날 새벽 4시 25분이었다. 이웃들의 증언에 따르면 4일 밤 10시 이후부터 다음 날 새벽까지 먼로의 집에는 주행등을 끈 차들이 잇달아 도착했다. 먼로의 시체를 확인한 후 그녀가 타살됐다는 심증을 굳힌 클레멘스 경사는 5일 기자회견에서 이 같은 견해를 밝혔다가 아무런 이유 없이 파면됐다. 로버트 케네디의 충복으로 FBI 국장 자리를 노리던 윌리엄 파커(William Parker, 1905~1966) 로스앤젤레스 경찰국장의 지시가 있었기 때문이다.(한국일보 1992)

　먼로가 죽자 그녀 곁을 끝까지 지킨 의리파는 전 남편 조 디마지오(Joe DiMaggio, 1914~1999)였다. 디마지오는 장례를 직접 주관하면서 할리우드 스타들과 정치인들의 조문을 한사코 막아 장례식엔 24명만이 참석했다. 디마지오는 장례 진행 담당자에게 "빌어먹을 케네디가의 놈들은 발조차 들여놓지 못하게 하시오"라고 당부했다. 죽는 날까지 먼로의 묘지에 매주 싱싱한 꽃을 바친 디마지오는 먼로를 타락시킨 연예계와 바람둥이 케네디 가문 그리고 민주당을 증오했다. 1998년 시사주간지 『타임』의 창간 75주년 기념파티 때 빌 클린턴(Bill Clinton) 대통령이 디마지오를 헤드 테이블로 초청했지만, 디마지오는 헨리 키신저(Henry A. Kissinger) 전 국무장관과 앉기로 선약했다면서 이를 거부했다. 그러나 진짜 이유는 그가 케네디와 같은 바람둥이 이미지의 클린턴을 끔찍하게 싫어했기 때문이었다. 1999년 디마지오가 숨을 거두며 남긴 마지막 말은 "이제 그(먼로)를 다시 만날 수 있겠군"이었다.(유신모 2009, 한국일보 1992)

원래 음모설은 한번 탄력이 붙으면 상상력을 자극하는 쪽으로 마구 치닫게 마련이다. 음모설은 자꾸 새끼를 치면서 먼로가 미국과 케네디를 위해 쿠바에서 스파이 노릇을 했다는 주장이 나오는가 하면, 쿠바의 카스트로가 "나와 메릴린 먼로와의 사이를 알게 된 케네디가 질투에 눈이 멀어 메릴린을 죽였다"는 주장을 했다는 설이 나오기도 했다.(이경희 1998, 일요신문 1993)

케네디의 만성질환

케네디의 섹스 중독은 그가 앓고 있던 다른 만성질환들과 무관치 않았던 것으로 보인다. 최근 공개된 기록들에 따르면 "케네디는 쿠바 미사일 위기가 있었던 시기를 비롯한 대통령 재임 내내 알려진 것보다 더 많은 질병으로 고생했고 더욱 극심한 고통에 시달렸으며 언론이나 대중, 가족이나 측근들이 알고 있는 것보다 훨씬 많은 약을 복용하고 있었다. 등에 문제가 있었다는 잘 알려진 사실 외에도 케네디는 부신피질호르몬 부족으로 발병하며 생명이 위험할 수도 있는 애디슨병을 앓고 있었고, 그 밖에도 소화불량 같은 자잘한 병들을 달고 살다시피 했다. 하루에 많게는 8알까지 약을 복용하면서 코데인, 데메롤, 메타돈류의 진통제, 리브리움 같은 항우울제, 리탈린을 비롯한 각성제와 수면제 외에도 활력을 주기 위한 호르몬 요법을 이용했다." (Davis 2004)

미국은 물론 한국에서도 케네디를 영웅으로 여기는 경향이 강하지만, 유재현(2009)의 평가는 매우 부정적이다. 그는 케네디 기념도서관과 박물관을 구경하고 나서 "40대의 젊음과 패기를 팔아 닉슨을 누르고 대통령이 되었지만, 가문 차원에서 성적(性的) 개혁을 은밀하게 도모한 일을 빼고는 국내적으로 어떤 개혁도 이룬 바가 없다. 대외적으로는 손댄 일 하나하나가 패권주의 악당의 짓이다"라며 다음과 같이 독설을 퍼붓는다.

"이른바 명문가인 케네디가의 번창과 그걸 둘러싼 이야기들은 3류 주간지 스토리와 별반 다르지 않아 온갖 너저분한 이야기들의 총합이다. 가난한 아일랜드 이민의 후손으로 금주령 시대 마피아와 손잡고 밀주로 떼돈을 벌었으며, 대공황 시기에 대주(貸株)로 일확천금에 이른 아버지 조지프 케네디는 금력을 기반으로 정치적 영향력을 확대했다. 권력이 금력임을 절감한 그가 아들을 대통령으로 만들기 위해 전력을 투구했던 스토리는 마치 '내 자식 서울대 보내기'에 분투한 강남의 유한마담 스토리와 다를 바가 없으며 그가 생전에 과시한 행적이란 말죽거리의 뽕밭으로 창졸간에 떼부자가 된 강남 졸부의 룸살롱 순배와 연예인 첩 길들이기, 사교계 주름잡기의 성공 스토리나 진배없다."

'이렇게까지 비난할 필요가 있을까? 미국이나 한국만 그런 게 아니라 어느 나라건 다 그렇지 않을까? 역사건 인물이건 과장과 왜곡을 하지 않는 나라가 이 지구상에 단 한 나라라도 있을까?'하고 반문할 수도 있지만, 케네디 미화가 그만큼 과도하다는 점을 말하고자 하는 뜻으로 이해하면 될 것이다.

적어도 전문가들 사이에선 시간이 흐르면서 케네디가 부정적으로 재평가되는 데 비해, 메릴린 먼로는 긍정적으로 재평가된다. 그녀는 '섹스 심벌' 이상이었다는 것이다. 가수 엘튼 존(Elton John)이 그런 취지의 찬가인 '바람 앞의 촛불(Candle in the Wind)' (1973)을 바쳤고, 여성운동가 글로리아 스타이넘(Gloria Steinem)이 『메릴린(Marilyn)』(1986)이라는 전기를 통해 페미니즘 관점에서 먼로를 재조명했다. 멈출 때 멈출 줄 모르고 자신의 욕망에 따라 무한질주를 하는 '극단을 향한 충동'에 위대함이 있을 가능성이 크다는 뜻일까?

참고문헌 Brown & Barham 1994, Chafe 1986, Davis 2004, Gergen 2002, Johnson 2009, Leamer 2001, Ridings & McIver 2000, Rollyson 1987·2003, Shenkman 2003, Summers 1995, Wilson 1974, 강준만 외 1999-2000, 국민일보 1992, 박승혁 2010, 유신모 2009, 유재현 2009, 이경희 1998, 일요신문 1993, 정영오 2010, 정태원 1999, 조선일보 1996, 한국일보 1992

'침묵의 봄'과 '여성의 신비'
레이첼 카슨과 베티 프리단

레이첼 카슨의 『침묵의 봄』

모두가 미국의 풍요에 취해 있을 때, 마이클 해링턴(E. Michael Harrington, 1928~1989)은 1962년에 출간한 『미국의 이면: 미국의 빈곤(The Other America: Poverty in the United States)』에서 미국인들이 생각하는 이상으로 미국의 빈곤 문제가 심각하다며 '보이지 않는 빈곤층(the invisible poor)'이라는 개념을 제시했다. 미국의 빈곤층은 빈국의 빈곤층처럼 굶어 죽을 정도는 아니지만, 주택·교육·의료 혜택을 받지 못하는 가운데 정신적으로 피폐해지는 악순환의 함정에 갇혀 있음에도 전반적인 풍요를 외치는 목소리에 가려 외면당하고 있다는 점을 지적한 것이었다.

이 책은 처음엔 큰 반향을 불러일으키지 못했으나, 1963년 1월 드와이트 맥도널드(Dwight Macdonald, 1906~1982)가 『뉴요커(The New Yorker)』에 장문의 서평을 쓰면서 세상의 주목을 받았다. 케네디 대통령은 이 서평과 해링턴의 책을 읽고 연설에서 빈곤 문제를 언급하면서 '보이지 않는 빈곤층'이라는 개념을 사용했다. (Brauer 1982, Zarefsky 1977)

'보이지 않는' 문제는 비단 빈곤만이 아니었다. '환경'과 '여성'도 그런 문제에 속했다. 1962년 생물학자 겸 작가인 레이첼 카슨(Rachel L. Carson, 1907~1964)은 『침묵의 봄(Silent Spring)』을 출간해 DDT 같은

레이첼 카슨(사진)의 『침묵의 봄』이 출판될 무렵 미국 농무부, 화학공업회사, 대농장주 등은 그녀의 주장에 반박하는 글을 배포하기도 했다.

살충제의 무차별적이고 지속적인 사용에서 오는 위험을 경고했다. 시적인 언어로 서술해 베스트셀러가 된 이 책은 미국을 뒤흔들고 대중의 저항에 불을 지핌으로써 미국에서 환경보호운동이 시작되는 전기를 마련했다.

DDT는 1874년 독일의 오트마르 자이들러(Othmar Zeidler, 1859~1911)가 처음 합성했고, 그 살충효과는 1939년 스위스 과학자 파울 뮐러(Paul. H. Müller, 1899~1965)가 밝혔다. 뮐러는 이 공로로 1948년 노벨생리의학상을 받았다. 1940년대부터 살충제로 널리 사용돼온 DDT는 인류에게 무한한 사랑과 은혜를 베푸는 기적의 물질로 찬양돼왔다. 카슨은 이 기적의 물질로 인한 결과를 다음과 같이 지적했으니, 어찌 세상이 놀라지 않을 수 있었으랴.

"돌아온 새들로 봄을 맞는 미국의 지역은 갈수록 줄어들고 있다. 한때 새들의 지저귐으로 요란했던 이른 아침도 이상할 정도로 고요하기만 하다. 원시인의 몽둥이만큼이나 거친 화학적 탄막이 삶의 구조를 세차게 무너뜨리고 있다."

어디 그뿐인가. "유해 물질은 동식물의 조직 속에 축적되고 생식 세포에까지 침투해 자손의 형질을 좌우하는 유전 물질까지도 파괴하거나 변화시킨다"는 무서운 경고가 덧붙여졌다. 화학업계는 카슨의 주장에 맞서 광고공세를 폈을 뿐만 아니라, 카슨이 독신임을 문제 삼아 사회적으로 문제가 있는 인간이라는 인신공격을 퍼부어댔다. 카슨의 책을 낸 출판사에까지 압력을 가했다. 심지어 살충제 제조회사 벨리솔(Velisol)은 소송을 통해 이 책의 출간을 막으려고 하면서 "이 책은 기업이 탐욕스럽고 부도덕하다는 잘못된 인상을 심어줄 우려가 있을 뿐만 아니라 공산주의자들의 음모를 담고 있다"고 주장했다.(유근배 1998) 이론물리학자 존 매덕스(John R. Maddox, 1925~2009)까지 나서서 카슨의 책을 '말장난'으로 치부했다. 그러나 시간이 흐를수록 카슨이 한 경고의 메시지는 설득력을 얻어갔다. 이 책은 다음과 같은 말로 끝을 맺는다.

"'자연의 정복'이라는 말은 '모든 자연은 인간의 편익을 위해 존재한다는 네안데르탈 시대의 생물학과 철학'으로부터 나온 오만불손한 말이다. 응용 곤충학자들이 지니고 있는 사고방식과 행동방식도 대부분 석기시대의 수준을 벗어나지 못하고 있다. 이처럼 원시적인 수준에 머물러 있는 과학이 최신식의 가공할 무기로 무장하고 있으며, 그 총구가 곤충을 향해 그리고 인간이 살고 있는 지구를 향해 겨누어지

고 있다는 사실은 매우 놀랍고도 불행한 일이 아닐 수 없다."(Carson 1996)

과연 '네안데르탈 시대의 생물학과 철학'이 문제였던 것일까? 1967년 역사학자 린 화이트(Lynn T. White, Jr., 1907~1987)는 자연세계에 대한 서구의 견해는 유대·그리스도교 전통에 깊은 영향을 받았는데, 이러한 전통은 신이 자연에 대한 지배를 인류에게 맡긴 것으로 보고 있다고 주장했다. 기독교가 한결같이 자연에 대해 적대적인가에 대해서는 이견도 나왔지만 '자연 다시 보기'는 1960년대부터 미국 사회의 주요 화두로 떠오른다.(Arnold 2006)

카슨의 책 덕분에 1971년 DDT 사용이 금지된다. 그러나 결코 금지할 수 없는 것은 인간의 탐욕이었다. 곧 다른 종류의 살충제들이 법적으로 승인됨으로써 카슨의 경고는 잊힌다. 미국 농무부의 농작물 손실 통계를 보면 1945년에는 농작물의 32퍼센트가 벌레와 질병에 의해 피해를 보았지만, 이런 피해는 1980년 37퍼센트에 이른다. "해충들이 시간이 지남에 따라 살충제에 대한 면역이 생겨나 살충제를 더 많이 사용해야 한다"는 카슨의 경고를 외면한 결과다.(Limerick 1998)

시몬 드 보부아르의 『제2의 성』

"여성은 태어나는 것이 아니라 만들어진다." 1949년에 출간된 시몬 드 보부아르(Simone de Beauvoir, 1908~1986)의 명저 『제2의 성(Le Deuxième Sexe)』은 여성은 생물학적 존재가 아니라 사회학적 존재라고 주장했다. 이게 도대체 무슨 말인가? 이숙진(1996)은 "생물학은 물론 정신분석학이나 사적 유물론도 남성에 대한 여성 예속을 설명하는 데

부적합하다고 본 보부아르는 여성 자신이 여성의 문제를 의식하고 여성으로 존재한다는 것의 의미를 이해함으로써 의존을 벗어나 독립할 수 있음을 『제2의 성』에서 주장하고자 했다"며 다음과 같이 말한다.

"보부아르는 사춘기, 결혼, 어머니의 과정을 거치면서 자신의 육체를 부정적으로 열등하게 받아들이고 수동적·여성적 역할을 내면화하는 남성 의존적 부자유한 여성의 모습을 제시한다. …… 타자성을 수용하고 이에 공모하는 여성들을 비난하는 보부아르는 여성들의 해방은 대자로서 자기의 주체성에 대한 투철한 자각을 가지고 자유롭게 살아감으로써 이루어진다고 본다. 따라서 여성의 이성적 능력과 초월을 성취하기 위한 비판적 능력이 필요하며 여성성의 본질은 없으므로 여성도 자신이 주체가 되어 자아를 창조할 수 있다. 여성이 타자이기를 그치고 대자 존재가 되기 위한 전략으로서 직업을 갖고, 지성인이 되며 그리고 사회변혁을 위해 활동할 것을 제안한다."

집안일은 여성 노예가 하는 일이며 글을 쓰고 싶기 때문에 아이를 가져서는 안 된다던 소신파인 그녀의 책은 출간되자마자 남자들의 거센 분노를 촉발시켰다. '욕구불만' '색정증' '낙태를 백번은 했을 것' 이라는 비난이 그녀를 향해 쏟아졌다.

『제2의 성』은 미국에서도 출간되어 100만 부가 팔렸다. 미국에서도 남성들은 분노했으며, 일부 여성도 그녀가 여성을 증오한다고 비판했다. 훗날 그녀가 평생 부인했던 레즈비언 관계가 공개되면서, 여성의 신체에 대한 경직된 적대감을 갖고 있었던 것으로 해석하는 목소리도 나왔다. 일부 비평가들은 "그녀가 그처럼 깊이 여성을 혐오하고 경멸했다면 그녀의 페미니즘적인 견해가 무슨 가치가 있겠는가"라고 물

으면서 『제2의 성』을 처음부터 다시 읽어야 한다고 요구하기도 했다.(Kahlweit 외 2001)

학술적 비판도 있었다. 진 베스케 엘쉬테인(Jean Bethke Elshtain)은 세 가지 비판을 가했다. 첫째는 이 책에 보통 여성들이 접근하기에는 너무 어려운 전문용어들이 난무하고 있다는 것, 둘째는 보부아르가 여성의 육체에 대해 가진 심각한 불신감, 즉 죽으면 썩어 없어질 육체라는 실존주의적 육체관을 이 책에서는 여성의 육체에 적용시키는 오류를 범했다고 지적했다. 마지막으로 보부아르가 주로 남성의 규범을 수용하고, 또 찬양하고 있을지도 모른다는 비판이었다. 또한 제네비브 로이드(Genevieve Lloyd)는 자신의 저서 『이성의 인간(The Man of Reason: 'Male' and 'Female' in Western Philosophy)』(1984)에서 보부아르의 철학적 범주들은 어떠한 근본적인 페미니즘의 욕구에 반(反)한다고 주장하기도 했다.

1979년 마거릿 시몬스(Margaret A. Simons)와 제시카 벤저민(Jessica Benjamin)은 보부아르와의 회견을 준비하면서 "드 보부아르가 『제2의 성』에서 시도했던 여성 억압 분석은 많은 비난을 면할 수 없다. 즉 이상주의—보부아르는 신화와 이미지에 초점을 맞추었고 해방을 위한 실제적인 전략을 제시하지 못했다—와 자민족 우월사상과 양성 중심적인 견해—보부아르는 유럽 부르주아 여성들의 경험을 일반화하려는 경향 때문에 여자들의 역사적인 비효율성을 결과적으로 강조했다—에 대한 비난 말이다"라고 전제하면서 다음과 같이 말했다.

"그렇다 해도 우리에게는 그렇게 많은 범주, 즉 문학, 종교, 정치, 일, 교육, 어머니 역할 그리고 성 활동에서 여자로서의 우리의 상황을 분석하고 가차 없이 의문을 제기하도록 우리를 자극하는 비교적 발전된 이론적 자원이 없다. 현대의 이론가들이 『제2의 성』에서 제기된 문제점들을 탐색하면서 우리는 어떤 의미에서 페미니즘적 대화가 시몬 드 보부아르와의 대화를 수반함을 알 수 있다. 그리고 그녀와의 토론은 우리를 우리의 페미니즘의 과거, 현재, 미래에 위치시키는 한 방법이 될 수 있다."(Tong 1995)

베티 프리단의 「여성의 신비」

그랬다. 『제2의 성』은 여러 결함에도 가정의 가부장적 안락에 취해 평온을 누리고 있던 많은 여성의 잠든 영혼을 깨우는 충격이 되었다. 1950년 초에 이 책을 읽은 베티 프리단(Betty Friedan, 1921~2006)은 "그 책을 읽고 나는 너무나 우울해 침대로 기어들어 가서는 이불을 머리 끝까지 뒤집어썼다. 물론 그전까지만 해도 아이들 아침을 챙겨주었지만 말이다"라고 썼다.(Kahlweit 외 2001)

1921년 미국 일리노이 주 피오리아(Peoria)의 유복한 유대인 가정에서 태어난 베티 나오미 골드스타인(Betty N. Goldstein)은 명문 여대인 스미스대학에 입학해 심리학을 전공했다. 그곳에서 대학신문의 편집장을 맡는 등 두드러진 활동을 보였다. 베티는 1942년에 스미스대학을 졸업하고 버클리(Berkeley)에 있는 캘리포니아대학원에 진학했지만, 1년 후 학업을 중도 포기하고 여러 직장을 전전하다가 1947년 7월에 칼 프리단(Carl Friedan)과 결혼식을 올렸다.

1949년 첫 아이를 임신한 프리단은 직장에서 출산휴가를 얻을 수 있었다. 그러나 5년 후에 두 번째 아이를 임신했을 때는 출산휴가를 얻는 대신 해고되었다. 그녀의 빈자리는 다른 남자가 채우게 되었다. 당시 프리단은 이러한 처사에 대해 격분만 했을 뿐, 자신을 해고한 사람들에게 적극적으로 항의하지는 못했다. 프리단 자신도 한 남자의 아내로서, 한 가족의 어머니로서의 여성 정체성이 강요되는 '여성의 신비'에 젖어 있었기 때문이다. 아울러 그도 당시 직업을 가진 여성들이 느끼고 있던 죄의식에서 벗어나지 못했기 때문이다.

그런 죄의식은 당시 대부분의 여성들이 갖고 있던 상식이었다. 1936년의 갤럽조사에선 여성의 4분의 3이 기혼여성이 직장을 갖는 것을 반대했으며 『포천(Fortune)』의 1946년 여론조사에선 남성보다 여성이 가족보다 직장을 우선하는 의식에 대해 더 많은 우려를 나타냈다. 그런 적대적 환경에도 프리단은 1950년대부터 '여성의 신비'에 대한 강한 문제의식을 갖기 시작했다.

이후 여성잡지에 글을 기고하던 프리단은 점점 여성들의 주부로서의 삶을 보여주는 기사 쓰기에 싫증을 느끼기 시작했다. 그는 1957년 근 1년간을, 졸업한 지 15년이 지난 자신의 대학 동기 200명을 대상으로 하는 조사에 쏟아부었다. 그는 이 조사에서 과연 여성에게 교육은 불필요한 것이며 아내로서, 어머니로서의 역할만이 여성이 가질 수 있는 정체성의 전부인지에 대해 의문을 가져보았다. 프리단은 이 조사를 근거로 기사를 꾸며 여러 매체에 실어보려 했지만, 매체들은 그 내용의 파급력을 두려워해 거부반응을 보였다.

이 때문에 낙심해 있던 프리단은 베스트셀러 『숨겨진 설득자(The Hidden Persuaders)』(1957)를 쓴 밴스 패커드(Vance Packard, 1914~1996)의 뉴욕 강연회에 참석했다가 귀가 번쩍 뜨이는 말을 들었다. 패커드는

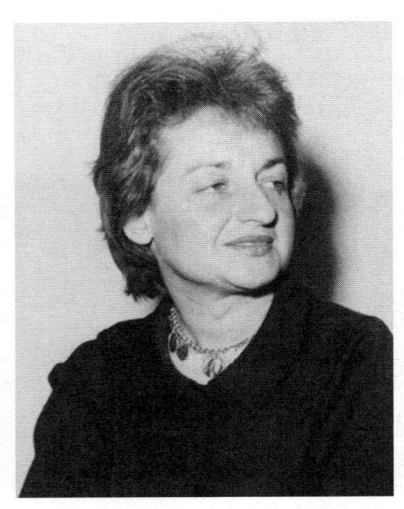

베티 프리단(사진)의 『여성의 신비』는 갓 결혼한 신부의 40%가 10대이던 1960년대 미국 여성상에 대한 최초의 실증적·성 인지적 기록이었다.

자신의 글을 잡지가 받아주질 않아 하는 수 없이 책으로 냈는데, 이게 베스트셀러가 되었다고 말하는 게 아닌가. 이에 자극을 받은 프리단은 1963년 『여성의 신비(The Feminine Mystique)』라는 제목의 단행본을 출간했다. 원래는 1년 만에 책을 끝내겠다고 생각했지만, 세 아이를 키우면서 책을 쓰느라 5년이 걸렸다.

프리단이 이 책을 쓰고 있던 1961년 케네디 대통령은 '여성의 지위에 관한 대통령 자문위원회(Presidential Commission on the Status of Women)'를 신설해 초대 위원장으로 당시 70대의 고령이던 엘리너 루스벨트(Anna Eleanor Roosevelt, 1884~1962) 여사를 임명했지만, 프리단이 제기한 문제는 훨씬 더 근본적인 것이었다. 프리단(Friedan 1996)은 이 책에서 이렇게 말했다.

"교외의 멋진 저택에서 사는 주부, 이것이 젊은 미국 여성들이 꿈꾸는 자화상이며 전 세계 모든 여성들이 부러워하는 여성상이었다. 미국의 가정주부들은 과학의 발전과 편리한 기계 설비로 단조롭고 고된 일, 출산의 위험과 늙은 할머니의 병구완에서 자유로워졌다. 그녀들은 건강하고 아름답고 유식하며, 자기 남편과 아이 그리고 집에만 관심을 두었다. 이렇게 함으로써 그녀들은 진정한 여성으로서 자기실현의 만족감을 느꼈다. 그들은 가정주부이며 어머니로서, 남자의 세계에서 남자에게 만족할 만하고 어울리는 상대자로서 존경받았다."

'여성의 신비'는 미국 여성들의 삶의 현실과 여성들이 맞춰 살고자 애쓰는 이미지 간의 불일치를 의미한다. 프리단은 이 책을 통해 미국 백인 중산층에서 가사를 전담하는 여성들의 무력감과 우울증의 원인이 무엇인가에 대해 '이름 없는 문제(the problem that had no name)'라는 이름으로 그 진상을 파헤쳤다. 언론이 그녀의 기사를 외면했던 것에서 보이듯이, 우선 대중매체가 문제였다. 프리단이 보기에 대중매체는 "행복한 여성은 오직 가정에 만족하고 사는 가정주부일 뿐"이라는 신화를 유포시키는 주범이었다.

프리단은 자신이 행한 조사를 바탕으로 '행복한 가정주부'라는 여성의 신비는 일종의 '기만'이며, 이를 극복하려면 남녀평등이 이루어져야 한다고 이야기했다. 그는 남녀평등을 이룩하기 위해서는 여성들이 가정이라는 사적 영역에서만 머물러서는 안 되며, 공적 영역으로 나아가야 한다고 말했다. 아울러 그는 이를 통해 자신의 능력을 발휘해 경제력을 획득하면 여성으로서의 자유와 정체성을 찾을 수 있다고 역설했다.

"남성은 우리의 적이 아니다"

『여성의 신비』가 출판되자마자 일으킨 파장은 실로 엄청난 것이었다. 프리단 앞으로 쇄도하는 편지들 중에는 "기쁩니다. 학문과 성취를 위해 투쟁하는 삶 속에서 느껴야만 했던 고독감을 당신이 몰아내 주었기 때문입니다"라는 감사의 편지도 많았지만, 책을 비난하는 편지들도 많았다. 흥미로운 건 그의 책에 비판적인 사람들이 남성들보다 여성들이 더 많았다는 사실이다. 미국 가정을 '편안한 강제수용소'로 묘사했으니 자괴감을 느낀 여성들이 반발할 만도 했다.(이창신 2003)

이 책이 불러일으킨 반향으로 프리단은 어린 시절 유대인이라는 이유로 겪어야 했던 사회적 '왕따' 체험을 다시 겪어야만 했다. 프리단은 더는 이웃들의 저녁파티에 초대받지 못했고, 프리단의 자녀들 또한 학교에서 비슷한 처지에 놓였다. 일부에서는 그녀에게 '정신 치료'가 필요하다는 말을 하는가 하면 "프리단은 미국 내에서 소련인들보다 더 위험한 인물"이라는 극언까지 쏟아붓기도 했다. 그러나 일상 속에서의 '왕따' 생활과는 달리 프리단의 대외활동은 활발히 진행되었다. 텔레비전 토크쇼의 인터뷰 요청에 응해야 했고, 각종 강연 일정이 예약되어 있었다.

프리단의 『여성의 신비』는 300만 부가 팔려나갔지만, 상당수의 미국 여성들이 프리단이 고발한 역할에 만족하고 있었다는 사실을 간과했으며, 기본적으로 백인 중산층 여성 중심이라 노동자계층, 빈곤층, 소수민족 여성들의 문제는 등한시했다는 비판을 받았다. 나중에는 갈수록 과격해진 여성운동 진영으로부터 조롱의 대상이 되기도 했다.

프리단은 1976년 저서 『그것이 내 인생을 바꾸었다(It Changed My Life: Writings on the Women's Movement)』에서 상당 부분 여성운동과 결별했다. 그녀는 특히 여성운동이 동성애에 치중하는 경향을 보이자 분노를 표하면서 "남성은 우리의 적이 아니다. 그들도 우리와 똑같은 희생자다"라고 주장했다. 그때마다 날아오는 페미니스트들의 답은 "당신의 잘못은 남자를 너무 좋아하는 데 있어"였다.(Kahlweit 외 2001)

한국엔 프리단 열풍이 15년 후에 도착했지만 그 파장은 컸다. 한국에서 『여성의 신비』는 지금은 고인이 된 이화여대 김행자(1943~1982) 교수의 번역으로 1978년 평민사에서 출간돼 한국 페미니즘 운동에 큰 영향을 미쳤다.

참고문헌 Arnold 2006, Brauer 1982, Carson 1996 · 2003, Current Biography 1969, Davis 2004, Everden 1989, Felder 1998, Ferree & Hess 1985, Friedan 1996, Halberstam 1996, Harrington 1962, Hooks 2002, Kahlweit 외 2001, Limerick 1998, Ragon 1982, Rogers 2009, Tong 1995, Zarefsky 1977, Zinn & Stefoff 2008, 강준만 외 1999-2003, 김윤성 2009, 유근배 1998, 이숙진 1996, 이창신 2003 · 2004, 장수한 2009, 태혜숙 1997, 한국과학기술원 1999

'악(惡)의 평범성'
아이히만 재판

'악(惡)의 평범성'

1961년 4월 11일, 예루살렘 법정에 나치 전범 카를 아돌프 아이히만(Karl A. Eichmann, 1906~1962)이 섰다. 독일의 나치스 친위대 중령으로 2차 세계대전 중 수백만의 유대인을 학살한 혐의를 받은 그는 독일이 패망할 때 아르헨티나로 도망쳐 정착했다. 그곳에서 약 15년간 숨어 지내다가 1960년 5월 11일 이스라엘 비밀조직에 체포돼 9일 후 이스라엘로 압송되었고, 약 11개월 후 예루살렘 법정에서 재판을 받게 된 것이다. 아이히만은 그해 12월 사형 판결을 받고 1962년 5월 교수형에 처해졌다.

『뉴요커』의 특파원 자격으로 이 재판 과정을 취재한 미국의 유대인 정치학자 한나 아렌트(Hannah Arendt, 1906~1975)가 1963년 2월과 3월에 걸쳐 이 잡지에 게재한 논문 그리고 곧이어 책으로 출간된 『예루살렘의 아이히만(Eichmann in Jerusalem: A Report on the Banality of Evil)』

2차 세계대전 중, 아이히만(왼쪽)은 독일 나치스 친위대 중령, 국가안보경찰본부 유대인담당 과장, 유대인이주국 책임자 등의 직책을 맡았다.
독일 태생의 철학사상가 아렌트는 이후에도 전체주의와 시오니즘에 대해 줄기차게 탐구했다.

(1963)은 미국 전역에 걸쳐 엄청난 논쟁을 불러일으켰다. 악의 화신으로 여겨졌던 인물의 '악마성'을 부정하고 악의 근원이 평범한 곳에 있다는 주장 때문이었다. 아이히만이 평범한 가장이었으며 자신의 직무에 충실한 모범적 시민이었다는 사실이 많은 사람들을 곤혹스럽게 만들었다.

"유대민족이 조직되어 있지 않았더라면 나치의 유대인 말살 계획은 엄청난 혼란을 불러일으켰을 것이다. 희생자 수가 450만에서 600만까지 이르지는 않았을 것이다." 유대인 추방 당시 유대인위원회가 유대인의 명부를 제공한 꼴이 되어 나치의 색출 작업을 유리하게 했다는 그의 이와 같은 비판은 유대인들을 분노하게 만들었다. 그는 당시 베를린의 최고 랍비가 유대인 말살을 도울 유대인 치안 담당자를

나치 범죄생물학 연구소의 로베르트 리터(사진 맨 오른쪽). 신경학자인 그는 범죄인종(집시)과의 혼혈로 범죄가 발생한다고 보고, 미래 세대를 위한다는 미명하에 나치의 인종정책을 충실히 뒷받침했다.

임명하라는 나치의 요구에 응한 것도 비난했다. 이에 독일의 유대인 위원회는 '아렌트와의 전쟁'을 선포했고, 이 전쟁은 세계 전역으로 확산되었다.(Kahlweit 외 2001)

아렌트 주장의 핵심은 '악(惡)의 평범성(the banality of evil)'이라는 개념이다. 아이히만이 유대인 말살이라는 반인륜적 범죄를 저지른 것은 그의 타고난 악마적 성격 때문이 아니라 아무런 생각 없이 자신의 직무를 수행하는 '사고력의 결여' 때문이라는 것이다.

그러한 '사고력의 결여'는 어떻게 발생하며 무엇이 그 '결여'를 메워주는가? 히틀러의 병사들에게 '명예'는 곧 '충성'이었고 '충성'은 곧 '명예'였다. 또 히틀러 일당은 사람을 죽이는 일에 역사적이고 웅대한 의미를 부여하게끔 병사들을 세뇌시켰다. 2000년 만에 한 번 있을까 말까 한 엄청난 일이라고 해 병사들이 "내가 사람을 죽이다니!"

독일군들이 지켜보는 가운데 한 병사가 시체 구덩이 옆에서 우크라이나 유대인을 조준하고 있다. ⓒ United States Holocaust Memorial

라고 생각하기보다는 "내 어깨에 걸린 역사적 책무가 참으로 무겁도다!"라고 생각하게 했다.

아이히만은 학살을 저지를 당시 법적 효력이 있던 히틀러의 명령을 성실히 수행한 사람이었다. 그는 평소엔 매우 '착한' 사람이었으며 개인적인 인간관계에서도 매우 '도덕적'인 사람이었다. 그는 자신이 저지른 일의 수행 과정에서 어떤 잘못도 느끼지 못했고 자신이 받은 명령을 수행하지 않았다면 아마 양심의 가책을 느꼈을 것이라고 대답했다.

착한 사람이 저지른 악독한 범죄라고 하는 사실에서 연유되는 곤혹스러움은 인간의 사유(thinking)란 무엇이고, 그것이 지능과는 어떻게 다르며, 나아가 사유가 어떠한 정치적 함의를 갖는가 하는 문제를 근본적으로 제기하게 만들었다.

혹 학살의 정교한 분업 시스템이 그런 어처구니없는 결과를 낳는 데에 일조한 것은 아니었을까? 크게 나누어 명령을 내리는 자, 세뇌를 하는 자, 집행하는 자는 각기 다른 위치에서 사람을 죽이는 일에 대해 자기 나름대로 심리적 '방어 기제'를 갖게 될 것이다. 명령을 내리는 자와 세뇌를 하는 자는 사람을 죽인다는 끔찍한 현장에서 벗어날 수 있다. '조치하시오'라는 우아한 말 한마디, 또는 '국가와 영광을 잊지 말라'는 애국적인 말 한마디만으로 수많은 사람을 죽일 수 있지만, 그들의 손엔 피 대신 향기로운 술잔이 들려 있을 것이다. 직접 살인을 하는 병사들도 그 순간 명예와 충성과 역사적 책무와 국가의 영광이라는 주문만 외우면 되고, 살인 행위도 단추 하나만 누르면 해결되는 것이라 죄책감으로부터 멀어졌을 것이다.

'위조된 세계'의 창조

물론 그러한 심리적 과정은 그렇게 간단치만은 않다. 여러 가지 다른 장치들이 개입된다. 이삼성(1998)은 학살의 집행자 또는 하수인들은 자신들이 잔혹 행위에 개입해 있는 그 현실의 어처구니없음(absurdity in realities)을 어떤 형태로든 어느 정도는 인식하게 마련이지만, 그들은 그것을 부정하고 그 부정된 공백을 환상으로 메우려 하는 과정에서 '위조된 세계(counterfeit universe)'를 창조한다고 말한다.

"여기에는 현실과의 정직한 대면을 부정하기 위한 여러 가지 도구들이 등장한다. 그중의 하나가 베트남전쟁의 경우 군인들이 애용한 헤로인과 마리화나 등의 마약복용(pot-smoking)이었다. 독일군들은 유대인수용소에서 술과 고전음악을 즐겼으며 수용된 여성들에 대한 변태적인 성적 학대를 즐겼다. 이런 수단들을 통해서 학살의 하수인들은 스스로 '심리적 불감(psychic numbing)' 상태를 불러일으키며 정신적 공황을 메우려고 했다."

이삼성은 '심리적 불감'이 학살과 그 과정에서 중요한 역할을 수행하는 자신들의 현실을 비현실화(derealization)하는 심리적 과정과 연결돼 있으며, 이 과정엔 크고 작은 이데올로기와 도구들이 동원된다고 말한다.

나치스의 경우는 '새로운 독일적 냉혹성(new spirit of German coldness)'을 영웅시하는 이데올로기도 한몫했으며, 고전음악을 즐기는 것과 같은 심미적(審美的) 행위도 학살과 죽음이라는 현실과 그 하수인에게 불가피하게 따르는 죄의식을 초월해 보다 효과적이고 냉혹한 학살기계로 자신들을 적응시키는 데 중요한 수단이었다는 것이다.

학살의 하수인들은 다른 한편으로 현실에서 직면하는 어처구니없는 부조리에도 불구하고 부조리한 행위들을 넘어서서 그것들을 정당화하기에 충분한 다른 높은 차원의 목표와 의미가 있는 것으로 생각

1968년 3월 16일, 학살되기 직전의 베트남 미라이 지역 여성과 아이들(Ronald L. Haeberle 촬영).

하면서 부조리한 행위에 개입해 있는 자신을 용서하려 하는 자기합리화의 메커니즘을 활용한다는 것이다.

훗날 베트남전쟁에서 미군 병사가 베트콩(Viet Cong)들의 시체 수를 확인하기 위해 시체마다 귀를 잘라 모으는 짓을 했다거나 하는 이야기는 베트남전쟁에도 수많은 아이히만들이 존재했음을 말해준다. 노인, 여자, 어린아이 등 민간인 347명을 학살한 1968년 3월 16일 미라이

(My Lai) 학살 사건이 그 좋은 예일 것이다.

관료주의의 효율성

아이히만은 자신에게 주어진 책임, 즉 기술적인 일만 성실히 수행했다. 이는 곧 아이히만의 대답이기도 했다. 닐 포스트먼(Postman 2001)은 "아이히만의 대답이 하루에 미국에서만도 5000번 이상 나오고 있을 것이다. 즉 내 결정의 인간적인 결과에 대해서는 아무런 책임도 없다는 것이다. 담당자는 관료주의의 효율성을 위해 맡은 역할에 대해서만 책임질 뿐이며, 이는 어떠한 희생을 치르더라도 계속되어야 하는 것이다"라고 말한다.

이처럼 아이히만의 문제를 우리 모두의 문제로 받아들이는 입장을 심리학자 에리히 프롬(Erich P. Fromm 1978 · 1987)은 강력하게 제기했다. 아이히만과 관련해 에리히 프롬은 '관료주의적 인간'의 문제를 제기했다. 프롬은 관료주의적 방법은 인간을 물건처럼 다루고, 수량화와 통제를 더욱 쉽고 값싸게 하려고 이 물건을 질적인 면보다는 양적인 면으로 다루는 것이라고 정의를 내렸다.

프롬이 관료주의적 인간의 전형으로 든 인물이 바로 아이히만이다. 아이히만과 그의 동료들이 갖고 있었을지도 모를 사디즘적인 경향은 관료들에게는 단지 부차적인 요소에 불과했으며, 그들에게 있어서 일차적인 요소는 "인간적인 감응의 결핍과 규칙에 대한 숭배"였다는 것이다.

프롬은 아이히만이 조직화된 인간의 상징이며 우리 모두의 상징이라고 말한다. 그는 아이히만에 관한 가장 놀라운 사실은 그가 스스로 모든 것을 자백하고도 자신의 완전하고 선한 신념에 의거해서 무죄를 주장할 수 있었다는 점이라고 지적한다. 프롬은 "조직화된 인간은 불복종 능력을 잃어버리고 심지어 자신이 복종하고 있다는 사실조차 모르게 된다. 역사상 이 시점에서 회의하고, 비판하고, 불복종하는 능력이야말로 인류 문명의 종말을 막을 수 있는 모든 것이리라"라고 말한다.

물론 프롬은 모든 관료가 아이히만과 같다고 말하는 것은 아니다. 관료의 지위에 있는 많은 사람들이 성격논리학적 의미에서의 관료는 아니며, 관료주의적 태도가 대개 그 인간 전체를 지배해 그의 인간적인 측면까지 제거해버리는 것은 아니기 때문이다.

프롬은 이 같은 전제를 하면서도 관료주의 체제엔 아직도 많은 아이히만이 있다고 말한다. 다만 다른 점이 있다면 그들은 수천의 사람을 죽일 필요가 없다는 점뿐이라는 것이다. 병원의 관료가 '환자는 의사의 처방이 있어야 한다' 는 그 병원의 규칙 때문에 중환자를 거절한다면, 그의 행동은 아이히만이 했던 것과 하나도 다를 바 없다는 것이다. 관료주의적 규약의 어떤 조항을 위반하기보다는 빈민을 굶주리도록 내버려둔 사회사업가의 행동도 마찬가지라는 것이다.

"이러한 관료주의적 태도는 단지 관리들에게만 있는 것은 아니다. 그것은 의사·간호원·교사·교수 속에도, 많은 부부관계와 친자(親子) 관계 속에도 살아 있다. 일단 살아 있는 인간이 하나의 숫자로 격하되면 관료주의자는 철저히 잔인한 행동을 할 수 있다. 그것은 그들의 행동에 비례할 만큼의 지독한 잔인성 때문이 아니라, 그들이 그들의 대상물에 대해 아무런 인간적인 연대감도 느끼지 못하기 때문이다. 관료는 사디스트보다는 덜 포악하지만 더욱 위험스럽다. 왜냐하면 그들은 양심과 의무 사이에 아무런 갈등도 느끼지 않기 때문이다. 그들의 양심이란 바로 그들의 의무를 다하는 것이기 때문에 동정과 공감의 대상으로서의 인간이란 그들에게는 존재하지 않는다."

프롬은 "우리의 양자택일 문제는 자본주의와 공산주의 사이의 문제가 아니라, 관료주의와 휴머니즘 사이의 문제"라고 단언한다. 과연 그럴까? 그의 주장은 지나치게 근본주의적인 것으로 보인다. 동시에 관료주의와 휴머니즘이 과연 현실적인 양자택일의 문제인지에 대해선 선뜻 동의하기 어려워진다. 그러나 "진실을 인식하는 것은 지능의 문제가 아니라 성품의 문제"라는 그의 말을 상기한다면, 우리가 '현실'이라고 말하고 강조하는 그 굴레가 우리를 관료주의적 삶의 체제에 자꾸 묶어놓는 것은 아닌지 모르겠다.

우리 모두 자신이 몸담고 있는 조직을 사랑하고 존중하되 조직의 부정과 불의에 따르는 조직의 노예가 되지 않는 건 영영 기대하기 어려운 일일까? 아이젠하워가 지적한 군산복합체의 문제도 바로 그런 '조직 인간'의 문제가 아닌가. 이제 곧 벌어질 흑인들의 민권투쟁은 미국이라고 하는 대조직에 몸담고 있는 '조직 인간'의 문제에 관한 새로운 시험대로 등장한다.

참고문헌 Arendt 1963·1996, Fromm 1978·1987, Fromm & Osborn 2000, Gates 2000, Kahlweit 외 2001, Postman 2001, Renton 1999, 강준만 2004, 김선욱 2001·2002, 김진웅 1996, 김희균 2003, 이삼성 1998, 최웅·김봉중 1997

"나에겐 꿈이 있습니다"
마틴 루서 킹의 워싱턴 행진

'나는 베를린 시민'

소련과 동독의 고립작전으로 서베를린 시민이 위협을 느끼던 1963년 6월 26일 케네디는 서베를린 장벽 앞에서 역사에 남을 명연설을 했다. 100만 인파가 그를 보려고 몰려들었다. 그는 장벽을 격렬하게 비난하면서 "2000년 전 가장 자랑스러운 말이 '나는 로마 시민'이었다면 오늘날 자유세계에서 가장 자랑스러운 말은 '나는 베를린 시민'일 것"이라고 외쳤다.

케네디가 독일어로 외친 "나는 베를린 시민입니다(Ich bin ein Berliner)"라는 말은 냉전 체제하에서 서방 세계의 수호 의지를 분명히 밝힌 상징이 되었다. 엄청난 정치적 성공이었다. 서독인들은 감격했고 케네디도 감격했다. 그는 돌아오는 비행기 안에서 "살아생전 두 번 다시 오늘 같은 날은 없을 겁니다"라고 말했다.(Englert 2006, Leamer 2001)

역시 지도자에게 중요한 것은 '그림'이었다. 정치학자 아서 사이어

케네디는 베를린 장벽 연설에서 "모든 자유인들은 어디에 살건 베를린의 시민이므로, 나 또한 자유인으로서 베를린 시민"이라고 밝혔다.

(Cyr 2000)가 잘 지적했듯이 "케네디는 1961년에 갑작스럽게 베를린 장벽이 세워진 데 대해 아무런 행동을 취하지 않았다는 이유로 호된 비판을 받았다. 그러나 사람들의 머릿속에는 1963년 케네디가 독일에서 스스로를 '베를린 시민'이라고 단호하게 표명하며 베를린 장벽 앞에서 많은 사람들의 시선을 끌었던 모습이 보다 선명하게 남아 있다."

"나는 베를린 시민입니다"라는 멋진 말은 케네디의 연설문 작성가인 시어도어 소렌센의 손끝에서 나왔다. 케네디가 직접 생각해내고 독일어 표현만 소렌센에게 물어보았다는 주장도 있지만, 케네디가 쓴 멋진 말들은 대부분 소렌센의 작품으로 보아도 무방하다. 그렇다면 좋은 연설문이 지도자의 리더십을 바꿀 수 있는가? 그렇다! 베슐로스(Beschloss 2002)는 그 대표적 사례로 케네디를 꼽는다.

"케네디가 1947년 의원이 되었을 때부터 연설했던 내용을 읽어본다면 소렌센이 1953년 그의 진영에 합류하자마자 어떤 차이가 나타났는지를 발견할 수 있을 것이다. 그것은 마치 〈오즈의 마법사(The Wizard of Oz)〉 영화에서 흑백으로 보이던 장면이 갑자기 천연색으로 바뀌는 순간과 같다. 순식간에 케네디는 그의 목소리를 찾아낸 것이었다. 케네디는 자신의 목소리를 찾아내자 놀랄 만큼 성공적으로 여론을 움직이기 시작했다."

마틴 루서 킹의 워싱턴 행진

미국인이 베를린 시민임을 자처하는 것도 좋은 일이긴 하지만, 미국엔 미국 시민이면서도 시민 대접을 받지 못하는 흑인들이 있었다. 앤디 워홀은 코카콜라 앞에선 모두가 다 평등하다고 했지만, 그것도 아니었다. 1960년대 초 흑인은 미국 전체 인구의 약 11퍼센트였지만 코카콜라 판매량의 17퍼센트를 소비했다. 그렇다면 적어도 코카콜라사로부터는 대접을 받아야 할 게 아닌가. 전혀 그렇지 못했다. 마틴 루서 킹은 코카콜라가 광고에서 흑인 모델을 종속적인 역할로만 사용하고 판매원 중에 흑인이 아무도 없다는 이유를 들어 코카콜라사를 고발하기도 했다.

흑인들의 본격적인 민권투쟁은 1960년의 '연좌운동'에 이어 1961년부터는 '여행'과 '행진'이라는 운동 방법이 추가되었다. 1961년 연방

대법원이 버스 정류장의 인종 분리를 금지하는 판결을 내리자 흑백 운동가들이 북부에서 버스를 타고 남쪽으로 내려가면서 전국의 버스 승강장에서 법원의 판결이 시행에 옮겨지고 있는지 살펴보며 인종 분리 반대 시위를 하는 '프리덤 라이드(Freedom Ride)'가 시작된 것이다.

1961년 5월 24일, 흑백이 섞여 버스를 타고 남부 종단 여행을 감행한 다수의 '프리덤 라이더스(Freedom Riders)'가 "평화를 해쳤다"는 이유로 미시시피(Mississippi) 주의 주도(州都) 잭슨(Jackson)에서 체포되었다. 이로써 잭슨은 민권운동의 상징적 도시 가운데 하나가 되었다. 수없이 살해 위협을 받던 메드거 에버스(Medgar W. Evers, 1925~1963)가 1963년 6월 12일 잭슨 자택에서 KKK(Ku Klux Klan) 단원 바이런 드 라 벡위스(Byron De La Beckwith, 1920~2001)에게 살해됐을 때, 이 도시는 흑인민권운동의 성소가 되었다. 그렇지만 미국 법정이 벡위스에게 유죄 판결을 내린 것은 1994년이었다.(고종석 2008)

케네디가 민권투쟁에 대해 잠자코 있었던 것만은 아니다. 1962년 제임스 메레디스(James Meredith)라는 학생이 흑인 최초로 미시시피대학에 입학하려고 했을 때 주지사 로스 바넷(Ross R. Barnett, 1898~1987)은 연방법원의 명령을 무시하고 그의 입학을 막았다. 이에 백인 학생들까지 항

보안관들의 호위를 받으며 강의실로 향하는 제임스 메레디스

의하는 폭력사태가 발생해 2명의 사망자와 다수의 부상자가 발생했다. 케네디는 연방경찰을 파견하고, 1만 6000여 명의 군대를 주둔케 함으로써 메레디스의 입학을 가능케 하는 동시에 질서를 유지했다.

그다음 해에는 인종차별주의자 조지 월리스(George C. Wallace, Jr., 1919~1998)가 주지사로 있는 앨라배마(Alabama) 주가 시험대로 떠올랐다. 월리스는 1963년 주지사 취임식 연설에서 "오늘도 분리, 내일도 분리, 영원한 분리!(Segregation now! Segregation tomorrow! And Segregation forever!)"를 외쳤다. 흑인 학생 2명이 앨라배마대학에 등록하지 못하도록 막을 때에도 학교 정문에 버티고 서서 그 구호를 외쳤다. 이에 강력히 개입해 월리스를 굴복시킨 케네디는 1963년 6월 11일 저녁 그 유명한 민권연설을 했고, 그가 제출한 민권법안은 그가 죽은 후인 1964년에 구현된다.

여기서도 돋보이는 건 케네디의 순발력이다. 그는 1963년 6월 이전까지 '한 번만 펜을 놀리면' 된다며 약속했던 인종분리 철폐 공약을 전혀 이행하지 않고 있었다. 분노한 유권자들은 백악관으로 잉크병을 보내기도 했다. 당시 케네디가 참모들에게 내놓은 변명에 따르면 "1965년까지만 기다리자. 나는 너끈히 재선되어야 하니까. 만일 다행스럽게도 배리 골드워터와 맞붙는다면 큰 표 차로 이길 것이고 의회도 우리가 압도적 다수당이 될 테고 그러면 우리 법안들은 모두 그냥 놔둬도 통과될 거야."(Beschloss 2002)

그렇게 기다리려고 마음먹고 있었는데, 남부에서 심각한 흑백갈등이 터진 것이다. 그래서 민권연설과 민권법안이 나오게 된 것인데, 이에 대한 베슐로스(Beschloss 2002)의 평가는 부정적이다. "사실 이것은 진정으로 용기 있는 행동이었으나 이미 때를 놓친 일이었다. 그의 법안 제출은 연속되는 사건들에 떠밀린 결과였다. 케네디에 대한 여론 지지도는 20퍼센트 포인트나 하락했다. 1960년 대통령 선거에서 그를 지지했던 남부가 등을 돌렸다. 1963년 11월 케네디가 텍사스 주를 방문했을 때는 이미 그에게는 재선의 가망이 거의 사라졌다. 원인은 민권문제였다."

어찌 되었건 1963년 6월의 시점에선 흑인 민권운동 지도자 마틴 루서 킹은 대통령이라는 든든한 원군을 얻었으니, 케네디의 요청을 어떻게 무시할 수 있었겠는가. 1963년 8월 킹이 이끈 워싱턴 행진은 케네디의 뜻이 반영돼 매우 평화롭게 이루어졌다. 킹이 8월 28일 워싱턴의 링컨기념관에서 한 연설은 흑인과 백인을 합쳐 25만 명이 함께한 워싱턴 행진의 정점이었다. 에이브러햄 링컨(Abraham Lincoln, 1809~1865)의 노예해방 선언이 나온 지 꼭 100년이 됐건만 아직도 꿈을 이야기해야 하는 연설이었다.

"나에겐 꿈이 있습니다. 언젠가는 이 나라가 바로 서 모든 인간이 평등하게 태어난 존재임을 자명한 진리로 지키며, 그 신조의 진정한 의미대로 살게 되리라는 꿈이 있습니다. 나에겐 꿈이 있습니다. 언젠가 조지아의 붉은 언덕에서 노예로 살았던 이들의 후손들과 노예를 부렸던 이들의 후손들이 형제애의 식탁에 함께 마주 앉는 날이 올 것이라는. 나에겐 꿈이 있습니다. 불의와 억압의 광기에 허덕이던 사막, 미시시피 주마저도 언젠가 자유와 정의의 오아시스로 변모할 것이라는. 나에겐 꿈이 있습니다. 언젠가 나의 네 아이들이 피부색이 아니라 인격의 내용으로 평가받는 날이 올 것이라는."(EBS 2009)

25만 군중이 운집한 워싱턴기념탑 광장.

이 행진과 연설로 킹은 하루아침에 '스타'가 되었다. 텔레비전 중계 덕분이다. 그러나 이런 평화 행진에 동의하지 않는 흑인 민권 운동 지도자들도 있었으니, 그런 사람 중의 하나가 바로 맬컴 엑스(Malcolm X, 1925~1965)다. 킹이 케네디와 암묵적으로 합의한 가운데 그 행사를 추진한 것으로 본 맬컴은 워싱턴 행진이 끝난 후에 이렇게 말했다.

1963년 8월 28일, 워싱턴 행진 막바지에 이르러 마틴 루서 킹이 연설을 하고 있다.

"그리 멀지 않은 과거에 미국의 흑인은 굴복, 위로, 현혹이라는 효험을 지닌 소위 '통합'이라는 약을 주입받았습니다. '워싱턴의 그 어릿광대 놀이(farce)'를 말하는 것이죠. 난 그것을 어릿광대 놀이라 부르겠습니다. …… 그렇습니다. 나도 그 자리에 있었습니다. 그 서커스를 구경했습니다. 분노하여 궐기해 마땅할 바로 그 사람들과 어깨동무를 하고 몸을 흔들며 '우린 이겨낼 거야…… 언젠가는……(We shall overcome someday)'을 함께 부른 성난 혁명가들의 노랫소리는 대체 누가 들었을까요?" (Davis 2004)

후버의 마틴 루서 킹 도청

마틴 루서 킹은 1960년대판 버락 오바마(Barack H. Obama)였다. 물론 버락 오바마가 2000년대판 마틴 루서 킹이라고 하는 게 옳겠지만, 그

1964년 민권법안 상원 토론회에서 처음 만난 마틴 루서킹과 맬컴 엑스. 두 사람의 만남은 단 1분간이었다.

렇게 바꿔 이야기해볼 수도 있다는 말이다. 킹은 어떻게 해서건 백인들의 반발을 최소화하면서 흑백평등을 이루고자 노력했다. 그는 1963년 백인 빈곤층도 "소외 계층을 위한 권리장전"의 수혜자가 되도록 하자면서 이렇게 주장했다.

"흑인들을 위한 특별조치는, 거슬러 올라가면 노예제도 때문에 도덕적으로 정당화된다. 그러나 백인 빈곤층도 노예제도의 희생자다. 지금까지 백인 빈곤층도 사회적 박탈과 빈곤이 가져다주는 수치로 고통을 겪어왔다. 이것은 단순한 사회정의의 문제다. 뒷전에 있던 흑인들을 앞으로 끌어내면서 그간 소외된 백인 빈곤층도 함께 구해야 한다."(Halstead & Lind 2002)

1963년 말 『타임』이 '올해의 인물'로 마틴 루서 킹 목사를 선정한 것은 킹의 그런 '인종 중립적' 접근방법을 높이 평가했기 때문일 것이다. 그러나 킹이 '올해의 인물'이 된 것에 분노한 권력자가 있었으니, FBI 국장 후버였다. 그는 메모지에 킹 목사의 어두운 곳을 더 파헤쳐서 진실을 보도해야 한다고 썼다.

  후버가 흑인에 대한 강한 편견을 갖고 있는 것과 관련해 후버에게 흑인의 피가 섞여 있기 때문이라는 설이 나돌았다. 자신이 '순수 백인'이라는 것을 입증하기 위해 '오버' 하지 않았느냐는 것이다. 혼혈은 백인들을 속이기는 쉽지만 흑인들을 속이기는 어렵다고 한다. 동부 지역의 흑인 사회에서는 클라크 게이블(W. Clark Gable, 1901~1960), 루돌프 발렌티노(Rudolph Valentino, 1895~1926) 등과 마찬가지로 후버 역시 흑인 피가 섞여 있는 사람으로 통했다. 후버는 내내 킹 목사를 도청했다. 이 도청 결과에 따르면, 킹은 불면증에 시달렸으며, 목사이며 기혼자라는 자신의 신분에 구애받지 않고 방종한 섹스를 즐긴 것으로 나타났다.(Summers 1995)

  2003년 8월 23일, 킹 목사의 연설 40주년을 맞아 수천 명의 미국 시민은 워싱턴 링컨기념관에서 기념식을 열고 킹 목사의 뜻을 기리고 새로운 도전을 다짐했다. 40년 전 다섯 살이었던 킹 목사의 아들 마틴 루서 킹 3세(Martin Luther King III)는 이날 기념식에서 "아버지는 단순한 몽상가가 아니었다"면서 "정의를 확립하고 인종차별의 상처를 치료하려는 아버지의 꿈을 완성시키기 위해 오늘 이 자리에 모였다"라고 말문을 열었다. 그는 지난 40년 동안 많은 성과가 있었지만, 아직 가야 할 길이 멀다면서 "사형제도와 (각종 서류에서) 인종에 대한 기록

마틴 루서 킹 3세. ⓒ Max Talbot-Minkin

을 폐지해야 한다"고 촉구했다.

킹 목사의 미망인 코레타 킹도 "머지않은 장래에 남편의 꿈이 환상이 아닌 영광스러운 현실로 실현되기를 희망한다"며 비폭력 인권운동을 강조했다. 정치, 종교, 시민단체들도 이날 "정의의 은행이 파산한다는 것은 믿지 않는다"라는 구호를 외치며 거리행진을 벌였다. 또 이날 행사에는 1963년 당시 외쳤던 '일자리와 자유'라는 구호가 그대로 등장해 아직 완성하지 못한 킹 목사의 꿈을 실현할 것을 다짐하기도 했다.(강혜승 2003) 물론 정의의 은행이 자주 파산하는 게 인간세계이긴 하지만 말이다.

참고문헌 Beschloss 2002, Bradlee 2002, Cashmore 2001, Cyr 2000, Davis 2004, EBS 2009, Englert 2006, Gossett 1965, Halstead & Lind 2002, Kennedy 1972a, King 1972 · 2000, Leamer 2001, Mankiewicz & Swerdlow 1978, Ridings & McIver 2000, Schoenbrun 1984, Summers 1995, Walker 1987, Wicker 1975, 강혜승 2003, 고종석 2008, 김성수 2009, 김종철 2009, 손세호 2007, 최명 · 백창재 2000

제3장
존 F. 케네디 암살

누가 케네디를 죽였는가?
케네디 암살

"잭, 내 말 들려요? 당신을 사랑해요."

1963년 11월 22일 오전 11시 38분, 텍사스 주 댈러스공항(Dallas Airport)에 대통령 전용기가 착륙했다. 비행기 문이 열리고 한 사내와 여성이 모습을 드러냈다. 대통령 존 F. 케네디와 퍼스트레이디 재클린 케네디였다. 그들은 텍사스 주에서 불거진 민주당 내의 다툼을 중재하고 떨어진 지지도를 회복하기 위해 텍사스를 방문하고 있었다. 22일은 댈러스 방문 등을 포함한 꽉 찬 일정을 소화해야 하는 날이었다. 이 방문은 1964년 대통령 선거를 앞두고 남부에서의 지지 기반을 다지기 위한 것이었다. 그러나 수개월 전 유엔 주재 미국대사 애들라이 스티븐슨이 댈러스 토박이들로부터 침 세례를 받은 적이 있어 케네디는 냉대를 받을까 봐 내심 걱정하고 있었다.(Davis 2004)

댈러스에서의 일정은 단순했다. 차를 타고 시내를 돌면서 시민의 환호에 손을 흔들어주는 일이 고작이었다. 케네디의 걱정과는 달리

암살당하기 몇 분 전의 케네디 대통령·코널리 부부.

군중은 케네디의 자동차 행렬에 환호를 보냈다. 리무진에서 텍사스 주지사 존 코널리(John B. Connally, Jr., 1917~1993)의 부인 넬리(Idanell B. Connally, 1919~2006)는 케네디에게 몸을 숙이며 "자, 이 정도면 댈러스가 각하를 사랑하지 않는다고 말씀하시지 못하겠죠"라고 말했다. 케네디는 타고 있던 리무진의 덮개를 활짝 열어젖힌 채 군중의 환호에 웃음과 손짓으로 화답하고 있었다.

시계가 12시 30분을 가리킬 무렵, 그들을 태운 리무진은 텍사스 교과서 창고 건물 앞에서 엘름가(街)로 향하는 커브 길에 접어들었다. 차는 시속 16킬로미터 정도로 속력을 낮추었다. 그리고 다시 직선 코스로 들어섰을 때 어디선가 세 방의 총성이 울렸고 군중을 상대로 손을 흔들던 대통령이 쓰러졌다. 주지사 코널리도 총격을 당했다. 대통령 방문에 환호를 보내던 주위는 순식간에 아수라장이 되었다. 단 6초 동안 벌어진 일이었다. 대통령이 총에 맞은 사실을 확인하자 리무진은 속력을 높여 인근의 파크랜드 병원으로 향했다.

1995년에야 공개된, 사건 일주일 후 재클린 케네디가 시어도어 화이트와 가진 인터뷰에 따르면 "순간 그는 손을 내뻗었다. 나는 그의 머리에서 하얀 뇌수가 떨어지는 것을 볼 수 있었다. 곧 그는 내 무릎 위에 쓰러졌다. 내 무릎은 그의 피와 뇌수로 젖었다. 나는 '잭'이라고 계속 소리쳤고 누군가 '그는 죽었어'라고 외쳤다. 병원으로 가며 나는 남편 머리에서 뇌수가 흘러내리는 것을 막기 위해 그의 머리를 치켜들고 몸을 구부린 채 '잭, 내 말 들려요? 당신을 사랑해요'라고 외쳤다."(세계일보 1995)

응급실에서 대기하고 있던 의료진들은 대통령을 소생시키기 위해 모든 방법을 동원했지만, 총상으로 머리의 4분의 1 정도가 날아간 대통령을 되살리긴 어려웠다. 응급실의 분위기는 점점 무거워졌고 의사들의 이마엔 진땀이 흐르고 있었다. 시계가 1시를 가리킬 무렵, 바쁘게 움직이던 의료진의 손이 멈췄다. 대통령의 얼굴 위로 하얀 천이 덮였다.

텍사스 주 법에 따르면 텍사스 주에서 사망한 사람의 부검은 텍사스 내에서 이뤄져야 했다. 그러나 케네디의 시신은 부검이 이뤄지는 시체 안치소로 향하지 않고 공항으로 이송되었다. 워싱턴으로 가기 위해서였다. 텍사스 주 검시관이 법에 따를 것을 요청했음에도 불구하고 시신은 서둘러 워싱턴으로 보내졌다. 그리고 그에 따른 일련의 작업이 속속 진행되었다. 2시 4분, 케네디의 시신이 병원을 출발해 2

대통령 전용기 안에서 제36대 미국 대통령에 취임하는 린든 존슨.

시 18분 비행기에 안치되었다. 2시 31분, 미 정부는 케네디의 죽음을 공식 발표했고 2시 39분, 혼잡스러운 대통령 전용기 안에서 린든 존슨(Lyndon B. Johnson, 1908~1973) 부통령은 피묻은 옷차림 그대로 충격에 싸여 있던 재키 그리고 급히 달려온 사라 휴즈(Sarah T. Hughes, 1896~1985) 연방 판사를 앞에 두고 제36대 대통령 취임 선서를 했다. 2시 47분, 대통령 전용기는 전(前) 대통령의 시신과 현(現) 대통령을 싣고 워싱턴을 향해 이륙했다.

리 하비 오스왈드의 단독범행?

케네디의 시신은 부검을 위해 워싱턴의 베데스다 해군병원으로 이송되었다. 부검은 형식적이라 할 만큼 빠르게 진행되었기에 후에 많은 의혹을 낳았다. 시신 부검을 베데스다 해군병원에서 시행했다는 사실도 사람들의 의심을 샀다. 국가원수가 암살당한 비상사태였다고는 하나 법을 어기면서까지 시신을 워싱턴으로 옮길 필요가 있었을까? 일부에서는 케네디의 시신을 워싱턴으로, 그것도 군병원으로 옮긴 까닭이 케네디 부검에 더욱 확실한 통제를 가하기 위해서였다고 의심하기도 했다. 이런 의심은 시신 부검 당시 군 장성들이 부검을 시행하는 의사에게 일련의 압력을 넣어 정확한 부검을 방해했다는 사실이 밝혀지면서 증폭된다.(Garrison 1992)

케네디의 시신이 아직 병원에 있을 무렵에 댈러스 경찰과 수를 헤아릴 수 없는 기자들은 대통령 암살현장에서 멀리 떨어진 극장 앞에 포진해 있었다. 케네디 암살 몇 시간 뒤 댈러스 경관 한 명이 살해되었는데, 이 살인 용의자가 극장 안에 있다는 정보가 입수되었기 때문이다. 곧 극장 안으로 쳐들어간 경찰은 한 사내를 끌고 나왔다. 리 하비 오스왈드(Lee Harvey Oswald, 1939~1963)였다. 그는 처음에 경찰관 살인 혐의로 체포되었다. 그러다 2시 50분 무렵 댈러스 경찰을 찾아온 한 FBI 요원의 지목으로 그는 대통령 암살용의자가 되었다. 오스왈드는 자신은 '희생양'에 불과하다며 무죄를 주장했다. 경찰서로 끌려가 변호사도 입회하지 않은 상태에서 12시간 동안이나 취조를 받은 오스왈드는 자신의 혐의를 강하게 부인했다. 그러나 경찰은 그를 대통령 암살범으로 지목했다.

11월 24일, 좀 더 안전한 교도소로 오스왈드를 이송하던 도중 댈러스 경찰서 지하실에서, 나이트클럽 운영자인 잭 루비(Jack Ruby, 1911~1967)가 경찰 포위망을 뚫고 나와 전국의 시청자들이 지켜보는 가운데

「공포에 질린 나라」라는 제목의 『뉴욕 헤럴드 트리뷴』 기사. 상단 사진의 가운데 인물이 리 하비 오스왈드, 하단 사진의 사내아이는 존 F. 케네디 2세다.

오스왈드를 권총으로 쏴 그 자리에서 죽였다. 잭 루비가 권총을 휴대한 채, 경찰이 득실거리는 경찰서에 버젓이 들어올 수 있었던 점이나 당시 그 자리에 운집해 있던 수많은 경찰 중 그 누구도 그의 행동을 저지하지 않았다는 점은 이해할 수 없는 일이었다. 루비는 암살 재판에서 증언하기 위해 고통스러운 댈러스로 돌아와야 할 케네디 여사의 처지를 생각해 오스왈드를 죽였다고 주장했다.(Davis 2004)

11월 25일, 전 세계의 이목이 쏠린 가운데 케네디의 장례식이 치러졌다. 미국인들은 미망인 재키의 엄숙하고 침착한 모습과 거수경례로 아버지의 마지막 길을 애도하는 세 살의 존 F. 케네디 2세(John F. Kennedy, Jr., 1960~1999)를 보며 케네디의 요절을 슬퍼했다.

오스왈드는 어떤 사람이었을까? 24세의 전직 해병대원으로 소련에 망명한 뒤 그곳 여인과 결혼해 함께 미국으로 돌아왔다는 것, 마르크스주의자에 카스트로 숭배자였다는 것, 최근 멕시코시티의 쿠바 대사관에 다녀왔다는 것 등 오스왈드의 기이한 행적이 알려지면서 온갖 추측과 소문이 난무했다.(Davis 2004)

FBI에 따르면, 케네디 암살은 오스왈드의 단독범행이었고 배후도 없었다. 극렬 공산주의자이자 자신의 감정을 잘 제어하지 못하는 오스왈드가 홧김에 케네디 대통령을 암살했다는 것이다. 그런데 이상한 점은 오스왈드가 소련에 망명했다가 다시 미국으로 돌아올 때 아무런 제재를 받지 않았다는 사실이다. 냉전이 가속화되던 시기에 소련에 망명했던 자가 쉽사리 미국에 돌아올 수 있었다는 것을 어떻게 이해해야 할까?

존슨 대통령마저 암살 음모의 일부인 것처럼 소문에 휩싸이자 독립적인 조사위원회 구성이 불가피해졌다. 대법원장 얼 워런(Earl Warren, 1891~1974)이 조사위원장을 맡았다. 워런 위원회는 1963년 11월 29일 출범해 10개월간 552명의 목격자들로부터 증언을 청취한 뒤 1964년 9월 27일 케네디 암살 보고서를 발표했다. 보고서는 오스왈드가 텍사스 교과서 창고 건물 6층 창문에서 케네디를 단독으로 저격했으며, 오스왈드 살해 사건도 루비 단독 범행이라고 결론을 내렸다. 두 사건 모두 그 어떤 배후관계도 발견하지 못했다는 것이다.(정태원 1999)

풀리지 않는 의문점들

그러나 워런 위원회의 공식적인 발표와는 달리 케네디 암살 사건에는 풀리지 않는 여러 의혹이 있었다. 먼저 목격자의 진술과 수사결과가 일치하지 않았다. 목격자 대부분은 총알이 오스왈드가 있던 텍사스 교과서 창고 쪽이 아닌 글라시노르 언덕에서 날아왔다고 증언했다. 또 어떤 이들은 글라시노르 언덕에서 총성을 들었고 화약 연기를 직접 목격했다고 진술하기도 했다. 그리고 어떤 이들은 범인으로 추정되는 사람을 목격하고 그들을 추적하다 비밀요원들에게 제지를 당했다고 증언했다. 케네디가 저격당한 장소에서 볼 때 교과서 창고는 5시 방향에 있고 글라시노르 언덕은 1시 방향에 있다. 방향이 앞과 뒤로 전혀 다른 것이다. 그러나 워런 위원회는 목격자들의 증언을 무시하고 교과서 창고에 있던 오스왈드를 암살범으로 지목했다.

 오스왈드를 범인으로 단정하기 어려운 또 하나의 이유는 그가 11월 22일 총을 쏘지 않았다는 사실이다. 이는 오스왈드가 구속된 후 받은 질산 실험에서 밝혀진 것이다. 질산 실험은 뺨에 묻어나는 질산의 유무를 통해 그 사람이 총을 쐈는지를 밝혀내는 실험이다. 이 사실은 암살사건 직후에는 발표되지 않았다. 그러다 10개월이 지나서야 워런 보고서를 통해 밝혀진 것이었다. 그럼에도 워런 위원회는 오스왈드를 범인으로 지목했다.(Garrison 1992)

파크랜드 병원에서 대통령의 죽음을 확인했던 의료진들이 목격한 케네디의 머리 상처와 워런 위원회에서 발표한 그것이 크게 다르다는 사실 또한 의문점이었다. 파크랜드 병원의 의사들은 후두부, 즉 뒤통수에 큰 구멍이 있다고 한 반면, 워런 위원회는 정수리, 즉 머리 앞부분에 큰 구멍이 있다고 발표했다. 이에 대해 어떤 이들은 케네디의 머리부분에 있는 상처를 누군가 조작했다고 주장한다. 즉 시신에 손을 대 후두부의 상처를 꿰매고, 정수리를 벌려놓았다는 것이다. 그리고 어떤 이들은 케네디의 시신이 베데스다 해군병원에 실려오는 과정에서 다른 사람의 시신으로 '바꿔치기' 당했다고 주장하기도 한다.(요미우리 1996)

보통 총상은 총알이 날아온 방향을 밝히는 데 매우 중요한 단서가 된다. 총알이 몸 안에 들어갈 때는 조그만 상처를 내나, 나올 때는 커다란 구멍을 내기 때문이다. 이에 따르면 파크랜드 병원 의사들의 진술은 저격 장소가 전방이라는 사실을 시사하고, 워런 위원회의 발표는 저격 위치가 암살 당시 오스왈드가 있던 후방이라는 사실을 보여주는 것이다.

그러나 FBI도 워런 위원회도 이런 의문점들을 묵과(默過)했다. 그들은 리 하비 오스왈드를 범인으로 지목하고 그에게 모든 혐의를 씌웠다. 과연 오스왈드 혼자 케네디를 암살한 것일까? 앞에서 살펴본 드러나지 않은, 혹은 FBI와 워런 위원회가 무시한 증거들을 보면 그가 단독으로 케네디를 암살한 것 같지는 않다. 그러나 워런 위원회와 FBI는 오스왈드를 단독범으로 지목하고 배후가 없다고 결론 내렸고 심지어 당시 증인들의 증언이 엇갈렸음에도 워런 위원회는 오스왈드를 표적으로 삼은 듯, 그에게 불리한 증언만 채택하기도 했다.

1978년과 1979년에 걸쳐 열린 하원 암살특별조사위원회의 조사도 1963년 당시 전방의 글라시노르 언덕에서의 총격이 있었지만, 범인은 여전히 오스왈드라는 결론을 내렸다. 하원 암살특별조사위원회는 음향전문가들을 동원해 글라시노르 언덕에서 총격이 있었음을 밝혀냈다. 그러나 그들은 언덕에서의 총격은 빗나간 것이라 단정하고, 케네디를 절명케 한 총탄은 오스왈드가 발사한 것이라고 주장했다. 결국 워런 위원회가 내린 것과 다를 바 없는 결론이었다.(Garrison 1992)

짐 개리슨과 올리버 스톤의 주장

케네디 암살 사건 이후 2000권 이상의 책이 쏟아져 나왔지만, 아직도 그 진상은 오리무중이다. 이미 1968년 『에스콰이어(Esquire)』 잡지는 「암살이론 입문(A Primer of Assassination Theories)」이란 특집기사를 게재할 정도로 암살을 둘러싼 수많은 이론들이 난무했다. 그렇지만, 그런 이론의 홍수에도 오늘날 케네디 암살을 오스왈드의 단독범행이라고 믿는 이는 거의 없다. 케네디가 군산복합체에 희생되었으며 케네디 암살에 CIA가 깊이 연루되어 있다는 주장이 유력한 것 같지만, 이 역시 확실한 증거는 없다.

1970년대에 대통령위원회와 의회조사단이 파헤친 내용 중엔 ①CIA

가 카스트로와 다른 외국 지도자들의 암살 계획을 세우고 있었다는 것 ②CIA가 고용한 두 명의 갱과 함께 케네디의 정부(情婦) 주디스 캠벨(Judith Campbell Exner, 1934~1999)도 카스트로 암살계획에 연루돼 있었다는 것 ③FBI의 성실성과 대중적 이미지에 타격을 입을 것을 우려해 FBI 국장 존 에드거 후버가 오스왈드 수사의 실패를 은폐하도록 지시했다는 것 등이 들어 있었다.(Davis 2004)

사실 후버는 '단독범' 이론에 공개적으로 도전하는 인사들에 대해서는 음해 공작을 서슴지 않았다. 그는 마크 레인(Mark Lane) 검사를 비방하는 익명의 편지를 발송하고 레인 검사의 정사 장면을 찍은 사진을 요로에 우송하라고 지시하는 등 수단과 방법을 가리지 않았다.(1995)

뉴올리언스 지방검사로 이 사건 수사에 관여했던 짐 개리슨(Jim Garrison, 1921~1992)은 1988년에 출간한 『암살자 추적(On the Trail of the Assassins)』에서 케네디가 쿠바 미사일 위기 이후 미·소 간의 긴장을 완화해 미국 내 매파의 심기를 불편하게 만들었기 때문에 죽임을 당했다고 주장한다.

"케네디 대통령은 자신의 행정부가 소련과 비타협적인 정책을 계속할 것을 암시하면서 유세하였고 당선됐다. 그렇지만 그의 철학이 오랜 세월 구축되어온 강경노선에 적합하지 않다는 것이 점차 명백해졌다. 카벨 장군을 시켜 주춤거리고 있던 CIA의 피그스만 침공에 대한 제트 전투기 지원을 거부했던 점, 미사일 위기 시 쿠바 공습과 침공에 대한 건의를 거절한 점, 군사고문들의 반대에도 미국이 모스크바에서 핵실험 금지 조약에 서명할 것을 고집했던 점, 1963년 베트남에서 철군하고 쿠바와 외교관계를 재개하겠다는 결심 등 케네디는 점점 엇나가고 있었다. 미국 권력 구조의 강경한 전쟁 지향론자들에게 이상의 점들은 '공산주의자들과의 내통'으로밖에 보이지 않았다."(Garrison 1992)

1991년 말, 〈플래툰(Platoon)〉(1986), 〈살바도르(Salvador)〉(1986) 등의 수작으로 잘 알려진 올리버 스톤(W. Oliver Stone)이 감독한 영화 〈JFK〉가 미국 내 500여 개 영화관에서 상영되었다. 상영시간이 3시간이 넘는 이 영화의 내용은, 케네디 암살은 미국 군산복합체의 음모에 의한 것이라는 짐 개리슨 검사의 주장에 입각해 이에 초점을 맞춘 것이었다. 이 영화에는 에이브러햄 재프루더(Abraham Zapruder, 1905~1970)라는 목격자가 케네디 대통령 암살 당시를 찍은 필름을 삽입했다. 이 필름은 오스왈드가 홀로, 그것도 뒤쪽 건물 창문에서 대통령을 저격했다는 내용의 정부 보고서를 부정할 수 있는 귀한 증거였다.

재프루더 필름을 둘러싼 역사는 꽤 복잡하다. 암살 장면을 우연히 8밀리미터 홈비디오 카메라에 담은 재프루더는 코닥 현상소에서 현상한 필름을 들고 『라이프(Life)』를 찾아갔다. 5만 달러에 인쇄권을 산 『라이프』는 하루 뒤 이 필름에 대한 모든 권리를 15만 달러에 사기로 했다. 현재로 치면 100만 달러에 달하는 거금을 지급한 『라이프』는 차례차례 몇 컷의 사진을 공개하는데, 당시 정황을 정확히 볼 수 있는 사진들을 제외함으로써 되레 논란을 키웠다. 이 필름은 암살 사건으로부터 6년이 지난 1969년에서야, 그것도 짐 개리슨이 케네디 암살에 대해 의혹을 제기한 법정에서야 비로소 공개되었다. 그리고 6년 후인 1975년 3월 6일 늦은 밤, ABC 방송 〈굿 나이트 아메리카(Good Night America)〉의 진행자는 시청자들에게 "민감하거나 비위가 약하신 분은

이 영상을 절대 보지 마십시오"라고 경고한 뒤 이 필름을 방영했다. 그 후 『라이프』의 소유주인 『타임』은 1달러라는 상징적인 금액에 원본 필름과 저작권을 재프루더 가족에게 넘겼다. 1978년부터는 미 국립문서국이 필름을 보관해왔지만 모든 권리는 유족들에게 있었다. 올리버 스톤 감독은 필름 사용 저작권료로 8만 5000달러를 내는 등, 유족들이 받은 저작권료는 수십만 달러에 달했다. 필름을 돌려달라는 요구에 미 정부 또한 1600만 달러의 보상금을 지급했다.(임소정 2010)

〈JFK〉에서 짐 개리슨 역을 맡은 케빈 코스트너(Kevin M. Costner)는 재프루더 필름을 법정에서 공개하고 케네디의 머리가 어느 쪽으로 움직이는지를 반복해서 보여주며 FBI의 수사결과와 워런 위원회가 제출한 보고서에 강한 의문을 제기한다. 이 영화는 케네디 암살의 최초 보도에 대한 언론의 무책임성을 속속들이 밝혔기 때문에 언론의 분개를 샀지만, 흥행엔 성공했다. 흥행에 성공하자 호의적인 언론보도도 나오기 시작했다. 〈JFK〉가 미국에서 7000만 달러의 수익을 올리고 다른 십여 개국에서 흥행 1위를 기록하는 히트작이 되자, 이젠 스톤이 논란으로 돈벌이를 한다는 비난이 제기되었다. 언론의 비판은 이 영화가 존슨을 암살 음모의 일원이었거나 적어도 은폐에 관련이 있는 것처럼 암시한 부분에 집중되었다. 존슨 측 인사들도 펄쩍 뛰었다. 존슨의 수석보좌관을 지낸 미국영화협회 회장 잭 발렌티(Jack J. Valenti, 1921~2007)는 〈JFK〉가 나치 선전영화에 견줄 만한 '속임수' 이자 '순전한 허구'라고 비난했다. "〈JFK〉는 강간의 영화적 동의어다"라는 비난도 제기되었다.(Riordan 2000)

온갖 논란에도, 아니 그래서 더욱 〈JFK〉는 기존 음모설을 강화하는 데에 크게 기여했다. 임항(1992)에 따르면 "영화에서 코스트너가 오스왈드와 연루된 피의자를 심문할 때 관객들은 자기도 모르게 수군거리며 고개를 끄덕이고 상대편 반론이 어설프게 전개되면 야유를 보내기도 하는 '동참' 분위기가 인다. 영화에 깊이 몰입한 관객들은 영화관을 나올 때쯤이면 거의 대부분 음모설을 확신하는 표정을 짓게 된다는 것. 특히〈JFK〉는 마지막 부분에서 자막을 통해 1978년 미 하원의 결의에 따라 오는 2029년까지 이 사건에 관련된 848상자분의 비밀문서들이 공개되지 않을 것이라는 사실을 관객들에게 상기시키고 있다. …… 영화가 개봉되기도 전에 워런 위원회에 관여한 포드 전 대통령이〈JFK〉가 담은 메시지를 반박하는 기고문을 썼고 조지 H. W. 부시 대통령도 오스왈드의 단독범행을 믿고 있다는 발언을 하는 등 문서공개 여부를 둘러싼 논란은 당분간 계속될 전망이다."

개리슨의 주장을 어떻게 볼 것인가? 개리슨은 언론의 시선을 끌려고 애쓰는 정치가, 협잡꾼, 공산주의자로 몰리며 명예훼손 혐의로 고소를 당하는 등 엄청난 시련을 겪었다. 그런 탄압이 영 수상쩍긴 하지만, 개리슨의 책을 읽으면서 내내 마음에 걸리는 것은 그가 케네디를 너무 좋은 쪽으로만 해석하고 있다는 점이다. 예컨대, 케네디가 죽기 직전, 평화를 강조하는 연설을 했기 때문에 데탕트(긴장 완화) 정책으로 전환하려고 했던 게 분명하다? 정치인들이 의례적으로 하는 말들을 심각하게 받아들여 케네디가 마치 '진보의 화신' 인 것처럼 묘사하는 대목에선 고개를 갸우뚱하지 않을 수 없다. 그런 전제가 성립하면 케네디는 반드시 제거해야 할 대상이 되어버리는 시나리오가 가능하지 않겠는가.

'케네디의 전설'

케네디 암살 30주년을 맞은 1993년, 미국의 몇몇 여론조사 결과, 케네디는 링컨이나 루스벨트와 맞먹는 훌륭한 지도자로 꼽혔다. 톰 위커(Wicker 1993)는 "그러나 대통령 케네디의 업적은 그가 얼마나 위대한 일을 해냈느냐는 것보다는 주로 극한적 위기상황과의 연관성 속에서 평가되고 있다. 그런 상황들로는 피그스만 사건, 베를린 위기, 쿠바 위기, 베트남전쟁의 발발, 흑백갈등의 폭발 등이 있다. 그러나 케네디의 대응이 항상 명쾌한 것은 아니었다"며 다음과 같이 말한다.

"예컨대 재임 마지막 시절 그는 구소련과 최초의 핵실험금지조약을 타결했다. 그렇지만, 재임 초 그는 대대적인 군비확장을 명령함으로써 미·소 간의 첨예한 군비경쟁을 촉발시켰다. 말하자면 대통령 케네디의 전반적 재임성적표는 그의 몇 가지 장점에도 불구하고 지나치게 후하다는 것이다. 재임 전이건 재임 중이건 그의 다양한 여성편력은 주지의 사실이다. 응석받이로 성장했거나 무책임하고 비정서적인 인물로 비치기도 했다. 그와 동생 로버트가 피델 카스트로의 암살을 꾀했다는 주장도 유력하다."

이어 톰 위커는 "이런 부정적 면모 속에서도 어떻게 케네디는 전설로 살아남을 수 있는 것일까. 이에 대한 답은 그의 '죽음의 신비' 때문이라고 할 수밖에 없다. 최고의 전성기에 쓰러지는 영웅은 전설 창조의 주역이 된다. 더욱이 그런 운명이 젊고 잘생긴 사람에게 닥칠 때 그 전설은 더욱 로맨틱한 드라마가 된다. 3년간 재임한 케네디는 더욱 성숙한 정치가가 될 것이라는 뭇사람들의 믿음 속에서 쓰러진 것이다"라며 다음과 같이 말한다.

"오늘날 많은 사람들은 '케네디였다면 그의 후임자처럼 베트남에 깊숙이 개입하지는 않았을 것'이라고 믿고 있다. 우연의 일치인지는 몰라도 그의 사후 미국인들의 삶은 악화되기 시작했다. 젊은이들이 타락하기 시작했고 베트남전쟁은 악몽으로 변했으며 흑인들의 폭동으로 도시는 불탔다. 로버트 케네디와 마틴 루서 킹 목사가 암살당했고 세계경제에 대한 미국의 패권은 도전받았다. 워터게이트는 대통령에 대한 믿음을, 이란 인질사건(1979년 11월 반미감정을 품은 이란 학생시위대가 이란의 미 대사관을 점거, 1981년 1월까지 미국인 50여 명을 억류한 사건)은 미국의 힘에 대한 환상을 산산이 부숴버렸다. 이런 것들이 아이러니하게도 케네디의 전설을 더욱 공고하게 만들었다. 반면 그의 대통령 직무 자체에 대한 평가는 과소평가되고 있는데 이것은 정당치 못하다. 그가 가톨릭 신자인 대통령으로서 많은 교리상의 터부를 깨뜨린 것이나 흑인들의 평등 요구를 '도덕적 이슈'로 처음 표현한 것은 대단한 용기의 소산이었다. 그가 죽은 후 닥쳐온 혼돈 속에서 환멸과 전설 중 선택을 강요당한 미국인들은 전설 쪽을 선택한 것이다."

'자신과 가문의 이미지 마케팅'에만 몰두했을 뿐 제도적 개혁의 비전을 제시하지 못했다는 비판도 있지만, 그 어떤 비판이건 '케네디의 전설'을 뛰어넘긴 어려울 것이다. 전설은 '검증 불가'라는 데에 그 본질이 있는 게 아니겠는가.

참고문헌 Davis 2004, Englert 2006, Garrison 1992, Gross 1966, O'Neill 1971, Riordan 2000, Schlesinger 1965, Summers 1995, Wicker 1993, Warren Commission 1964, 강준만 외 1999-2003, 세계일보 1995, 요미우리 1996, 임소정 2010, 임항 1992, 정태원 1999

'케네디 전설'과의 투쟁
제36대 대통령 린든 존슨

대통령은 주술사

현대의 대통령을 '주술사(a grand shaman)'에 비유한 에치오니(Etzioni 1972)는 "비극적인 죽음과 지식인들의 호감으로 인해 여전히 빛을 발하고 있는 케네디 시대도 그것을 솔직하게 평가하면, 케네디야말로 주술사였다는 것을 보여줄 것이다"라며 다음과 같이 말한다.

"케네디는 멋진 연설을 많이 했지만, 그 연설에서 한 약속을 이행하는 데에는 관심을 거의 기울이지 않았다. '국가가 당신을 위해 무엇을 해줄 수 있는가를 묻지 말고……' 운운하는 그 유명한 취임 연설 이후, 연설에 감동했던 수많은 미국인들이 추진할 수 있는 계획은 전혀 마련되지 않았다. 마찬가지로 케네디가 한 최상의 연설 중, 라틴아메리카의 민주화와 발전을 부르짖었던 것도 미국의 지원하에 구축되고 강화되어온 중남미 군부 엘리트들을 어떻게 청산할 수 있을 것인가 하는 문제를 회피했다. 중남미의 군부 엘리트들은 사라지지 않았다.

권력은 마술에 굴복하지 않는 법이다. 그러나 모든 사람들이 박수를 보냈으며, 많은 사람들이 큰 변화가 도래할 것이라고 믿었던 것이다."

에치오니는 케네디의 후임자인 존슨도 다를 게 없다고 말한다. "현대의 주술사들은 아주 다양한 주술로 우리를 어지럽게 만든다. 과거 주술사의 주문에 해당되는 오늘날의 연설은 언어에 행동의 환상을 덮어 씌우려고 한다. 민권운동의 절정기에 존슨 대통령은 흑인이 많은 어느 도시의 한 유명 대학에서 연설하면서 팔을 휘두르며 '지금 당장 자유를!(Freedom now!)'이라고 외쳤다. 그는 청중들의 가슴을 설레게 했다. 청중들은 대통령이 민권운동의 핵심 구호를 지지한 것을, 정부가 마침내 400년간 지속되어온 불의에 종지부를 찍겠다는 단호한 결의를 보인 것으로 받아들였다. 그러나 존슨 대통령의 제스처는 이후 계속 나오게 될 그런 연설 중 하나에 불과한 것이었다."

그런 관점에선 모든 대통령이 다 주술사겠지만, 대통령마다 주술 능력의 차이는 있다. 케네디와 존슨 두 사람 가운데 누가 더 유능한 대통령이었느냐고 물으면 대부분의 사람들은 케네디를 지목한다. 그러나 대통령 취임 후 같은 기간 두 사람의 치적을 살펴보면 비교가 안 될 만큼 존슨이 더 유능한 대통령이었다는 점이 확연히 드러난다. 그럼에도, 사람들은 유능한 이미지를 존슨보다는 케네디에서 찾기를 주저하지 않는다.

주술, 즉 이미지의 문제 때문이다. 그래서 어떤 학자들은 정치에서 이미지를 부정적으로만 보아서는 안 된다고 주장한다. 적어도 '필요악'이라는 것이다. 지도자의 리더십은 카리스마에서 나오는데 이 카리스마라는 게 바로 이미지이기 때문이다. 리더십의 유효성은 추종자들의 존경과 신뢰에 크게 의존하는데 이 존경과 신뢰는 인간관계를 포함한 이미지에 의해 형성된다는 것이다. 사람, 특히 기자를 다루는 데 있어서 케네디가 존슨보다 훨씬 뛰어났다는 점은 케네디가 리더십의 유효성을 발휘하지는 못했을망정 이미지 부각에는 성공했음을 의미한다고 볼 수 있다.

사실 이미지를 무시하고 이슈에만 집착해서 선거에 승리한다는 것은 거의 불가능한 일이다. 언론의 선거보도가 지닌 결함이라는 현실적인 문제 때문이기도 하지만 선거보도가 아무리 개선된다 해도 언론이 모든 이슈를 상세히 보도하기란 근본적으로 불가능하기 때문이다.

'케네디 전설'과의 투쟁

대통령의 사망으로 대통령직을 물려받은 부통령 출신 대통령이라면 누구나 우연히 대통령이 되었다는 이른바 '우연 대통령'의 이미지와 싸워야 하겠지만, 존슨의 경우엔 그 문제가 특히 심각했다. 케네디의 죽음이 워낙 비극적이었던데다, 그가 누린 국민적 사랑이 비극의 후광을 업고 '전설'로 승격되었기 때문이다. 게다가 존슨은 그 어떤 정치인보다 더 '인정 욕구'에 굶주렸으며, 그래서 과장법이 매우 심한 정치인이었다. '케네디 전설'과의 투쟁, 이것이 존슨이 당면한 첫 번째 과제였다. 오죽하면 1964년 대선에서 자력으로 대통령에 당선되던 날 밤, 존슨은 "내 인생에서 오직 이 순간만을 기다려온 것 같다"고 말했을까.(Wicker 1972)

비록 텍사스의 이름 없는 대학이었지만, 존슨은 사우스웨스트주립사범대학을 나와 한동안 교직에 몸담기도 했다. 그는 멕시코계 문제학생들을 무자비하게 몰아붙여 공부를 열심히 하고 자긍심을 느끼도록 한 열성 교사였다. 그런데 위커(Wicker 1997)는 "존슨 대통령이 사석에서 마음대로 술을 마실 수 있었다 해도 자신이 대학을 못 나왔다는 열등감만큼은 떨쳐버릴 수 없었을 것이다"라고 말한다. 비단 위커만이 아니다. 미국 저자들이 쓴, 존슨을 다룬 책들은 거의 예외 없이 존슨의 '학벌 콤플렉스'를 지적한다. 프린스턴대학 교수로 있다가 존슨 행정부에 참여한 에릭 골드먼(Eric Goldman 1969)도 존슨의 가장 큰 약점으로 그의 학력을 지적한다. 미국에서의 학력·학벌 차별도 만만치 않다는 점을 알 수 있다. 존슨은 하버드로 대표되는 케네디의 학벌 후광과도 싸워야만 했다.

하루아침에 대통령 자리에 오른 존슨은 누구를 의논 대상으로 삼았을까? 아무리 싫고 미워도 권력을 움직였던 케네디 측근 중 누군가를 불러야 하지 않을까? 아니었다. 존슨은 뜻밖에도 가장 먼저 아이젠하워를 찾았다. 아이젠하워는 존슨의 전화를 받고 자신의 고향에서 워싱턴까지 찾아와 이런저런 조언을 했으며, 이런 관계는 이후로도 한동안 지속되었다. 두 사람의 스타일이 워낙 달라 존슨이 아이젠하워의 조언에서 취할 것은 별로 없었지만, 케네디의 측근을 먼저 찾지 않았다는 건 의미심장하다.(Brands 1985)

존슨의 언론 관리술

존슨은 기자들의 환심을 사려고 무진 애를 썼다. 그 어떤 역대 대통령보다 더 많은 시간을 언론을 위해 할애했다. 그는 백악관 내에서 기자들을 위한 파티를 수시로 벌였으며 그들을 자신의 텍사스 목장으로

미국 정치사에는 '존슨 트리트먼트(Johnson treatment)'라는 용어가 있다. 그만큼 린든 존슨은 국회의원이나 여론에 때로는 애걸하고 때로는 협박하는 다양한 전략으로 정치를 운용했다. 사진은 백악관에서 호주 수상 해럴드 홀트를 접견하는 존슨.

초대하곤 했다. 그러나 존슨의 기자 포섭 방식은 너무 촌스러워 큰 효과를 보지 못했다. 텍사스 목장에 초대된 기자들이 부정적인 기사들을 내놓자 존슨은 자신의 호의가 모욕당했다는 배신감을 느끼기까지 했다. 존슨은 향응을 베푸는 외에도 자신이 그들을 크게 출세시켜줄 수 있다고 노골적으로 강조하기도 했다. 기자들의 인격에 모독적이기까지 한 그런 방법이 잘 먹혀들어갈 리 만무했다.

『워싱턴포스트』의 사주 캐서린 그레이엄(Graham 1997)의 회고록에는 이와 같은 모습들이 솔직하게 밝혀져 있어서 미국 상류사회가 어떻게 움직이며 미국식 권언유착이 어떻게 이루어지는지 알 수 있는 좋은 사례들을 제공하고 있다. 그레이엄의 남편 필립은 신문을 정치에 적극적으로 이용한 인물이었다. 그는 대통령 출마를 꿈꾸는 거물 정치인들과 밀착해 그들의 실질적인 참모 역할을 마다하지 않았다. 아니, 그걸 즐겼다. 그는 특히 존슨과 가깝게 지냈다. 필립은 존슨의 대통령 후보 출마 발표문 작성을 거들고 회견 직전 존슨의 한쪽 콘택트 렌즈를 찾으려고 회견장을 기어다니기까지 했다고 한다. 존슨을 케네디의 러닝메이트로 결정하게 한 장본인 중 한 명도 바로 필립이었다.

그런가 하면 이런 일도 있었다. 필립은 1963년에 죽었으니 존슨의 부통령 시절 일화인 듯하다. 존슨은 필립과의 술자리에서 언론을 비난하다가 "언론계의 누구든 위스키 한 병이면 매수할지 있지"라며 모욕적인 언사를 내뱉었다는 것이다. 그런데도 필립은 그런 말을 잠자코 듣고만 있었고, 또 그런 일이 벌어진 날 그의 아내도 존슨으로부터 금팔찌를 선물 받았다는데 그녀는 대단히 부담스러웠다고 밝히고 있다.

물론 그렇다고 해서 존슨의 언론 관리술이 효과가 전혀 없었던 것은 아니다. 『뉴욕타임스』 칼럼니스트 제임스 레스턴(James Reston)은 훗날 존슨과의 '독대'를 회상하며 "대통령의 정치적 문제들과 그가 택할 수밖에 없는 방안에 대한 설명을 듣고 있다 보니 그에게 공감이 가고 그의 직책에 대해 주관적으로 생각할 수밖에 없었다"고 말했다. 존슨 식의 기자 포섭 전략에 효과가 있었다는 뜻이다.

존슨은 사람들이 어떤 사람의 특성을 이야기할 때 한 번 사용한 말을 계속 사용하는 버릇이 있다는 것을 발견해내고 이를 기자들에게 직접 적용하기도 했다. '진실'된 사람이라는 평판에 굶주려 있던 존슨은 기자들과 이야기할 때마다 '진실'이라는 단어를 일부러 많이 쓰며 자신의 견해를 피력했지만, 그 역시 실패로 돌아가고 말았다. 기자들에게 있어 '진실'하다는 표현은 능력은 부족하되 그리 밉지 않은 정치인들에게나 붙여줄 수 있는데, 기자들이 보기에 존슨은 능력은 있되 개인적으로 좋아해주기엔 너무나 투박한 인물이었기 때문이다.(Reedy 1976)

케네디에 대한 콤플렉스 때문에 늘 무언가 새로운 것을 보여주겠다고 애쓰던 존슨은 그 악명 높은 소위 '워커톤(walkathon)'이라 불린 산책기자회견을 고안해냈다. 자신의 우상인 루스벨트의 '자연스러움'을 흉내 내려고 한 것이었지만, 뜻대로 되지 않았다. 기자들과 백악관 뜰을 거닐며 화기애애한 분위기에서 기자회견을 한다는 취지는 그럴 듯했으나 기자들에게는 그 이상 곤혹이 있을 수 없었다. 50여 명의 기자들은 대통령을 쫓아다니며 한마디도 안 놓치고 수첩에 적으려고 서로 밀고 당기는 몸싸움을 벌여야 했다. 하이힐을 신은 여기자들이 대통령의 빠른 걸음을 뒤쫓느라 허우적거리는 촌극마저 벌어졌다. (Porter 1976, Rinn 1969)

기자회견은 대통령의 성격에 따라 천태만상으로 진행되게 마련인데, 존슨의 경우는 소탈함이 지나쳐 거의 희극적이기까지 했다. 자신의 복부 흉터를 보여주기 위해 기자들 앞에서 상의를 훤히 걷어 올린 적도 있었다. 존슨은 보좌관들에게 귀찮게 구는 기자들을 향해 "고기 한 점 던져주라"는 말을 즐겨 썼다.(Hanson 1983) 존슨은 짓궂은 농담을 좋아했을 뿐만 아니라 기자들을 골탕 먹이는 악취미를 가지고 있었다. 각 언론사에 미리 알리지도 않고 갑자기 기자회견을 하는가 하면 갑자기 훌쩍 지방시찰을 나가기도 했다. 또 기자가 자신의 일정이나 계획에 대해 미리 보도하면 기자를 골탕 먹이려고 일정이나 계획을 갑자기 바꾸기도 했다.(Kearns 1976a) 그러나 존슨의 이런 '기자 골탕 먹이기' 는 동시에 백악관과는 별도로 언론 플레이를 하는 관료들을 길들이기 위한 뜻이 더 컸다는 주장도 있다.(Moynihan 1975)

FBI 국장 후버와의 관계

존슨 행정부에서 케네디의 동생 로버트 케네디는 1964년 9월까지 법무장관으로 일하지만 사실상 레임덕에 빠져 별 영향력을 행사할 수 없었다. 반면 신이 난 건 그와 갈등을 빚던 FBI 국장 존 에드거 후버였다. 1964년 5월 7일, 의회는 후버에게 그의 FBI 재직 40주년을 기념하는 결의안 706호를 통과시켰다. 결의안은 "에드거야말로 미국 역사상 신과 미국인들에게 가장 뛰어난 업적을 남긴 인물이며, 미국의 범죄 세력에 맞서 싸우고 있는 강철 같은 의지의 소유자"라고 격찬했다.

다음 날 존슨은 7개월 후면 70세가 되어 은퇴를 앞둔 에드거를 FBI 종신국장으로 임명했다. 이에 대해 『라이프』의 로던 웨인라이트(Loudon S. Wainwright, Jr., 1924~1988)는 "로마의 상원이 몇몇 황제에게 제위에 있는 동안 신의 지위를 부여했는데 이 비슷한 일이 에드거에게도 일어났다. 그는 사실상 반신반인(半神半人)의 인물이었다"고 비꼬았다.(Summers 1995)

존슨은 왜 그런 조치를 취했을까? 존슨도 후버에게 고분고분하지 않을 수 없는 약점을 갖고 있었다. 1948년 상원의원에 당선될 당시의 투표 부정과 혼외정사 그리고 존슨을 빼닮은 존슨의 아들까지 낳은 매들린 브라운(Madeleine D. Brown, 1925~2002)과의 관계가 그 약점이

었다.(Summers 1995)

케네디보다 섹스 횟수는 적었을지 몰라도 존슨 역시 못 말리는 색골이었다. 8명의 여비서 중 그와 성관계를 맺지 않은 사람은 3명뿐이었다. 대통령 집무실은 물론 심지어 대통령 전용기 안에서도 섹스를 했다고 한다. 『월스트리트저널』과 『워싱턴포스트』 기자 출신인 로널드 케슬러(Kessler 1997)의 다음과 같은 말은 믿어야 할지 모르겠다.

"존슨은 자신의 섹스 파트너를 모두 백악관 직원 중에서 직접 간택했다. 이렇게 해서 뽑은 8명의 여비서 중 5명이 결국 그의 '애첩'이 됐다. 여기엔 어느 날 갑자기 공보담당의 비서에서 대통령 여비서로 발탁된 케이스도 포함돼 있다. 지금은 문을 닫은 『워싱턴 스타(The Washington Star)』의 여기자는 다른 기자들과는 달리 대통령 집무실인 오벌 오피스로의 출입이 허용됐다. 백악관 직원들은 '그녀가 굳게 잠겼던 집무실 문을 열고 나오기 직전에는 늘 화장실에서 물 내리는 소리가 났다'고 말했다."(이철민 1995)

대담한 정도를 넘어 무모한 섹스 파티였다. 그런 '배짱'이 있어야 대통령이 될 수 있는 건가? 케네디도 그랬고, 정도의 차이일 뿐 '섹스 스캔들'이 없는 대통령은 거의 없잖은가. 그런 게 지도자의 속성인가? 리더 없이 살아갈 수 없는 인간세계의 영원한 딜레마라 할 수 있겠다.

참고문헌 Brands 1985, Caro 1982, Cornwell 1966·1970, Divine 1982, Dugger 1982, Etzioni 1972, Goldman 1969, Graham 1997, Hahn & Gonchar 1972, Hanson 1983, Kearns 1976a, Kessler 1997, Marbut 1971, Moynihan 1975, Porter 1976, Reedy 1976, Rinn 1969, Sidey 1968, Summers 1995, White 1965, Wicker 1972·1997, 이철민 1995

자유를 위한 투쟁
비틀스와 '미시시피 버닝' 사건

텔레비전 뉴스의 도약

케네디의 암살은 미국의 국가적 비극이었지만 텔레비전 뉴스의 입장에서는 엄청나게 큰 행운으로 작용했다. 케네디 암살보도를 통해 텔레비전은 연예매체로서뿐만 아니라 보도매체로서도 중요한 역할을 할 수 있다는 점을 최초로 과시할 수 있었기 때문이다.

케네디 암살이 일어나기 80일 전인 1963년 9월 2일 CBS는 NBC를 따라잡기 위한 필사적인 노력의 일환으로 저녁뉴스 방송시간을 15분에서 30분으로 늘렸다. 일주일 후 CBS에 이어 저녁뉴스를 30분으로 늘린 NBC는 5000달러를 들여 저녁뉴스의 테마 송을 만들어 방송하기 시작했다. 이는 시청자들을 끌어들이기 위한 뉴스의 주제가인 셈이었다.(ABC는 1967년 1월부터 방송시간을 30분으로 늘렸다.)

저녁뉴스를 30분으로 늘리는 데에는 지역 가맹사들의 반발이 컸다. 네트워크들과는 달리 지역 방송사들의 가장 큰 수입원은 로컬뉴스 프로그램이었기 때문이다. 지역 가맹사들을 설득하기 위해 당시 CBS 뉴스 사장이던 리처드 샐런트(Richard Salant, 1914~1993)는 15분짜리 뉴스 프로그램의 언어량을 『뉴욕타임스』 지면에 옮기는 방법을 썼다. 그 분량은 『뉴욕타임스』 한 면의 절반에도 미치지 못했다. 즉 "이건 해도 너무하지 않느냐. 이게 무슨 뉴스냐. 30분으로 늘린다 해도 신문의 한 면 분량도 안되는데, 계속 15분으로 버틸 생각이냐"라는 취지로 항의 시위를 한 셈이다.

그런 상황에서 케네디 암살사건이 일어난 것이다. 이 사건을 4일간 보도하느라 텔레비전 네트워크들은 950만 달러의 적자를 보았다. 그러나 텔레비전 네트워크들은 백악관, 의회, 연방통신위원회, 신문 그리고 모든 미국인들로부터 격찬을 받았다. 『뉴스위크』는 1억 7500만 명이 케네디 대통령 암살과 장례식을 지켜보았음을 지적하면서 "그 놀랍고도 충격적인 4일간에 텔레비전은 미국인의 생활에서 없어서는 안 될 중요한 일부가 되었으며 인간이 만들어낸 가장 위대한 도피수단이 인간의 도피를 불가능하게 만들었다"고 평했다. 텔레비전을 "광활한 황무지"라고 혹평했던 전 FCC 위원장 미노우도 "방송은 성숙했다. 텔레비전의 전환점이 도래했다"고 극찬했다.

CBS의 앵커맨 월터 크롱카이트(Walter L. Cronkite, 1916~2009)는 흐느끼면서 케네디 암살을 보도했다. 뉴스 진행자가 울어도 되는 건가? 1937년 5월 6일, 대서양을 횡단해 뉴저지의 레이크허스트(Lakehurst)에 착륙하려던 독일의 대형 비행선 힌덴부르크(Hindenburg)가 공중폭발하면서 35명이 사망하는 사건이 벌어졌을 때, 시카고의 뉴스 진행자인 허버트 모리슨(Herbert Morrison, 1905~1989)은 불길에 갇힌 승객들이 비명을 지르며 떨어져 죽는 끔찍한 장면을 흐느끼면서 보도했다. 이는 프로답지 못한 행동으로 간주돼 모리슨은 해고당했다. 참으로 격세지감(隔世之感)이었다. 크롱카이트의 울음에 대해선 그를 비전문가로 간주하기는커녕 자신의 인간성을 보여줬다며 모두가 찬사를 보냈기 때문이다. 케네디 암살 직후 7주 동안 80만 통의 애도편지가 유족들에게 밀려들 정도로 케네디 암살은 국가적 차원의 비극이었으니 두 사건을 단순 비교하긴 어렵지만, 그만큼 미디어를 대하는 사람들의 자세가 달라진 것이라는 주장도 있다.(Schwartz 1994)

텔레비전의 케네디 암살사건 보도는 텔레비전의 전환점은 아닐지라도 텔레비전 뉴스의 전환점이었음은 확실했다. 바로 이 사건을 계기로 텔레비전이 미 국민의 주요 정보 원천으로서 신문을 최초로 능가했기 때문이다. 1964년 1월에 실시된 로퍼 여론조사 결과에 따르면, 세상 돌아가는 소식의 주요한 정보 원천으로서 텔레비전을 지목한 사람이 55퍼센트, 신문은 53퍼센트였다. 한 사건에 대한 텔레비전과 신문의 보도 내용이 각기 다를 때 어떤 것을 믿겠느냐는 질문엔 텔레비전을 믿겠다는 사람이 36퍼센트, 신문이 24퍼센트였다.(Witt 1983)

텔레비전 뉴스의 이 같은 지위 상승은 네트워크들 간에 텔레비전 뉴스 경쟁을 가속화시켰다. 1964년 대통령 선거 보도를 위해 네트워크들은 텔레비전 뉴스 프로그램을 선전하느라 신문에 전면광고를 내기 시작했다. 이런 치열한 경쟁 때문에 그 당시 여전히 헌틀리와 브링클리의 그늘에 가려 있던 크롱카이트는 민주당 전당대회의 텔레비전 중계 앵커 자리를 로버트 트라우트(Robert Trout, 1909~2000)와 로저 머드(Roger Mudd)에게 빼앗기고 말았다. 이는 NBC 뉴스에 늘 뒤처지는

CBS가 NBC를 따라잡기 위해 NBC의 남성 앵커 듀오 헌틀리와 브링클리를 흉내 내려는 전략이었다. 크게 실망한 크롱카이트는 "뉴스의 큰 문제는 뉴스가 할리우드를 닮아가고 있다는 것이다"라고 불평했지만, 한 가지 커다란 교훈을 깨달았다. 그 역시 생존경쟁에서 살아남기 위해 자신의 퍼스낼리티를 적극적으로 개발하기 시작한 것이다.

비틀스의 미국 방문

미국 대중음악사엔 '영국의 침공(British Invasion)'으로 기록되는 시절이 있다. 1960년대 초부터 중반까지 영국 대중음악 그룹들이 미국 대중음악에 미친 충격과 이들의 미국 차트 지배를 가리키는 말이다. 이런 '영국의 침공'에서 가장 큰 성공을 거둔 그룹이 비틀스(The Beatles)다.

1964년 2월 7일, 아침 일찍부터 뉴욕 JFK 공항에 10대와 20대 여성이 몰려들기 시작했다. 얼마 안돼 그 수는 3000명을 넘어섰다. 공항이 문을 연 뒤 가장 많은 인파였지만, 비행기 탑승권을 갖고 있는 여성은 없었다. 이들은 활주로가 보이는 공항 건물에서 영국발 비행기를 기다렸다. 이윽고 기다리던 비행기가 착륙했고, 더벅머리 청년 4명이 트랩을 내려오기 시작했다. 존 레넌(John Lennon, 1940~1980), 폴 매카트니(Paul McCartney), 조지 해리슨(George Harrison, 1943~2001), 링고 스타(Ringo Starr). 술렁이던 여성들은 일제히 비명을 질렀다. 비틀스의 첫 미국 방문 풍경이다. 광란하는 팬들을 간신히 뚫고 공항을 빠져나온 비틀스는 숙소인 뉴욕 플라자호텔 앞에서 다시 팬들에게 감금(?)됐다. 경찰의 도움을 받아 탈출에 성공했지만, 팬들의 뜨거운 열기 덕에 조지 해리슨은 다음 날 39도까지 치솟는 고열에 시달려야 했다.

1964년 2월 7일 비틀스가 처음으로 미국을 방문했다. (왼쪽부터) 존 레넌, 폴 매카트니, 조지 해리슨, 링고 스타. 비틀스는 로큰롤, 포크, 싸이키델릭 록, 아트 록, 하드 록, 블루스, 컨트리, 팝에서 월드 뮤직까지 여러 장르를 아우르며 대중음악의 새 장을 열었다.

나중에 비틀스가 얻은 인기는 진정한 것이었지만, 그 어떤 대스타에게도 초기엔 홍보가 필요한 법이다. 공항에서의 광란은 교묘히 짜인 한판의 이벤트였다. 작가 레이 코널리(Connolly 1993)에 따르면 "그들이 미국에 첫발을 내디뎠을 때의 대환영은 매니저 브라이언 엡스타인과 EMI 미국 지사 '캐피털 레코드(Capitol Records)' 사가 용의주도하게 조직화해 만들어낸 캠페인의 결과였다. 그것은 거대한 선전 캠페인이었다. …… 미국 전 지역에서 임박한 비틀스의 방미 소식을 모르는 사람이 한 사람도 없도록 확실히 하기 위해 3000명의 팬들이 고용돼 케네디 공항에서 즉석데모를 벌였고, 비틀스가 탄 비행기가 가까이 다가오자 히스테리가 점증하여 비명을 질러댄 것이었다. 그것은 야심에 찬 엡스타인의 기대 이상이었으며, 한 치의 오차도 없이 잘 진행되었다."

이틀 뒤인 2월 9일 비틀스는 당시 최고의 인기 텔레비전 프로그램인 〈에드 설리번 쇼(Ed Sullivan Show)〉에 출연해 8일 전 빌보드차트 1위에 오른 자신들의 노래 '아이 워너 홀드 유어 핸드(I Want to Hold Your Hand)'를 불렀다. 그러나 노래는 방청석을 점령한 팬들의 환호에 묻혀 잘 들리지 않았다. 당시 미국 인구의 절반에 가까운 7400만 명이 비틀스의 노래를 듣기 위해 텔레비전 앞에 앉았다. 그 시각 뉴욕의 청소년 범죄율은 제로였다. 이 특집 프로그램은 시청률 70퍼센트를 기록하면서, 미국에 비틀스 선풍을 일으키는 데 결정적인 역할을 했다.

다시 이틀 뒤 비틀스는 워싱턴 콜리시엄에서 2만 명의 팬이 지켜보는 가운데 역사적인 첫 미국 콘서트를 열었다. 그리고 다음 날 뉴욕으로 다시 건너와 카네기홀에서 2회 연속 공연했다. 카네기홀 공연 때는 경찰이 팬들의 광란을 우려해 건물 주변의 거리를 일시적으로 폐쇄하기도 했다.

이 같은 성공은 비틀스 자신들도 예상하지 못한 것이었다. 여기에는 그럴 만한 이유가 있었다. 1963년 개인적으로 미국을 방문한 조지 해리슨은 레코드 가게를 찾아갔다. 영국 음반사의 미국 지사를 통해 출시한 자신들의 노래에 대한 반응이 궁금했기 때문이었다. 그러나 노래는커녕 비틀스라는 그룹 이름도 모른다는 답변만 들었다. 해리슨의 이 경험담은 멤버 모두에게 미국에 대한 불안감을 키우게 했다. 그래서 '공항 이벤트'를 포함해 대대적인 홍보 캠페인이 전개된 것이다.

미국 전역에 걸쳐 디제이들은 비틀스 인터뷰 테이프와 사진들, 비틀 가발과 비틀 스티커, 비틀 단추 등 비틀스와 관련이 있는 여러 가지 물건을 받았다. 이것이 큰 효과를 발휘한 것인지는 몰라도, 3월까지 비틀스는 전미(全美) 인기 싱글차트(American Hot Hundred)에서 1위부터 5위를 모두 차지했고 다른 두 곡도 20위 안에 진입하는, 그야말로 전무후무(前無後無)한 기록을 세웠다. 존 레넌은 "그저 미국에 가면 최소한 듣고 싶은 음악은 들을 수 있다는 게 즐거웠습니다. 이토록 엄청나게 성공할 줄은 몰랐습니다. 막상 미국에 도착하자 우리는 놀라 자빠졌죠"라고 말했다.(이현두 2009)

그때 놀란 충격으로 간이 부은 탓이었을까? 비틀스는 1966년 3월 존 레넌의 '예수 발언'으로 반(反)비틀스 운동의 포화를 맞았다. 종교에 관한 견해를 밝혀달라는 기자의 질문에 레넌은 이렇게 답했다. "기독교는 사라질 것이다. 그것은 종적을 감추고 움츠러들 것이다. 왈가왈부할 필요조차 없다. 내 말이 옳고, 그렇다고 판명될 것이다. 지금 우리는 예수보다도 더 인기 있다. 로큰롤과 기독교 중 어느 것이 먼저 사라질지는 모른다. 예수는 훌륭했지만, 그의 제자들은 미련했고 평범했다. 내가 보기엔 그들이 기독교를 왜곡시키고 타락시키고 있다."

이 발언으로 인해 미국에선 반(反)비틀스 집회가 열렸고 분노한 교회 지도자들이 연단에서 비틀스를 비난했다. 캘리포니아 남부의 한 KKK 간부가 비틀스 음반 한 장을 십자가에 매달아 화형시켰고, 라디오 방송국들은 그들의 음반들을 방송 금지했으며, 텍사스 주의 어떤 방송국은 비틀스 음반들을 공개적으로 불태웠다. 이 파문으로 말미암아 팀이 계속 불화를 겪자 자신의 삶에 대해 진지하게 성찰하기 시작한 레넌은 그해에 다른 멤버들과 함께 공개적으로 베트남전쟁 반대선언을 했고, 평생 헌신했던 반전·평화 운동에 첫발을 내딛게 된다.

엘비스도 그랬지만, 비틀스 역시 초기엔 '텔레비전 현상'이었다. 음반이 아니라 텔레비전이 이들의 성공을 가져다준 것이다. 음반은 텔레비전에서 알려진 이후에 탄력이 붙어 흥행에 성공하는 요소이고, 이 시기 대중문화의 주도자는 바로 텔레비전이었다. 1948년 6월 20일부터 1971년 6월 6일까지 23년간 장수

레넌은 '예수 발언'을 한 지 42년 만인 2008년에 바티칸으로부터 사면받았다.

한 〈에드 설리번 쇼〉는 그런 대중문화 흥행의 주도적 역할을 했다. 설리번은 밥 딜런(Bob Dylan)만은 한사코 거부했는데, 딜런이 프레슬리나 비틀스 같은 폭발적인 인기를 누리지 못한 데엔 설리번의 반감이 크게 작용했다는 말이 있을 정도였다.(Eliot 1981)

'미시시피 버닝' 사건

비틀스가 상징하는 것은 '자유'였다. 적어도 그들의 열혈 팬들에겐 그랬다. 젊은이들이 기존 인습의 속박으로부터의 자유를 추구했다면, 흑인들은 여전히 정치적인 자유를 위해 싸워야만 하는 처지에 놓여 있었다. 비틀스의 미국 방문이 이루어진 그때에 민권운동의 방향은 흑인의 투표권으로 옮겨갔다. 흑인의 투표권은 법적으론 보장됐지만 읽기·쓰기 테스트를 거쳐야 한다거나 KKK단의 협박에 시달리는 등

장애물이 많았기 때문이다.

불행 중 다행으로 1963년 8월에 있었던 마틴 루서 킹의 워싱턴 행진이 효과를 발휘하고 있었다. 시간이 좀 걸리긴 했지만 이 워싱턴 행진 후에 민권법은 의회를 통과했고 1964년 7월 3일, 존슨 대통령의 서명으로 발효되었다. 이제 법률적으로 그 어떤 인종 분리와 차별도 불가능해졌지만, 아직 가야 할 길은 멀었다. 1964년 대선에 뛰어든 앨라배마 주지사 조지 월리스는 존슨의 서명 다음 날 선거유세에서 "민권운동은 사기(hoax)"라고 비난했다. 그는 대선 경쟁에서 곧 중도 탈락하지만, 민권운동과 민권법에 불만인 백인들의 목소리를 계속 대변한다.

존슨의 민권법 서명 보름 후인 7월 18일 뉴욕의 할렘에서 15세 흑인 소년이 아파트의 백인 관리인과 다툼을 벌였다는 이유로 백인 사복 경찰관에게 사살된 사건이 알려지면서 대규모 폭동이 발생해 닷새 동안이나 지속되었다. 이른바 '길고도 무더운 여름(Long and Hot Summer)'으로 불리며 1968년까지 지속된 인종폭동의 시작이었다.

민권법의 통과를 전후로 민권단체인 '자유를 위한 여름(Freedom Summer)'은 투표권에 초점을 맞춰 남부로 내려가는 운동을 전개하기 시작했다. 대부분이 백인인 1000명의 북부 대학생들로 하여금 남부에서 민권운동을 하는 흑인을 지원하자는 계획이었다. 이에 남부 백인들은 크게 반발했다. 1964년 여름에만 백인 우월주의자들이 30채의 집에 폭탄을 던지고 37개의 흑인 교회를 불태웠다.

민권법이 의회를 통과한 1964년 6월 이 단체의 20대 대학생 3명(두 명은 유대인, 한 명은 흑인)이 미시시피 주 네쇼바(Neshoba) 카운티에서 살해되었다. 실종 44일 만에 시체로 발견된 것이다. 이는 KKK단의 소

민권법 시행 문서에 서명하는 존슨 대통령. 킹 목사는 민권법 제정을 적극 추진하라고 존슨을 압박했고, 존슨은 1964년 대선을 염두에 두고 킹 목사와 손을 잡았다.

행이었으며, 현지 경찰의 조직적 보호가 있었고 시장도 개입되었다는 것이 밝혀졌다. 7명이 기소돼 3~10년형을 선고받았지만 아무도 살인죄로 기소되지 않았다.

이 사건은 1988년 앨런 파커(Alan Parker)가 감독하고 진 해크먼(Gene Hackman)이 주연한 〈미시시피 버닝(Mississippi Burning)〉이란 영화로 만들어졌다. 앨런 파커 감독은 이 영화에서 백인인 진 해크먼을 주역으로 등장시켜 남부의 흑백차별을 적나라하게 고발했다. 해크먼이 맡은 역은 실제로는 흑인이었는데, 백인의 반발과 흥행을 염두에 두고 바꾼 것이었다. 그럼에도 이 영화는 미시시피 주 필라델피아에 하나밖에 없는 영화관에서는 상영되지 않았으며, 미시시피 주지사는 워싱턴의 광고회사를 기용해 이 영화로 인한 미시시피 주의 이미지

실추를 막으려고 안간힘을 썼다.(박보균 2005, 오치 미치오 외 1993)

이 영화는 개봉 후 첫 두 달 동안 5000만 달러 이상을 벌어들이는 놀라운 기록을 세웠다. 어떻게 가능했을까? 사건이 일어난 지 20년 후에 제작됐기 때문에 사람들은 "저건 나와 상관없는 일이야"라고 생각했기 때문이다. 물론 현재의 문제를 건드리면 그런 흥행은 기대하기 어려운 일이었다.(Corman 2000) 어디 그뿐인가. 이 영화는 FBI를 영웅으로 묘사했다. 그래서 당시 민권운동에 참여했던 사람들은 이 영화에 분노했다. 그런 사람들 중의 하나인 하워드 진(Howard Zinn, 1922~2010)은 다음과 같이 말한다.

"우리는 이 영화에 분개했다. 남부 흑인들의 권리가 위험에 처했을 때 FBI가 연방법 집행이라는 자신의 임무를 얼마나 방기했는지, 얼마나 여러 번 유혈 낭자한 구타를 지켜만 볼 뿐 아무런 조치도 취하지 않았는지, 그들 눈앞에서 어떻게 법이 위반되고 그때마다 그들이 어떤 식으로 수수방관했는지 우리는 알고 있었다. 또한 그 세 젊은이가 실종되었을 때 FBI는 물론 연방정부 전체가 얼마나 괘씸하게 행동했는지를 우리는 알고 있었다."(Zinn 2001)

1964년 10월 흑인 민권운동에 낭보가 전해졌다. 마틴 루서 킹이 노벨평화상 수상자로 선정된 것이다. 킹을 괴롭히던 FBI 국장 후버는 킹이 노벨상 수상을 포기하게 하려고 방종한 섹스의 증거 자료들을 킹에게 우편으로 보내기도 했다.(Summers 1995)

민권법 통과는 흑백갈등의 또 다른 시작이었지 끝은 아니었다. 바로 이해에 펜실베이니아대학 사회학과 교수 딕비 발첼(E. Digby Baltzell, 1915~1996)이 『프로테스탄트 체제: 미국의 귀족주의와 카스트

제도(Protestant Establishment: Aristocracy and Caste in America)』(1964)란 책에서 와스프(WASP; White, Anglo-Saxon, Protestant)란 말을 최초로 사용했다는 것은 의미심장하다. 물론 그런 범주에 의한 구분은 용어만 갖추지 않았을 뿐 미국의 탄생 이후 늘 존재해왔지만, 용어의 탄생은 그만큼 그 현실이 강고함을 입증하는 것이 아니겠는가.

참고문헌 Barkin 2004, Brown 1997, Castleman & Podrazik 1982, Connolly 1993, Corman 2000, Eliot 1981, Frith 1995, Loewen 2001, Matusow 1983, Schwartz 1994, Shuker 1999, Summers 1995, Wallace 2007, Witt 1983, Zinn 2001, 박보균 2005, 사루야 가나메 2007, 신광영 2001, 오치 미치오 외 1993, 이현두 2009

"미디어는 메시지다"
마셜 매클루언의 텔레비전론

"미디어는 인간의 연장"

엘비스 프레슬리와 비틀스가 우선적으로 텔레비전 현상이었다는 것은, 1960년대의 미국을 제대로 이해하려면 텔레비전이라는 새로운 '괴물'의 정체를 알 필요가 있다는 점을 시사한다. 잠재된 형태로나마 당시의 사람들에게도 텔레비전의 문법을 알고 싶은 욕구가 있었을까? 1964년에 출간된 캐나다 출신의 커뮤니케이션 학자 마셜 매클루언의 『미디어의 이해: 인간의 연장(Understanding Media: The Extensions of Man)』이 '매클루언 신드롬'이라고 해도 좋을 정도로 그 자체가 하나의 대중문화 현상이 된 것은 이런 맥락에서 이해할 수 있겠다.

사실 매클루언만큼 매스미디어에 관한 논의를 대중화시킨 사람도 찾아보기 어려울 것이다. 1911년 캐나다에서 태어나 1981년에 사망하기까지 그는 영문학자이자 대중문화 비평가로서 한때 전 세계 매스미디어의 주목을 받았던 인물이다.

매클루언은 현재를 현재의 눈으로 보는 사람은 거의 없으며 모두 과거의 눈으로 본다는 것을 지적했다. 현재는 전자 미디어에 의해 창출된 전자 환경이며 그것은 공기와 같다는 것이다. 그럼에도 사람들은 그것을 내용 지향적인 지각으로 받아들여 그 의미를 깨닫지 못한다는 것이다. 그는 대부분의 학자들이 '활자 매체의 포로들'이라고 말한다. 그는 "커뮤니케이션의 새로운 과학은 개념이 아니라 지각이다(The new science of communication is percept, not concept)"라고 단언한다. 실제로 매클루언은 '개념'이라는 단어를 쓰기 싫어했으며 그 대신 '지각'이라는 단어를 즐겨 썼다.

매클루언의 '트레이드마크'가 된 "미디어가 곧 메시지"라고 하는 명제는 미디어의 내용이란 그것을 전달하는 미디어의 테크놀로지와 분리해 생각할 수 없다는 전제에 근거하고 있다. 이 말은 아주 쉽게 말해서 "옷이 날개"요 "옷이 곧 그 사람의 얼굴"이라는 세속적 상식으로 이해해도 큰 무리는 없다. 사람들은 알맹이보다는 외양에 더 관심이 많다. 메시지의 내용이 무엇인가를 따지기보다는 그 메시지를 담고 있는 그릇, 즉 미디어로부터 더 영향을 받는다는 것이다. 매클루언은 한마디로 "미디어의 '내용'이란 도둑이 마음의 개를 혼란시키기 위해 던져주는 고깃덩어리와 같다"고 단언한다. 그런 의미에서 "미디어는 마사지(massage)"이기도 하다. 매클루언은 이렇게 말한다.

"모든 미디어는 우리를 압도하고 있다. 미디어의 영향력은 개인적·정치적·경제적·심미적·심리적·도덕적·윤리적·사회적으로 워낙 강력해 우리의 어떤 부분도 그 영향력으로부터 자유롭지 못하다. 미디어는 마사지다. 사회적·문화적 변화에 관한 어떤 이해도

미디어가 환경으로 작동하는 방식에 대한 지식이 없으면 불가능하다."(McLuhan & Fiore 1967)

'핫 미디어'와 '쿨 미디어'

매클루언은 미디어를 '핫 미디어(hot media)'와 '쿨 미디어(cool media)'로 분류했다. '핫 미디어'는 '고정밀성(high definition)'과 '저참여성(low participation)' 그리고 '쿨 미디어'는 '저정밀성(low definition)'과 '고참여성(high participation)'으로 특징지어진다. '정밀성'이란 어떤 메시지의 정보가 분명한 정도 또는 실질적인 밀도를 의미하며, '참여성'은 어떤 메시지를 받아들이는 사람이 그 뜻을 재구성하는 데 필요한 노력 투입의 정도를 의미한다. 수용자는 어떤 메시지의 부족한 '정밀성'을 자신의 '참여성'으로 채우려 들기 때문에 둘 사이의 관계는 반비례한다. 물론 '핫 미디어'와 '쿨 미디어'는 시간에 따라 변할 수밖에 없는 상대적인 개념이다. 즉 한때는 '핫 미디어'이던 것이 나중에 테크놀로지의 발달로 '쿨 미디어'로 간주될 수 있는 것이다.

영화는 '핫 미디어'인 반면 텔레비전은 '쿨 미디어'다. 영화가 모자이크 형태의 이미지를 갖고 있는 텔레비전에 비해 '정밀성'이 높은 반면 수용자의 '참여성'은 텔레비전 쪽이 높다는 것이다. 영화가 텔레비전보다 화질이 훨씬 더 정밀하다는 것은 쉽게 이해할 수 있지만, '참여성'은 다소 헷갈리게 생각되는 점이 없지 않다.

아무래도 수용 상황을 살펴볼 필요가 있을 것 같다. 텔레비전은 매우 친근한 거리에서 시청하지만 영화는 넓은 공간에서 먼 거리를 두고 관람하게 된다. 아무래도 참여도는 텔레비전 쪽이 더 높을 수밖에 없지 않을까? 매클루언(McLuhan 1997)의 해설이다.

"텔레비전 배우는 말소리를 높이거나 큰 동작을 할 필요가 없다. 마찬가지로 텔레비전 연기는 극도로 친밀감을 갖는다. 시청자가 독특한 방법으로 참가해 텔레비전 영상을 완성하거나 혹은 끝내버리기 때문이다. 그 때문에 영화에는 맞지 않으며, 또 무대에서는 잃어버린 고도의 자연적인 일상성을 텔레비전 배우는 갖추어야 한다."

또 '참여성' 문제는 영화와 텔레비전이라고 하는 두 매체를 고립된 상태에서 비교할 게 아니라 현실 세계에서의 전반적이고 실질적인 영향력 중심으로 생각하면 납득이 될 것이다. 매클루언은 그걸 다음과 같이 설명하고 있다.

"텔레비전에서는 시각뿐만 아니라 모든 감각을 동시에 끌어들이는 능동적·탐색적 접촉 감각의 확장이 일어난다. 당신은 텔레비전과 '함께' 있어야 한다. …… 텔레비전의 위력이 가장 분명하게 증명된 것은 케네디 대통령의 장례식 때였다. 텔레비전은 조문객들과 더불어 (시청자들로 하여금) 하나의 의식(儀式)에 참여하게 했다. 텔레비전은 의식의 과정에 전 세계인을 끌어들였다.(거기에 비하면 신문, 영화, 라디오는 소비자들을 위한 들러리 장치에 지나지 않았다.) 텔레비전에서는 이미지가 시청자 쪽으로 투사된다. 당신은 스크린이다. 이미지는 당신을 둘러싼다."(McLuhan & Fiore 1988)

'정밀성'과 '참여성'이라고 하는 기준으로 따져보건대, 라디오는 '핫 미디어'이고 전화는 '쿨 미디어'다. 초상화나 사진은 '핫 미디어'이고 만화는 '쿨 미디어'다. 한글은 '핫 미디어'이고 상형문자는 '쿨 미디어'다. 왈츠는 '핫 미디어'이고 트위스트는 '쿨 미디어'다. 왈츠

텔레비전을 통해 사람들은 세계 각지에서 다른 나라의 정치적 사건을 목격할 수 있게 되었다. 케네디 대통령의 장례행렬에서 대통령 마가 운구마차를 따라가는 장면(사진)은 텔스타 위성으로 중계돼 시청자들의 감정을 자극했다.

와 트위스트를 비교한 매클루언의 말을 들어보자.

"'핫'과 '쿨'이라는 미디어 특유의 말로 표현한다면, 후진국은 쿨이고 선진국은 핫이다. 한편 도시인은 핫이고 시골 사람은 쿨이다. 그러나 전기시대가 되어 행동의 양식과 여러 가지 가치가 역전되었다는 관점에서 말한다면, 과거의 기계 시대는 핫이고 우리의 텔레비전 시대는 쿨이다. 왈츠는 공업 시대의 화려한 기분과 환경에 어울리는 빠르고 기계적인 무용으로서, 핫이다. 이에 비해 트위스트는 즉흥적인 몸짓으로 온몸과 마음으로 추는 화려한 형태의 춤으로서 쿨이다."

"히틀러 · 매카시는 텔레비전에 맞지 않는다"

텔레비전은 '쿨' 미디어로서 '정밀성'이 낮기 때문에 수용자의 보다 큰 참여를 필요로 한다. 텔레비전은 '핫' 한 이슈를 다루기엔 적합한 미디어가 되지 못한다. 수용자의 참여가 지나치게 높아지기 때문에 역효과가 날 수 있다. 만약 콩고의 초대 총리 파트리스 루뭄바(Patrice Hemery Lumumba, 1925~1961)가 텔레비전을 대중 선동에 사용했더라면 콩고에 더욱 큰 사회적 혼란과 유혈사태를 일으켰을 것이라는 어느 저자의 견해에 대해서 매클루언은 매우 잘못된 생각이라고 반박한다. 텔레비전은 뜨거운 선동엔 전혀 적합지 않다는 것이다. 그는 "텔레비전은 '쿨' 미디어다. 텔레비전은 매카시 상원의원처럼 '핫' 한 인물을 거부한다. 만약 히틀러 치하에서 텔레비전이 광범위하게 이용되었다면 히틀러는 곧 사라지고 말았을 것이다"라고 말한다.

매클루언은 라디오는 광란을 위한 미디어로서 아프리카, 인도, 중국 등에서 종족의 피를 끓어오르게 하는 주요 방법이었지만 텔레비전은 미국이나 쿠바의 경우처럼 그 나라를 차분하게 만들었다고 주장한다. 텔레비전에 출연하는 연예인이 자신을 '저압력의 스타일(low-pressure style of presentation)'로 선보여야 성공할 수 있는 것도 바로 그런 이유 때문이라는 것이다.

매클루언은 텔레비전이 속설과는 달리 미국 영화를 성숙하게 만드는 데에 좋은 영향을 미쳤다고 주장한다. '쿨' 한 텔레비전은 예술과 오락에서 심층구조를 촉진시키고 심층적인 수용자 참여를 만들어냈다는 것이다. 구텐베르크 이래로 인간의 거의 모든 테크놀로지와 오락은 '쿨' 하지 않고 '핫' 했고, 깊지 않고 파편적이었으며, 제작자 지향적이 아니라 소비자 지향적이었던 반면, 텔레비전은 그런 관계를 뒤집어버린 채 결과보다는 과정의 제시를 선호하는 미디어라는 것이다. 비슷한 맥락에서 매클루언은 텔레비전 비평가들에 대해 이렇게 말한다.

"텔레비전 비평가들이 텔레비전에 대해 실망하는 주요 이유는 텔레비전이 다른 감각적 반응을 요구하는 전혀 새로운 테크놀로지임을 이해하지 못하기 때문이다. 이들은 텔레비전을 단지 인쇄 테크놀로지의 타락된 형태로 볼 것을 주장한다. 텔레비전 비평가들은 그들이 대단한 것으로 여기는 영화가, 수용자들이 텔레비전 광고가 보여주는 갑작스러운 줌(zoom), 생략적 편집(elliptical editing), 이야기 줄거리의 부재(no story lines), 플래시 컷(flash cut) 등에 미리 길들지 않았다면 결코 대중 영화가 될 수 없었으리란 점을 깨닫지 못하고 있다."

위 인용문에 쓰인 전문용어들을 설명하자면 이렇다. '줌'은 영상을 급격하게 확대하거나 축소해서 효과를 거두는 것이고, '생략적 편집'은 행위 일부를 삭제하는 방식으로 보통 관객을 깜짝 놀라게 하거나 생략된 부분에서 무슨 일이 일어났는지 궁금증을 갖게 하는 데 사용된다. '이야기 줄거리의 부재'는 이야기가 아닌 화면 중심의 구성을 말하며, '플래시 컷'은 컷에 의한 갑작스러운 화면 전환을 뜻한다.

텔레비전 시대의 처세법

매클루언에 따르면, 텔레비전에서의 연설은 연극무대에서 필요한 사려 깊은 정밀성을 필요로 하지 않는다. 텔레비전 배우에게 가장 필요한 것은 연극배우나 영화배우와는 달리 아주 자연스러운 일상성

(spontaneous casualness)이다. 또 텔레비전은 클로즈업 매체다. 영화에서 클로즈업은 주로 쇼크 효과를 위해 사용되지만, 텔레비전에서는 아주 자연스럽게 사용된다. 텔레비전 화면 크기만 한 잡지의 사진은 12명의 사람을 한꺼번에 아주 자세하게 보여줄 수 있지만, 텔레비전 화면에 12명의 얼굴이 나타나면 흐릿해서 아무것도 보이지 않게 된다.

매클루언은 영화배우 조앤 우드워드(Joanne Woodward)가 영화 연기와 텔레비전 연기의 차이에 대해 "내가 영화에 출연했을 땐 사람들이 '저기 조앤 우드워드가 간다' 라고 말한다. 반면 텔레비전에 출연했을 땐 '저기 어디서 본 듯한 사람이 간다' 라고 말한다"고 이야기한 것을 상기시키고 있다. 미국에서 적어도 1960년대에 대부분의 텔레비전 스타들은 남자, 즉 '쿨' 한 성(性)이었던 반면, 대부분의 영화 스타들은 여자, 즉 '핫' 한 성이었던 것도 바로 그런 관점에서 이해될 수 있다고 매클루언은 말한다. 또 사람들이 점차 텔레비전 이전 시대의 '핫 미디어'의 가치를 의심함에 따라 리타 헤이워스(Rita Hayworth, 1918~1987), 리즈 테일러(Elizabeth Taylor), 메릴린 먼로와 같은 대배우들은 텔레비전 시대에 무척 고전했다는 것이다.

왜 여자는 '핫' 이고 남자는 '쿨' 인가? 이는 앞서 매클루언이 도시인은 '핫' 이고 시골 사람은 '쿨' 이라고 한 발언에 비추어 이해하면 될 것이다. 여자와 도시인은 '정밀성' 이 높은 반면 '참여성' 은 낮다고 본 것이다. 남녀관계에 대한 매클루언의 다음과 같은 발언도 참고하는 것이 좋겠다. "핫 미디어와 쿨 미디어를 구별하는 원칙은 '남자는 안경을 쓴 여성에게는 구애(求愛)하지 않는다' 고 하는 민중의 지혜 속에 분명히 드러난다. 안경은 그것을 쓰고 있는 사람의 외부를 향해 작용하는 시선을 강조하며, 그 여성을 보는 사람에게 상상의 여지를 남기지 않을 만큼 여성의 이미지를 거의 죄다 채워주고 있다. 그러나 색안경은 관측할 수 없고 접근하기 어려운 이미지를 만들어내므로, 그것에 관여하고 싶어 하고 완전한 것으로 채우고 싶어 하는 강한 욕구를 자아내게 하는 것이다."

매클루언은 텔레비전에서 자기 자신의 역할·지위·생각을 강력하게 선언하는 건 어리석다고 충고한다. 시청자들에게 쉽게 분류될 수 있는 사람으로 인식되면 시청자가 참여자로서 채워야 할 것이 없어지기 때문에 불편한 심정을 느낀다는 것이다. 같은 이치로 매우 아름다운 여자나 매우 높은 '정밀성'을 가진 광고 이미지나 메시지는 현명치 못하다. 흐루쇼프가 미국 텔레비전에서 꽉 채워진 또는 완결된 이미지의 주인공으로 비쳤을 때 그가 코믹 만화의 소재로 자주 등장한 것도 바로 그런 이유 때문이라는 게 매클루언의 주장이다.

매클루언은 텔레비전이 본격적인 매스미디어로 등장한 1960년대 미국의 산물이었다. 앞서 지적했듯이, 많은 사람들이 텔레비전이라는 '괴물'에 대해 당혹스럽게 생각하고 있을 때에 그는 명쾌한 설명을 제시했다. 『미디어의 이해』가 출간된 1964년은 미국에서 텔레비전이 큰 위력을 발휘하던 때였으며, 제도권 문화에 반기를 든 이른바 '대항문화(counter culture)'가 일어나던 시절이었다. 아이러니하게도 『미디어의 이해』는 미국에서 똑같은 해에 출간된 좌파적 대중문화 비평서라 할 헤르베르트 마르쿠제(Marcuse 1964)의 『일차원적 인간(One-Dimensional Man)』과 더불어 '대항문화' 진영의 대학생들에게 필독서로서 동시에 수용되었다.(Ferguson 1991)

철학자 헤르베르트 마르쿠제(Herbert Marcuse, 1898~1979)는 대중문화가 대안과 다른 표현양식들에 대한 욕구를 억제함으로써 현상을 유지하려는 방식을 '일차원성'이라 불렀다. 그는 약 10년 전에 출간한 『에로스와 문명(Eros and Civilization)』(1955)에선 서구의 성도덕이 지닌 전체주의적 본질을 비판했다. 자본주의는 육체로부터 성을 효율적으로 거세해야만 생산적인 노동을 할 수 있는 육체를 만들 수 있었다는 것이다. 마르쿠제는 단순한 성 해방론자는 아니었지만, 어떻게 해서건 마르크스(Karl Marx, 1818~1883)와 프로이트(Sigmund Freud, 1856~1939)를 결합시키려고 애쓰던 '대항문화' 진영, 즉 신좌파(New Left)는 성 해방에 탐닉하면서 그것을 사회변혁의 수단으로까지 여기게 된다.(McLaren 2003)

『에로스와 문명』을 보는 보수파의 시각이 흥미롭다. 대니얼 플린(Flynn 2003)의 주장에 따르면 "『에로스와 문명』은 섹스와 마약, 로큰롤의 시대에 맞게 재편된 마르크스주의였다. 마르크스가 노동의 착취를 반대한 반면, 마르쿠제는 노동의 개념 그 자체를 반대했다. 또한 마르쿠제는 마르크스의 '필요에 따른 배분' 개념을 확대 해석해 리비도의 '필요성'까지 포함시켰다. 『에로스와 문명』은 인간의 '노동은 인생에서 가장 많은 시간을 차지하면서도 고통을 줄 뿐이다. 소외된 노동은 만족에서 배제되며 쾌락의 원칙도 부정되기 때문이다'라고 주장한다. 일 대신 잔치만 벌여야 할 판이다. 이 같은 메시지가 히피족 세대의 멋진 문구로 환호받은 것은 놀라운 일이 아니다."

마르쿠제와 매클루언은 이념적으로 전혀 다를 뿐만 아니라 상호 양극에 서 있는 사람들이지만, 어떻게 해서건 기존 질서를 뒤엎고 싶어

하는 신좌파에게 그들의 차이는 큰 의미가 없었던 셈이다. 다시 매클루언 이야기로 돌아가보자. 만약 모든 논쟁에서 벗어나 아무런 이의 없이 매클루언으로부터 배울 수 있는 것을 딱 한 가지만 고른다면 그건 교육제도와 미디어제도 간의 힘의 불균형에 관한 그의 생각일 것이다. 매클루언(McLuhan 1959)은 사회적 변화에 있어서 교육시스템이 미디어시스템에 뒤진다는 것을 매우 심각한 어조로 지적했다. 그래서 그는 직접 미디어를 통한 대중교육에 나섰는지도 모른다.

매클루언은 텔레비전과 라디오에 부지런히 출연했으며 1967년 NBC-TV는 1시간짜리 매클루언 특집을 내보내기도 했다. 그는 광고가 사회에 대한 가장 가치 있는 정보의 원천이며 "인간역사에서 가장 위대한 예술형식이다"라고 주장했다. 또 그는 『플레이보이』와 같은 잡지와 인터뷰를 하는가 하면 자신의 이야기를 영화와 레코드로 만들기도 했다. 그런 언행은 학자들의 경멸과 분노를 샀다. 그러나 그건 미디어 교육을 '미디어 낙진에 대한 민방위(civil defense against fallout)'로 간주했던 그의 신념과 일치된 것이었다. 그는 사회과학적 엄밀성이 결여돼 있으며 대중문화를 너무 포용한 나머지 연예인처럼 행세했다는 이유로 학계에서 냉대를 받았지만, 오늘날에 이르러 학계에서 호의적으로 왕성하게 재평가받고 있다.

참고문헌 Bedell 1981, Campbell & Kean 2002, Carey 1968, Culkin 1967, Czitrom 1982, Ferguson 1991, Flynn 2003, Gordon 1997, Horrocks 2002, Kostelanetz 1977, Marchand 2006, Marcuse 1964 · 1986 · 1989, McLaren 2003, McLuhan 1959 · 1965 · 1969 · 1997 · 2001, McLuhan & Fiore 1967 · 1988, McLuhan & Nevitt 1974, Meyrowitz 1985, Stearn 1967, 강준만 1994

정보 전쟁
매스미디어와 국가 발전

1차 비동맹국가 정상회담

1960년대에도 국가 간 '정보 전쟁'은 계속되었다. 미국이 정보의 자유 유통을 부르짖으며 추진한 정보와 문화의 수출은 늘 일방적이었다. 정보와 문화는 제1세계에서 제3세계로만 유입되었을 뿐 그 반대는 이루어지지 않았다. 게다가 제1세계는 제3세계에 대해 이해하고자 하는 노력마저도 기울이지 않았다. 그건 비단 매스미디어의 정보 영역에서뿐만 아니라 교육에서도 마찬가지였다. 1944년 미국 교과서는 세계 인구의 반 이상이 사는 지역의 문화에 대해 1퍼센트 미만을 할애했을 뿐, 세계에 대한 미국의 무관심과 무지는 달라지지 않았다. 미국의 국력이 약했을 땐 그것이 큰 문제가 되지 않았지만, 이제 '미국의 세기'를 맞아 미국의 매스미디어가 세계적인 지배력을 행사하는 상황에선 심각한 문제라는 게 제3세계의 생각이었다.

유네스코를 통해 문화적 독립을 이룩하려는 제3세계의 노력은 비

(왼쪽부터) 이집트의 가말 나세르 대통령, 유고슬라비아의 요시프 티토 대통령, 인도의 자와할랄 네루 수상. 비동맹국가 정상회담의 목적은 동맹국 간의 긴밀한 관계를 수립하고, 냉전 상황에서 아시아·아프리카의 중립을 선언하며 식민주의의 종식을 촉진하는 것이었다. ⓒ 23prootie

동맹운동으로부터 지원을 받고 있었다. 1961년 9월 유고슬라비아의 베오그라드(Beograd)에서 개최된 1차 비동맹국가 정상회담에는 25개의 회원국과 3개 참관국이 참여했다. 여러 가지 문제가 많았지만, 베오그라드 회담은 아시아·아프리카 회의(반둥회의) 이후에 휴면상태로 들어갔던 비동맹운동을 공식적으로 제도화했다고 하는 데에 커다란 의미가 있었다. 베오그라드 회담은 "모든 나라들은 통일과 자결과 독립의 권리를 갖고 있으며, 이러한 권리들을 통해 모든 국가들은 각국의 정치적 지위를 결정하고, 외부의 협박이나 방해 없이 자유롭게 각국의 경제, 사회 및 문화의 발전을 추구할 수 있다"고 선언했다.(Singham & Dinh 1976)

그러나 정보가 경제, 사회, 및 문화의 발전에 미치는 영향이 정확히 무엇인지에 대한 의견의 일치는 제3세계 내에서도 아직 이루어지지 않고 있었다. 추상적으로 알고 있다 하더라도 그러한 추상적 이해를 실증할 필요는 여전히 남아 있었던 것이다. 1960년대에 제3세계가 유네스코를 통해 얻고자 했던 것은 바로 그러한 단계에 머무른 정보독립 운동이었다. 유네스코는 제3세계의 3대 주요 지역을 중심으로 한 커뮤니케이션 전문가회의를 개최했다. 남미 지역의 전문가회의는 1960년 칠레의 산티아고(Santiago)에서 개최되었으며, 아시아 지역의 전문가회의는 1961년 방콕에서, 아프리카 지역의 전문가회의는 1962년 파리에서 개최되었다. 이러한 전문가회의들은 정보가 정치, 경제 및 사회에 미치는 영향이 무엇이며, 지역 간의 정보 흐름의 정도와 방향이 과연 어느 정도로 온당한 것인가에 대해 집중 논의했다.(Sathyamurthy 1967)

이 당시 기술이 사회변화의 원동력이자 주체라고 보는 '기술결정론(technological determinism)'은 제3세계에서도 신봉되고 있었다. 1962년 유네스코 총회가 유네스코의 목표를 달성하기 위해 인공위성의 이용에 대한 검토를 촉구하는 결의안을 제3세계 지지하에 채택한 것은 결코 놀라운 일이 아니었다. 같은 해에 유엔총회는 유네스코의 뒤를 이어 "커뮤니케이션 미디어의 발전은 모든 발전에 긴요하다"는 원칙에 동의하고 "미디어 설비를 개선하기 위한 목적의 기술지원"을 추천하는 결의안을 채택했다. 이러한 일련의 조치에 대해 1963년 미국의 유네스코 위원회는 '만족'을 표시했으며 "정보미디어의 발전은 경제성장에 긴요하다"는 점을 강조했다.(El-Said 1982, Mehan 1981)

『매스미디어와 국가발전』

제3세계에서의 매스미디어 설비를 확장시키고자 하는 유네스코의 계획은 미국의 커뮤니케이션학자 윌버 슈람(Wilbur Schramm 1964)이 유네스코에 제출한 보고서 『매스미디어와 국가발전(Mass media and national development)』으로 집대성되었다. 책으로 출판된 이 보고서는 곧 매스미디어 프로그램에 관한 '유네스코의 성경'이 되었다. 슈람의 책은 커뮤니케이션에 대한 미국적 연구방법과 사고방식을 제3세계에 퍼뜨리는 데 지대한 역할을 했다. 영국의 커뮤니케이션 학자 제러미 툰스탈(Tunstall 1977)은 슈람의 책에 대해 이렇게 말한다.

"슈람은 제3세계의 매스미디어를 무조건 확장시킬 것을 주장했다. 이러한 주장 뒤에 숨은 낙관적인 희망은 그러한 확장이 경제성장을 촉진하고 활발한 대중 참여를 유도하리라는 것이었다. …… 이러한 충고에는 재정적인 문제점과 도덕적인 문제점이 있었을 뿐만 아니라 역사적인 오류를 범하는 것이었다. 즉 소위 '선진국'들은 매스미디어를 오랜 세월에 걸쳐 발전시켜왔지만, 제3세계가 그러한 시간적 경과를 거치지 않은 채 갑자기 매스미디어를 확장하면 어떻게 될 것인가 하는 고려를 전혀 하지 않고 있다는 것이었다. 아마도 슈람은 제3세계 국가들에 텔레비전과 인공위성을 이용하는 것은 좀 참고 기다리라고 이야기하는 것은 그들로부터 별로 환영받지 못할 것이라고 예상했을지도 모른다. 만약 그렇다면 PR의 기술만이 승리한 것일 뿐이다."

반면 서구의 매스미디어 하드웨어와 소프트웨어로 제3세계가 근대화될 수 있다고 본 '발전커뮤니케이션 학자'들 중의 대표적 인물인 MIT대학 교수 이시엘 드 솔라 풀(Ithiel de Sola Pool, 1917~1984)은 위대한 문화는 항상 세계성을 띤다는 점을 강조하며 제3세계가 미국 매스 미디어의 하드웨어는 물론 소프트웨어까지 수입해 생활화하는 것은 당연하다고 주장했다. 이런 학자들의 주장은 미국 정부의 강력한 후원을 받았다. 예컨대, 풀의 글이 실린 『근대화: 성장의 동력(Modernization: The Dynamics of Growth)』(1966)은 미 공보원에 의해 전 세계적으로 공급된 VOA(미국의 소리)가 후원한 책이었다.(Sussman & Lent 1998)

발전커뮤니케이션 학자들의 주장에 근거한 미국의 주도적 노력으로 제3세계에서 매스커뮤니케이션은 '산업화'와 '근대화'의 도구로 예찬받았다. 발전커뮤니케이션 학자들은 무엇보다도 매스커뮤니케이션이 제3세계 국민의 의식을 개혁시킬 수 있다는 점에 큰 관심을 기울였다. 예컨대, 윌버 슈람(Wilbur Schramm, 1907~1987)은 매스미디어가 사람들로 하여금 이 세상을 열심히 그리고 묵묵히 일만 하면 보답을 받을 수 있다는 것을 확신시켜 허리띠를 졸라매고 열심히 오래 일하며, 그에 대한 보상을 기다리는 여유를 가질 수 있게 해야 한다고 주장했다. 매스커뮤니케이션이 소위 성취동기(achievement motivation)를 고양한다는 것이었다. 또 풀은 제3세계 농민들이 서양 영화나 텔레비전 드라마를 보고 서양의 라이프스타일에 매력을 느껴 그렇게 살아보자고 열심히 일할지도 모른다고 주장했다.(Golding 1974)

그러나 발전커뮤니케이션 학자들은 성취동기가 과잉될 경우의 위험에 대해선 충분히 경고하지 않았다. 그중 대니얼 러너(Lerner 1963)는 '점증하는 좌절의 혁명(revolution of rising frustration)'이라는 개념을 제시하면서 보상(get)이 욕구(want)를 따르지 못할 경우의 문제에 대해 언급했지만, 그것이 그의 주요 논지는 아니었다. 러너(Lerner 1958)는 발전의 기본적 동인으로 감정이입(empathy)을 주장했다. 감정이입이란 단시간에 한 개인이 자기의 사고 시스템을 변하는 환경에 적응시키는 '심리적 유동성(psychic mobility)'을 말한다.

'문화적 동질화 현상'

매스미디어가 개인의 심리적 유동성의 능력을 제고시켜 큰 환경변화를 몰고 올 산업화에 이바지하게 한다는 주장은 제법 설득력이 강하지만, 문제는 발전커뮤니케이션 학자들이 내린 발전의 정의와 그에 따라 발전의 정도를 측정하는 방법에 있었다. 실제로 발전커뮤니케이션 학자들의 충고를 따른 유네스코의 매스미디어 정책은 제3세계에 적지 않은 문제를 낳고 말았다.

툰스탈(Tunstall 1977)에 따르면 "유네스코에 의해 주창된 정책은 종속(dependence)이라고 하는 기본적 사실에 대해 현실적인 접근방법을 전혀 담고 있지 않았다. 유네스코의 정책들이 만약 제3세계에서 실시된다면, 영·미 미디어에 대한 제3세계의 종속을 심화시킬 것이다. 신생독립국이 미디어정책을 세우는 데 있어서 공급된 지식은 미국의 지식이었다. 이러한 지식이 제3세계에서 현실화된 결과는 영·미 미디어의 세계적 시장을 확장시켜준 것에 지나지 않았다."

유네스코가 제3세계에 미국형의 현대 미디어 시스템을 수입하도록 지원한 결과는 제3세계의 문화를 미국의 문화로 흡수하는 '문화적 동질화 현상(cultural homogenization)'을 낳고 말았다. 매스미디어의 하드웨어를 하루아침에 증가시킨 제3세계에 그에 상응하는 소프트웨어가 마련되어 있을 리는 만무했다. 미국의 미디어 제작물이 바늘에 실 가

듯 대량으로 제3세계 내로 잠입해 들어간 것이다. 이렇게 해서 이루어진 문화 동화의 가장 특기할 만한 부산물은 제3세계 내에 미국 문화에 대한 선망을 불러일으켜 제3세계로부터 미국으로의 두뇌유출을 가속화한 현상이었다. 특히 남미의 경우가 심했다. 아르헨티나의 경우, 1950년대 후반부터 1960년대 초반의 10년여 간 미국으로 이주한 고급 엔지니어는 1만 3800명에 이르렀다.(O'Neill 1971)

그러나 두뇌유출과 같은 문화적 현상의 경제적 손실은 당장 눈앞에 보이는 것이 아니어서 제3세계는 문화적 동질화 현상의 심각성을 제대로 인식하지 못하고 있었다. 그것보다는 우선 당장 통계로 나타나는 경제수치에 더 예민했다. 그러한 가시적인 경제현상마저도 제3세계는 제1세계와의 관계에서 터무니없이 불공정한 지위에 놓여 있었다. 제1세계의 농간으로 제3세계가 생산해내는 원자재가격은 늘 가격 폭락의 위험을 안고 있었으며, 그 결과 장기적인 경제계획을 세운다는 것이 거의 불가능한 지경에 이르렀다. 제1세계와의 무역에서 제1세계가 범하는 부당한 횡포에 시달리던 제3세계는 단합의 필요성을 절감하고, 1964년 유엔 무역개발회의(UNCTAD)에서 '77개국 그룹(Group of 77)'을 조직했다.

같은 해 10월에는 이집트의 카이로에서 2차 비동맹국가 정상회담이 개최되었다. 이 회담에는 47개 회원국과 10개 참관국 대표들이 참석했다. 1차 비동맹정상회담인 베오그라드회담과는 달리, 카이로에서의 주요 의제는 평화가 아니라 식민지주의와 신식민지주의, 제국주의에 대한 비난이었다. 이러한 의제의 변화는 비동맹회담에서 평화를 강조하던 자와할랄 네루(Pandit Jawaharlal Nehru, 1889~1964)의 사망, 동서 간의 해빙 무드, 호전적인 제3세계 지도자들의 발언권 강화 등에 기인한 것이었다. 카이로 정상회담의 결의문은 다음과 같이 문화의 중요성에 대해 특별히 강조했다.

"문화는 마음을 넓게 하고 생활을 풍요롭게 하는 데 도움을 준다. 모든 인간의 문화는 각자의 특별한 가치를 지니며 인류 전체의 진전에 기여할 수 있다. 그러나 많은 문화들이 식민통치하에서 억압되었거나 문화적 관계가 중단되어야 했다. 국제적 이해와 번영은 그러한 문화들의 재생과 복구를 필요로 하고 있다. 그러한 문화들의 본래의 모습과 소속된 국가의 국가적 특성이 자유롭게 표현되고, 그러한 문화들이 전 인류의 문화적 유산을 풍요롭게 하는 데 기여한다는 가치에 대한 깊은 상호의 인식이 있을 때에 비로소 국제적 이해와 발전은 가능할 것이다." (Singham & Dinh 1976)

시간이 흐를수록 제3세계의 상황은 악화되기만 했다. 1965년 유엔의 식량 및 농업기구(FAO; Food and Agricultural Organization)의 한 보고서는 저개발국가의 영양 부족상태가 2차 세계대전 이전보다 더욱 악화되었다고 지적했다. 1966년에 유엔이 행한 세계경제 조사 결과에 따르면, 제3세계의 구매력이 급격히 감소하고 있으며, 제3세계로부터 제1세계로의 이윤 유출 및 이자 지급액이 급격히 증가하고 있는 것으로 나타났다. 이게 바로 중남미 등 제3세계에서 종속이론이 유행하면서 반미(反美)의 목소리가 높아지게 된 배경이다.

참고문헌 Braillard & Djalili 1984, El-Said 1982, Golding 1974, LaFeber 1978, Lerner 1958 · 1963, Mehan 1981, Nossiter 1987, O'Neill 1971, Sathyamurthy 1967, Schramm 1964, Singham & Dinh 1976, Sussman & Lent 1998, Tunstall 1977, 강준만 1989

제4장
'베트남 악몽'의 시작

'베트남 악몽'의 시작
베트남 통킹만 사건

뉴욕의 제노비즈 사건

1964년 3월의 어느 목요일 밤, 뉴욕 시 퀸스 지역 큐가든스에서 28세의 키티 제노비즈(Catherine S. Genovese, 1935~1964)가 노상강도에게 살해당한 사건이 발생했다. 뉴욕 시에서 강도사건은 신문에 크게 보도되지도 않을 정도로 흔한 일이지만, 제노비즈의 경우는 색다른 이유 때문에 사회적으로 큰 반향을 불러일으켰다. 그 여자는 노상강도에게 순식간에 살해된 것이 아니라 무려 30분 동안 길거리 등 공공장소로 끌려다니면서 위협을 받다가 살해당했기 때문이다. 『뉴욕타임스』는 이 사건을 1면에 보도하면서 다음과 같이 말했다.

"30분이 넘는 시간 동안, 누구보다도 훌륭하고 준법정신 투철한 38명의 퀸스 시민들은 무자비한 살인마가 큐가든스에서 한 여성을 미행하고 세 번에 걸쳐 흉기로 찔러 살해하는 장면을 지켜보았다. …… 그러나 그중 경찰에게 살인사건을 신고한 사람은 단 한 명도 없었다. 공격받은 여성이 숨진 뒤에야 오직 한 명이 경찰에 전화를 걸었을 뿐이다."(Levitt & Dubner 2009)

이 사건을 두고 『뉴욕타임스』 등의 신문들은 「차가운 사회」 「무감각한 시민정신」 「인간성의 소실」 등의 제목으로 사회를 비판하는 기사와 칼럼을 앞다투어 실었다. 하지만 심리학자들은 집단적 오해라는 개념으로 그 사건에 대해서 다른 해석을 내렸다. 반드시 시민정신의 소실 때문만은 아닐 수도 있다는 견해였다. 즉 누군가 다른 사람이 이미 경찰을 불렀을 거라는 추측이 다수를 차지했기 때문에 아무도 경찰을 부르지 않은 비극적인 결과를 낳았다는 해석이다.(강미은 1997)

학자들은 이런 심리적 현상을 가리켜 '수동적 방관자 효과'라고 불렀으며, 또 어떤 이들은 '다원적 무지(pluralistic ignorance)'라는 개념과 연계시켰다. '다원적 무지'는 어떤 사건 또는 어떤 이슈에 대한 소수 의견을 다수 의견이라고 잘못 인식하거나 또는 그 반대로 다수 의견을 소수 의견으로 잘못 인식하는 것을 말한다. 유일상(1995)의 말마따나, 이 용어는 이러한 직역보다는 '대중 착각 현상'으로 번역해 쓰는 것이 이 용어를 처음 듣는 사람들의 이해에 더 도움이 될 것 같다. 아니면 강미은(1997)처럼 '집단적 오해'로 번역해 쓰는 것도 좋겠다. 그러나 학계에서 이미 '다원적 무지'로 번역해 쓴 세월이 워낙 길어 지금 바꿔 쓰기엔 이미 늦은 게 아닌가 하는 생각이 든다.

어찌 됐건 '다원적 무지'는 다수의 입장을 지지하는 사람들은 자신들의 입장을 지지하는 다수를 신뢰하는 경향이 있을 것이며, 다수 입장을 선호하는 사람들은 미래의 추세가 더욱 자신을 지지할 것이라고 믿는 경향이 있을 것이라는 두 가지 가설에 입각하고 있다.(이강수

1991) '다원적 무지'는 소집단에서도 나타날 수 있는데, 이는 앞서 살펴본 '집단사고(group think)'와 긴밀히 연결돼 있다. 예컨대 한규석(1995)의 해설에 따르면 "학생들은 매우 어려운 논문을 읽게 되었고, 교수는 그들에게 논문을 이해하기 힘들어지면 도움을 청하라고 이야기한다. 아무도 도움을 청하지 않았지만, 모두들 자기 말고 다른 사람들은 큰 어려움이 없기 때문에 도움을 청하지 않는다고 생각했다. 그러나 이들이 남들도 이해하지 못하고 있음을 알게 되면 도움을 요청하기를 주저하지 않은 것으로 나타났다."

제노비즈 사건의 목격자가 38명이라는 것은 과장된 수치라는 등 이 사건의 진실을 둘러싼 공방은 한동안 계속되지만, 이 사건은 학술 논문 600편 이상의 주제가 되었고 거의 모든 사회심리학 책에 사례연구로 등장하는 단골 메뉴가 되었다. 1994년 제노비즈 사건 발생 30주년을 기리는 행사가 열렸을 때, 빌 클린턴 대통령은 뉴욕 시를 방문해서 한 연설에서 "이 사건은 당시 우리 사회에 관한 소름 끼치는 메시지를 전해줍니다. 바로 우리 각자가 위험에 처해 있을 뿐만 아니라 근본적으로 고독하다는 것이지요"라고 말했다.(Levitt & Dubner 2009)

클린턴의 이런 해석이 타당한지는 따져봐야겠지만 '다원적 무지' 개념은 초기에 베트남전쟁에 대한 미국인들의 심리를 설명하는 데에 도움을 줄 수 있다. 처음엔 미국인들이 케네디 신화에 도취한 나머지 미국의 베트남 개입에 무관심했거나 "누군가가 반대하겠지"라고 외면하다가, '다원적 무지'가 발생할 수 없을 정도로 큰 사건이 터져서 비로소 관심을 가졌을 때엔 이미 발을 빼기 힘들 정도로 미국의 베트남 개입이 깊숙이 이루어진 후가 아니었겠느냐는 것이다.

베트남 통킹만 사건

1964년 8월 2일, 베트남 북부 통킹만(Tonkin Gulf) 해안 10마일 밖에서 탐지활동을 벌이던 미국 구축함 매덕스(Maddox)호가 북베트남 어뢰정 3척의 추적을 받자 발포하는 사건이 벌어졌다. 매덕스호의 요청에 따라 근처에 있던 미 항공모함 타이콘데로가(Ticonderoga)호에서 전투기 3대가 출격해 경비정 한 척을 격침하고 두 척을 대파한 다음에 철수한 것이다. 이틀 후 매덕스호와 제2구축함 터너조이(Turner Joy)호는 다시 통킹만으로 들어갔다.

미국은 매덕스호가 공해상에 있었는데도 북베트남의 어뢰정이 공격했다고 주장했지만, 훗날 이는 미국이 일부러 도발을 유인한 것으로 밝혀졌다. 『뉴욕타임스』(1971년 6월 13일)는 미 국방부의 비밀문서를 입수해 매덕스호는 북베트남 영해에 있었다고 폭로했다.

8월 4일, 존슨의 북베트남 폭격 명령이 떨어졌다. 8월 5일, 미군 폭격기들이 북베트남에 대한 공습을 감행했는데 60회 이상 출격해 석유 저장 시설과 경비정들을 파괴했다. 8월 7일, 통킹만 결의안이 하원의 만장일치, 상원의 반대 두 표로 통과되었다. 대통령에게 "미군에 대한 무장공격을 응징하고 침략 재발을 방지하는 데 필요한 모든 조치"를 취할 수 있는 권한을 부여한 것이다. 미국의 입장에선 이른바 '베트남 악몽'의 시작이지만, 그 씨앗은 이미 오래전에 뿌려졌다.

베트남의 왕조 탄생을 도운 프랑스가 제국주의적 야심을 드러내며 1858년 8월 다낭(Đà Nẵng)을 공격하면서 베트남의 비극은 시작되었다. 이후 35년간의 전쟁과 혼란을 겪은 끝에 1883년 8월 베트남은 프랑스의 보호령이 됐다. 1884년 6월 청의 서태후(西太后, 1835~1908)가

이홍장(李鴻章, 1823~1901)에게 "베트남을 프랑스에 넘겨서는 안 된다"는 훈령을 내림에 따라 청불 전쟁이 벌어졌지만, 청의 패배로 베트남은 1885년 6월 프랑스의 식민지가 되었다.

청불 전쟁은 조선에도 큰 영향을 미쳤다. 청군이 청불 전쟁에서 연전연패할 때마다 "이 정보가 조선에도 전해져서 종주국으로서의 청국의 권위가 약해지고 반대로 친일파가 강해져서 국왕조차도 친일파를 중용하기 시작했다."(야마베 겐타로 1991) 그뿐만 아니라 "김옥균은 이 보도를 통해서 중국이 베트남 문제에 몰두하느라 조선에 간섭할 여유가 없다는 인상을 받고, 시기를 놓치지 않기 위해 서둘러 갑신정변(1884년 12월 4일)을 일으키기도 했다."(박노자 2003)

1890년 가난한 학자의 아들로 태어난 호찌민(Hồ Chí Minh, 1890~1969)은 1차 대전 시기 프랑스에 머물며 베트남 독립운동을 시작했다. 그는 1919년 베르사유 평화회의에 베트남 독립 탄원서를 내 국제적인 명성을 얻었다. 이후 중국, 일본 등지를 들며 해외에서 독립운동을 이끌던 그는 2차 세계대전이 진행 중이던 1941년 베트남으로 돌아와 프랑스로부터의 독립을 추구하는 민족주의 정당 베트민(Việt Minh; 베트남독립동맹) 조직을 결성했다. 프랑스 세력이 축출되고 일본군이 잠시 인도차이나 반도를 점령했지만, 일본은 1945년 태평양전쟁 패전으로 물러났다. 치열한 게릴라전을 벌여왔던 호찌민은 하노이의 정치적 공백을 이용해 독립과 건국 과정을 주도해나갔다.(구정은 2009, 연동원 2001)

호찌민은 1945년 8월 19일 드디어 하노이에 입성했으며 9월 2일에는 바딘 광장에서 베트남 민주공화국의 독립을 선언했다. 그리고 곧 바로 주석에 취임하고 국무회의를 주관하는 등 발 빠르게 독립국으로서의 채비를 갖췄다. 이때 호찌민은 미국의 정보장교 찰스 펜(Charles Fenn)에게 공산주의는 민족주의적 목적에 이르기 위한 수단이라고 말했다. 펜은 호찌민에게 "미국을 존경한다고 주장하면서 왜 미국의 호의를 잃을 것이 뻔한 이데올로기 대신 민주주의나 어떤 다른 형식의 정치 체제를 선택하지 않았느냐"고 물었다. 그러자 호찌민은 자신이 어려울 때 실질적인 도움을 받을 수 있었던 것은 모스크바에 도착했을 때뿐이었다고 말했다.(Duiker 2003)

'도미노 이론'과 미국의 개입

프랑스는 옛 식민지의 독립을 인정하지 않았다. 일본 점령군이 물러난 뒤 하노이로 돌아온 프랑스 세력은 베트남에 대한 종주권을 다시 주장했다. 1946년 11월 프랑스와 베트남 사이에 인도차이나 전쟁이 벌어졌다.

미국의 개입은 1950년으로 거슬러 올라간다. 한국전쟁을 하는 동안 트루먼 대통령(Harry S. Truman, 1884~1972)은 베트남과 싸우는 프랑스에 군사원조를 했다. 프랑스의 전쟁 비용 80퍼센트를 부담할 정도로 막대한 규모의 원조였다. 아이젠하워 대통령도 이 정책을 그대로 추진했다. 그는 1954년 4월 프랑스에 대한 계속 지원을 약속하면서 기자들에게 "도미노를 한 줄로 세워놓고 첫 번째 것을 건드리면 마지막 것이 쓰러지는 것은 순간입니다. 이것은 분명한 사실입니다"라고 말했다.(Davis 2004) 이 '도미노 이론(domino theory)'은 아이젠하워가 사용하기 직전 신문 칼럼니스트 조지프 앨솝(Joseph W. Alsop V, 1910~1989)

디엔비엔푸전투 당시, 탱크를 몰고 있는 프랑스군.

이 처음 사용한 표현이란 설도 있다.(Bryson 2009) 그러나 아이젠하워가 '도미노 이론'을 설파한 지 한 달 후인 1954년 5월 프랑스의 요새 디엔비엔푸(Điện Biên Phủ)가 베트남군에게 함락되었다. 세계전쟁사의 한 페이지를 장식한 '디엔비엔푸전투'는 어떻게 이루어졌던가?

디엔비엔푸는 하노이(Hà Nội) 시로부터 300킬로미터가량 서쪽에 있는 험준한 산악도시로, 라오스와 베트남 북부를 잇는 교통요충지다. 프랑스와 베트남독립동맹(베트민) 간에 벌어진 1차 인도차이나 전쟁(1946~1954년) 막바지 프랑스군이 베트민의 보급로 차단을 위해 이 도시를 점령하면서 전투가 시작됐다. 도로를 장악한 프랑스군에 맞서 베트민 군대는 빛조차 통과하기 힘든 정글을 통해 중포 200문과 다연발 로켓포를 인력과 조랑말의 힘으로 운반하는 대역사를 감행했다.

1954년 8월, 나라가 분단되자 반공 베트남 난민들이 남베트남으로 떠나기 위해 배를 갈아타고 있다.

또 밤마다 민간인 보급부대들이 희미한 기름등잔 불빛만으로 끝없는 대열을 이루며 정글을 통해 베트민에게 식량을 날랐다. 한 사람이 짊어진 식량 중 10분의 1만이 전달될 정도로 악전고투였지만 보급로를 차단당한 베트민에겐 결정적인 힘이 됐다. 생각지도 못한 곳에서 전선이 뚫리자 프랑스군은 전의를 상실했고 1954년 5월 7일까지 5000명이 전사, 1만 명이 항복하는 대패를 당했다.

이 전투로 8년에 걸친 1차 인도차이나 전쟁은 막을 내렸고 프랑스는 인도차이나에서 철수했으며 1954년 7월 21일 제네바협정이 조인됐다. 영국과 소련, 중국 등이 승인한 이 협정의 핵심은 북위 17도선을 경계로 베트남을 남북으로 일시 분단시키는 것이었다. 영토의 절반을 남쪽 정부에 넘기도록 한데다 북베트남을 비합법 정부로 격하시킨 이 협정은 베트남의 5분의 4를 장악한 베트민으로서는 대단히 불공평한 것이었다. 그나마 2년 뒤 재통일을 위해 남베트남에서 실시키로 한 국민투표마저 끝내 무산됐다.(서의동 2009)

미국은 남베트남에 고 딘 디엠(Jean Baptiste Ngô Đình Diệm, 1901~1963)을 수반으로 하는 친미정권을 세운 뒤 1억 달러를 원조하면서 베트남에 대한 직접 개입을 계속했다. 1955년 10월 미국의 계획으로 부정선거가 실시되고 디엠 수상이 베트남공화국(남베트남)을 선포했다.

1960년 12월 남베트남 내에서 베트남민족해방전선(Vietnamese National Liberation Front) 일명 '베트콩'이 결성되었다. 베트콩은 북베트남 공산당 정부의 도움을 받는 게릴라 집단이었다. 디엠 정권은 부패한 나머지 베트남인들에게 지지를 받지 못했기 때문에 베트콩은 세력을 점점 키워나갈 수 있었다. 더구나 가톨릭 신자였던 디엠은, 불교 신자가 대부분인 남베트남 국민에게 가톨릭으로 개종할 것을 강요했다. 그리고 이에 반대하는 세력에게는 가차없는 응징을 가했다.

1963년 말, 베트남 주둔 미군 1만 6000여 명

그럼에도 공산세력의 확장을 우려했던 케네디 행정부는 디엠 정권을 유지하기로 하고, 남베트남군 증원을 위해 약 4000만 달러의 원조를 승인했다. 그리고 1961년 5월, 100명의 자문관과 400명의 특수부대를 남베트남에 파견했고, 그 수는 점점 늘어갔다. 1961년 말 남베트남에 주둔한 미군과 자문관의 수는 3200명에 달했고, 1962년에는 9000명으로 늘어났다.(박성심 1998) 1962년 2월 6일, 사이공엔 베트남 주둔 미군사원조사령부가 설치됐다.

미국의 원조에도 불구하고 디엠 정권은 민심을 잡지 못했다. 무리한 개종 강요로 자충수(自充手)마저 두고 있었다. 1963년 5~8월 남베트남의 불교 승려들이 대대적인 반정부 시위를 벌이고 나섰다. 정부가 승려들에게 보복을 가하자, 이에 항의하는 승려들이 분신자살을 감행했다.

1963년 6월 10일 발생한 베트남 승려의 분신자살 사건은 텔레비전을 통해 미국 시청자들에게까지 전해졌다. 미 국민은 디엠 정권의 인권유린을 강력하게 비난하고 나섰다. 그러자 여론을 무시할 수 없었던 케네디 행정부는 디엠 정권을 비난하고, 남베트남에 대한 원조를 줄였다.

1963년 11월 남베트남 장교들이 미국의 양해와 CIA의 지원 아래 쿠데타를 일으켜 디엠 정권을 무너뜨렸다. 군 장성들이 디엠과 그의 동생을 처형하자 이 일을 꾸민 CIA는 짐짓 놀라는 척했다. 쿠데타 3주 후 케네디는 암살되었지만, 새로 출범한 존슨 행정부는 케네디의 정책을 그대로 물려받았다. 그리하여 1963년 말 반공 사이공 정부에 파견된 미 군사고문단의 수는 1만 6000여 명에 이르렀다.(Davis 2004)

쿠데타 이후 18개월 동안 8개의 정권이 명멸하는 정정 불안이 지속되는 가운데 1964년 8월 통킹만 사건이 일어났고, 미국은 마침내 인도 차이나반도의 공산화를 막겠다며 직접 전쟁에 개입해 2차 인도차이나 전쟁(1965~1975년)의 막을 연다.

이제 곧 미국이 처하게 될 비극 중의 하나는 미국이 지지하는 남베트남 정부의 대중적인 정치적 기반이 존재하지 않는다는 점이었다. 미국의 베트남 정책 입안에 참여한 존 폴 밴(John P. Vann, 1924~1972)의 1965년 보고서에 따르면 "남베트남 정부는 농촌주민 및 도시 하층주민의 착취를 지향하고 있다. 사실상 현 정부는 베트남 상류계층으로 프랑스인을 대치시킨 프랑스 시민정부 체제의 연속이다. 농민의 불만은 베트콩과의 제휴를 통해 광범위하게 표현되고 있다."(Chomsky & Herman 1985)

한편, 소련에선 1964년 10월 16일 니키타 흐루쇼프가 실각하고 레오니트 브레즈네프(Leonid I. Brezhnev, 1906~1982)를 비롯한 집단지도체제가 들어선다. 이오시프 스탈린(Joseph V. Stalin, 1879~1953)에 의해 양성된 관료층(노멘클라투라)이 흐루쇼프의 정열적인 개혁 시도에 위협을 느껴 반발한 결과였다.(박윤형 2000) 각기 성격은 다르지만, 미국의 베트남 개입도 그렇게 볼 수 있겠다. 여태까지 해오던 관행을 그대로 밀어붙이고자 하는 관성, 그것이 '베트남 악몽'을 불러오게 된다.

참고문헌 Bryson 2009, Chomsky & Herman 1985, Cohen 2009, Davis 2004, Duiker 2003, Levitt & Dubner 2009, 강미은 1997, 구정은 2009, 김진국·정창현 2000, 박노자 2003, 박성심 1998, 박윤형 2000, 서의동 2009, 야마베 겐타로 1991, 연동원 2001, 오구라 사다오 1999, 유일상 1995, 이강수 1991, 이원덕 1996, 한규석 1995

'위대한 사회'와 '가난과의 전쟁'
1964년 대선

린든 존슨의 '위대한 사회'

"린든 존슨은 이전의 대통령과는 전혀 다른 유형이었다. 케네디보다 열 살가량 나이가 많은 존슨은 뉴딜의 계승자로, 정부가 사회 및 경제 문제를 해결할 수 있다고 굳게 믿는 인물이었다. 그는 역대 미국 대통령 중 가장 탁월한 입법 능력을 지니고 있었다. 이러한 입법 능력을 통해 그는 상원 역사상 가장 능력 있는 다수당의 지도자가 될 수 있었으며, 이 능력을 활용해 자신의 정치적 우상인 루스벨트 대통령의 뉴딜 정책을 완성하겠다는 굳은 결의를 가지고 있었다."(Gordon 2007)

존슨의 '탁월한 입법 능력'만큼은 모두가 인정하는 사실이다. 존슨 자신도 "나는 내 아내만큼 의회도 잘 알고 있다"고 큰소리칠 정도였다.(Gaddis 2010) 그런데 존슨의 그런 능력의 비결은 무엇이었을까?

존 누난(Noonan 1996)은 존슨은 '잔인하고 공격적이고 기회주의적 인물'이었지만 세 가지 특출한 자산을 갖고 있었다고 말한다. "첫째 사람들에게 호감을 주는 매력이 있었고, 둘째 사람을 관리할 줄 아는 능력을 갖추었고, 셋째 발군의 정력을 갖고 있었다."

존슨의 공보 비서관을 지낸 조지 리디(George E. Reedy, 1917~1999)가 1982년에 출간한 책에 따르면 "그는 개자식인지도 모른다. 그러나 그는 너무나 훌륭한 개자식이다. 그는 정치가로서 매우 훌륭한 재능을 지녔다. 그것은 정치적 힘의 운영—대중을 압도하는 능력—에 관한 감각이다. 그는 단순히 이러한 힘을 발휘하는 데에 만족하지 않았다. 그는 이런 힘을 운영하는 기술에 통달해 있었다."(Ridings & McIver 2000)

1964년과 1965년 존슨이 행한 중요한 연설 대부분을 기초한 리처드 굿윈(Richard N. Goodwin)은 후에 "존슨은 사람들로 하여금 말로 이기게 해주면—그리고 말만이 그런 위력을 갖고 있다— 그들은 상대를 위해 자기의 뜻을 굽히고 복종하고, 그럼으로써 그의 권력을 높여준다는 것을 알고 있었다"고 말한다.(Smith 1996)

그렇다고 해서 존슨이 늘 말싸움에서 양보만 한 건 아니었다. 그는 공화당 정적들을 꼬집어 놀리기를 좋아했다. 심장 이식이 필요한 노인에 관한 존슨의 이야기를 감상해보자. 노인은 심장 기증 후보자로 18세 운동선수, 19세 무용수, 75세 은행가 등 세 사람이 있다는 말을 들었다. 환자는 은행가의 정치성향을 물었다. 공화당원이라고 대답하자 환자는 즉각 은행가의 심장을 선택했다. 수술은 성공적으로 치러졌다. 나중에 사람들은 왜 더 젊은 사람들의 심장을 놔두고 은행가의 75년 된 심장을 선택했는지 물었다. 그는 설명하기를 "내가 알기로 한 번도 쓰지 않은 심장을 원했을 뿐입니다."(Dole 2007)

뉴딜을 완성하겠다는 존슨의 굳은 결의는 1964년 5월 22일 미시간

미시간대학에서의 카터와 존슨 대통령.

대학에서 '위대한 사회(great society)'의 선포로 나타났다. 1964년 대선 유세의 일환이었다. "위대한 사회는 모두를 위한 풍요와 자유에 기반을 두고 있습니다. 그것은 빈곤의 종식과 인종적 부당함에 대한 종식을 전제로 합니다. …… 지금 우리는 단지 부유하고 강력한 사회가 아니라 위대한 사회로 발전할 수 있는 기회를 갖고 있습니다."

1개월 전인 4월 23일, 존슨의 시카고 연설에서 첫선을 보인 '위대한 사회'라는 구호는 굿윈이 만든 말이다. 이 구호는 물질적인 빈곤만을 해결하려 했던 뉴딜정책과 다른 새로운 정치 방향을 보여줄 용어로 선택된 것으로서 미국인들에게 물질적 풍요보다 삶의 질과 정신적인 측면을 돌아보라는 호소였다.

그러면서 동시에 '가난과의 전쟁(War on Poverty)'도 수행되었다. 이 전쟁을 위해 마련된 '경제기회법(the Economic Opportunity Act)'은

"불충분한 교육, 불충분한 주택, 불충분한 고용, 좌절된 야망"의 악순환으로 가난이 대물림되는 것을 막겠다는 취지를 표명했다. 주택 · 도시개발부가 장관급 부서로 신설되는 등 각종 프로그램이 수행되었다.

루스벨트를 아버지처럼 존경했던 존슨은 자신을 그의 정치적 후계자로 여기고 싶어 했으며, 그렇게 함으로써 자신을 괴롭혀온 케네디의 망령을 완전히 지우고자 했다.(Hargrove 1974) 그러나 해리 윌리엄스(Williams 1973)는 출신배경이나 정치 스타일로 볼 때에 존슨은 루스벨트보다는 자신과 같은 남부 정치인으로서 '루이지애나의 독재자'로 불린 휴이 롱(Huey P. Long, Jr., 1893~1935)에 더 가까운 인물이라고 주장한다. 휴이 롱이 워낙 논란이 많은 인물이었던지라 드러내놓고 휴이 롱을 지지하진 않았지만, 존슨은 내심 휴이 롱을 긍정 평가했다는 것이다.

존슨은 어떤 자리에선 '가난과의 전쟁'은 30여 년 전 휴이 롱이 외쳤던 것이라고 말하기도 했다. 두 사람 모두 일 중독자라는 점도 같다. 롱은 하루 20시간을 일했으며, 존슨은 18시간을 일했다. 롱은 시도 때도 없이 사람들에게 전화해서 일을 감독하거나 지시했는데, 존슨 역시 하루 평균 100통 이상의 전화를 해댔다. 두 사람 모두 거친 말투를 즐겨 했고 민중적인 선동성이 뛰어났다는 것, 남부 특유의 '래디컬리즘(radicalism)'에서도 닮았다는 게 윌리엄스의 주장이다.

'데이지 광고'의 파괴력

1964년 대선에서 존슨의 경쟁자는 공화당 후보 배리 골드워터(Barry M. Goldwater, 1909~1998)였다. 학업 성적이 신통치 않았던 그는 애리조나 대학을 1년 만에 그만두고 집안에서 경영하는 백화점 일을 도우며 지역정치에 관여했다. 1952년에 상원의원이 된 그는 홍보에 뛰어난데다 언변이 좋아 보수파의 대변인으로 부상했다. 보수주의 정치의 주장을 요약해놓은 그의 책자는 출판 첫해에 70만 부나 나가 많은 지지자들을 얻었다.

공화당 내 온건파였던 넬슨 록펠러(Nelson Rockefeller, 1908~1979)를 누르고 공화당 후보가 된 골드워터는 복지정책, 사회보장제도, 농민들에 대한 정부지원, 민권법의 강제실행 등을 거부했으며 북베트남에 대해서도 매우 강경한 자세를 보였다. 존슨 진영은 골드워터를 '전쟁광'으로 몰아붙이는 선거전략을 썼고, 이는 이른바 '데이지(Daisy) 광고'로 드라마틱하게 구사되었다.

골드워터의 호전성을 강조할 목적으로 만들어진 데이지 광고는 어린 소녀가 데이지 꽃잎을 하나하나 뜯어내는 모습을 보여준다. 그 장면 위에 카운트다운을 하는 매우 육중하고 음산한 남자 성인의 목소리가 울려퍼지며 곧 지구의 종말을 예고하는 핵폭발 장면이 화면을 가득 메운다. 이때에 존슨이 자신을 지지해달라는 말도 없이 "이번 선거는 너무 중요한 일인 만큼 투표에 꼭 참가해주십시오"라는 말로 끝을 맺는다.

1964년 9월 7일, CBS의 월요일 밤 영화 시간에 단 한 번 방영되었지만, 이 광고에 대한 반응은 즉각적이고 강렬했다. 다음 날 3대 방송사가 광고 전체를 저녁 뉴스 시간에 다시 방송했으니, 광고를 대신 해준 셈이었다. 라디오 광고는 "골드워터는 정말 평화가 지겨워진 것이란 말인가"라고 묻는 등, 존슨 진영은 시종일관 골드워터를 전쟁광으로

몰아갔다. 이 광고가 대선을 결정지은 결정타였다고 말하는 사람들이 많다.(Swint 2007)

데이지 광고를 만들어낸 사람은 마셜 매클루언의 제자라고 해도 과언이 아닐 정도로 매클루언의 이론에 매료된 광고전문가 토니 슈워츠(Tony Schwartz)였다. 매클루언이 이론가라면 슈워츠는 그 이론을 현실에 적용하는 실천가인 셈이었다. 두 사람의 관계에 대해 미리 말하자면, 매클루언은 슈워츠의 저서 『공명 코드(Responsive Chord)』(1973)에 대해 극찬을 했으며, 슈워츠는 자신의 다음 저서 『미디어 제2의 신(Media: The Second God)』(1982)을 매클루언에게 헌정했다.

존슨의 광고와는 달리 매우 전통적인 방식의 광고에 매달렸던 골드워터는 데이지 광고에 대해서도 세련되게 대응하지 못해 큰 피해를 보았다. 슈워츠는 훗날 골드워터가 그 광고에 대해 사납게 달려들 것이 아니라 새로운 스타일로 전환했어야 옳았다고 말했다. 만약 골드워터가 그 광고에 대해 "나는 전면 핵전쟁의 위험이 이번 선거의 주제가 되어야 한다고 생각한다. 그런 의미에서 데이지 광고 비용의 반을 내가 기꺼이 지급하고 싶다"는 식으로 말했어야 했다는 것이다. 만약 그렇게 대응했더라면 시청자들에게 데이지 광고는 골드워터를 겨냥한 것이 아니라는 인상을 주었을 것이라는 게 슈워츠의 주장이다.

존슨 진영이 골드워터를 '전쟁광'으로 모는 전략을 쓴 데엔 골드워터 본인의 책임도 있었다. 그는 단도직입적이고 직설적인 표현을 즐겨 써 늘 물의를 빚곤 했다. 골드워터의 한 보좌관은 기자들에게 "골드워터가 말하는 것을 쓰지 말고 그가 뜻하는 것을 써달라"는 부탁을 했지만, 건수에 굶주린 언론에게 그게 어디 먹힐 말인가.(Donaldson 1987)

골드워터는 전쟁광으로 보일 수 있는 말을 하며 빌미를 제공했다. 그는 공화당 전당대회의 대통령 후보 수락 연설에서 "나는 자유를 보호하기 위한 과격주의는 악덕이 아님을 강조하고 싶습니다. 또한 정의를 위한 중용이 미덕이 아님을 강조하고 싶습니다"라고 말했다. 그는 1년 전의 인터뷰에선 나토의 핵무기 사용을 지지한다는 입장을 밝힌 적도 있으며, 또 언젠간 "크렘린궁에 몇 개의 미사일을 떨어뜨리고 싶다"는 말도 했다. 이를 존슨 진영이 과장되게 왜곡해서 이용한 것이다.(Swint 2007)

20여 년 후 세상을 달관한 듯 달라진 모습을 보인 77세의 골드워터는 데이지 광고가 "아주 영악한 광고(a pretty clever ad)"였다고 회고했다. 그는 "이 나이가 돼서도 과거와 달라지지 않은 사람이 있다면 그는 새빨간 거짓말쟁이"라며, 한결 부드러워진 모습을 보였다.(Martz 1986)

린든 존슨의 사회개혁

존슨은 61.6퍼센트의 압도적인 득표율로 44개 주에서 승리했으며, 39퍼센트의 득표율을 기록한 골드워터는 그의 고향인 애리조나(Arizona)주와 남부의 미시시피, 앨라배마, 사우스캐롤라이나(South Carolina), 조지아, 루이지애나(Louisiana) 5개 주에서 승리하는 데 그쳤다. 존슨은 선거인단 투표의 90퍼센트를 얻었으며(존슨 486, 골드워터 52), 1936년 루스벨트 후 처음으로 최다 의회 다수당을 이끌게 되었다.

골드워터의 참패 이후 보수주의자들은 와신상담(臥薪嘗膽)에 들어갔다. 공화당 전당대회에서 골드워터 지지 연설을 한 배우 출신의 로널드 레이건은 1966년 캘리포니아 주지사로 당선돼 1975년 재임 시까지 보수주의의 결집을 외치며, 수많은 보수주의자들이 기독교와 가족 가치를 내세워 지지세력을 넓혀가는 '풀뿌리 사회운동(Grass root Community Movement)'의 저변을 확대하는 데에 기여했다. 이런 운동을 뒷받침하기 위한 보수 싱크탱크들도 많이 세워졌다. 1968년 이후 치러진 11차례 대선에서 7차례(닉슨 2회, 레이건 2회, H. W. 부시 1회, 부시 2회)나 공화당이 승리한 것도 그런 재결집 노력 덕분이다.(Smith 1996, 우태희 2008)

존슨은 11월 대선에서 압도적으로 승리한 덕분에 의회를 재촉해 각종 법안을 연달아 통과시킴으로써 루스벨트의 뉴딜 이래 가장 의욕적으로 사회개혁을 이끌어간 대통령이 되었다. 고용기획국이 창설되었고, 케네디가 발의한 민권법이 가결되었으며, 모든 차별을 없애고 완전한 선거권을 부여한 1965년의 투표권법(Voting Rights Act), '가난과의 전쟁'을 위한 두뇌계발프로젝트, 직업공단, 65세 미만의 저소득자와 신체 장애인을 대상으로 한 국민의료보장제도(Medicaid), 65세 이상 노인을 위한 노인의료보험제도(Medicare) 등이 연이어 제정되었다.

'위대한 사회' 계획의 일환으로 '우대조치(Affirmative Action)'도 적극 추진되었다. 'Affirmative Action'은 직역하면 '적극적 행동'이지만 우대를 통한 차별철폐 조치를 뜻한다. 채용, 승진, 훈련 등에서 흑인과 여성에게 백인과 남성보다 우선적 기회와 혜택을 제공하는 것으로, 과거 역사의 누적된 불평등 상황을 바로잡자는 적극적 시정조치다. 이는 1961년 케네디 취임 2개월 후 고용상의 차별금지를 위한 '고용평등과 기회균등을 위한 대통령위원회'가 설치되면서 시작된 것으로, 20년 후엔 이것이 역차별(reverse discrimination)을 조장한다는 이유

'동일한 적에 대한 투쟁'이란 제목으로 알려진 사비오의 연설은 오늘날에도 명연설로 손꼽힌다.

로 뜨거운 논란의 한복판에 서게 된다.

그러나 존슨은 그런 업적에도 불구하고 미국을 베트남 속으로 더욱 깊숙이 끌고 들어감으로써 베트남 민중과 병사들에게 죽음과 고통을 줄 뿐만 아니라 미국 전체를 반전운동의 소용돌이에 빠트리는 엄청난 과오를 범한다.

그런 반전운동의 씨앗은 이미 1964년 9~12월 캘리포니아대학 버클리 분교의 '자유발언운동(Free Speech Movement)'에서부터 나타나고 있었다. 학생들은 학교 당국의 교내 정치집회 금지 조치에 대해 교내 시위, 수업 거부, 점거 농성 등의 방법으로 항의했다. 이 운동의 지도자인 철학과 3학년생 마리오 사비오(Mario Savio, 1942~1996)는 기존 학교 체제가 학생들을 "겉만 번드르르한 소비자 낙원의 얌전한 아이들"로 만들고 싶어 한다고 비난했다. 12월 2일, 두 달 전 시위 때 한 역할 때문에 퇴학당할 것이라는 사실을 대학 당국에서 막 통보받은 사비오는 대학본부 건물 밖에 모여든 6000명의 학생들에게 다음과 같이 말했다.

"만약 대학이 하나의 기업이고 대학 이사회가 회사의 이사회이며 총장이 사실상의 경영자라고 한다면, 교직원들은 종업원이 되며 우리

학생들은 생산 원료가 된다. 그러나 우리는 아무 생산물이나 만들 수 있는 원료가 아니다. 또한, 대학의 일부 고객들에게 팔리는 것으로 끝나는 원료도 아니다. 우리는 인간이다." (Harman 2004a)

 이 선동적인 연설 후 학생들은 대학 본관 점거에 들어갔다. 포크송 가수 조앤 바에즈(Joan Baez)가 "분노가 아닌 사랑을 가슴에 품고 점거에 들어가라"고 학생들에게 호소하면서 메가폰을 통해 '바람이 일고 있네(Blowin' in the Wind)'를 부르는 동안 1500여 학생들이 성조기를 앞세우고 계단을 올라가 본관 건물 안으로 들어갔다. 다음 날 아침 주지사 팻 브라운(Pat Brown)은 주 경찰을 파견해 800명 이상의 학생들을 체포했지만, 이런 운동방식은 전국의 대학으로 번져나갔다. 이 시위 중엔 "서른이 넘은 사람을 믿지 말라(Don't Trust Anybody over Thirty)"는 슬로건이 등장했다. 당연히 서른이 넘은 사람들로 구성된 정부는 불신을 넘어 격렬한 저항의 대상이 된다.

참고문헌 Bagdikian 1964, Beschloss 2002, Brauer 1982, Caro 1982, Connelly 1971, Cummings 1966, Davis 2004, Dole 2007, Donaldson 1987, Gaddis 2010, Goldwater 2007, Gordon 2007, Graaf 외 2002, Greenstein 2000, Hargrove 1974, Harman 2004a, Kearns 1976·1976a, Mark 2009, Martz 1986, Noonan 1996, O'Neill 1971, Raab 1966, Ridings & McIver 2000, Schwartz 1974·1994, Smith 1996, Solberg 1996, Sunstein 2009, Swint 2007, Wallerstein 1995, Ways 1966, White 1965, Wicker 1968, Williams 1973, Zarefsky 1977·1979, 김성곤 2004, 김정열 2001, 손세호 2007, 우태희 2008, 이상호 2001, 이주영 1995, 한국미국사학회 2006

'한국 경제의 구세주'
월트 로스토의 경제성장 5단계설

미국의 한일회담 압력

앞서 보았듯이, 미국은 5·16쿠데타에 대한 미국의 승인을 조건으로 한국 정부에 한일회담을 요구했다. 미 국무부는 1962년 7월에 주한 미 대사관에 보낸 훈령에서도 "한국 정부에 청구권의 명목에 구애받지 말고 일본의 경제원조를 받아들이라고 전하고, 만약 응하지 않는다면 미국의 원조를 다시 고려하겠다고 압력을 가할 것"을 지시했다.(이원덕 1996)

미 국무부는 1963년 8월 9일 주한 미 대사관에 보낸 전문에서 박정희에게 다시 압력을 넣을 것을 지시했다. 그래서 1963년 8월 중 박정희는 전 일본 수상 기시 노부스케에게 편지를 보내 협조를 요청했다. 두 사람 사이엔 반민특위 1번으로 체포되었던 친일기업가 박흥식(1903~1994)이 왕래했다.(경향신문 2004, 김용석 2001)

1964년 1월 18일, 미 법무장관 로버트 케네디가 방한해 군사원조와 한일회담에 관해 박정희와 의견을 교환하면서 빠른 시일 내에 한일 회담을 타결하라는 압력을 행사했다. 1월 29일엔 국무장관 딘 러스크가 방한해 조속 타결을 요구했다. 미국의 한일회담 요구는 4월에도 국무총리 최두선(1894~1974)과 존슨의 회담, 존슨과 요시다 시게루(吉田 茂, 1878~1967)의 회담을 통해 거듭 확인되었다.(이도성 1995)

박정희 정권은 1964년 3월 들어 한일회담을 재개하면서 '3월 타결, 4월 조인, 5월 비준' 방침을 밝혔지만, 그런 강행 의지만큼이나 야당과 학생들의 강한 반발이 폭발하고 있었다. 야당, 사회·종

1964년 3월 24일, 4·19 이래 최대의 학생시위가 서울에서 벌어진 이후 한일회담 반대 시위는 전국으로 확대됐다.

교·문화 단체 대표 200여 명은 3월 6일부터 '대일굴욕외교반대 범국민투쟁위원회'를 발족시키고 '구국선언문'과 '대정부경고문'을 발표했다. 이들은 "한일회담의 즉시 중지, 일본에 대한 반성요구, 민족정기 고취"를 슬로건으로 내거는 한편 한일회담의 대안으로 "청구권 27억 달러, 평화선의 40해리 전관수역"을 제시하고, 3월 15일부터 회담 저지를 위한 본격 유세에 돌입했다.(유병용 1999)

시위는 전국으로 확대되었고, 고등학생 및 일반 시민들까지 참여했

다. 그러나 그 투쟁은 미국과도 싸워야 하는 것이었다. 미국 외교계의 실력자인 조지 케넌(George F. Kennan, 1904~2005)은 『뉴욕타임스』 1964년 3월 25일자를 통해 "우리는 이제까지 한일 양국뿐 아니라 자유세계 전체의 큰 이익이 될 양국의 국교정상화를 희망해왔다"고 말하고 한국의 반일 학생운동을 '어리석은 행동'이라고 비판했다.(이원덕 1996)

월트 로스토의 경제성장 5단계설

존슨 행정부는 1964년 가을부터 사실상 중단 상태에 빠진 한일회담을 재개하기 위해 다시 '필사적인 노력'을 기울였다. 그건 아시아의 국제정세 변화 때문이었다. 1964년 1월 중국-프랑스의 국교수립, 8월 4일 미국의 북베트남 폭격, 10월 16일 중국의 핵실험 성공 등은 미국으로 하여금 한일(韓日) 두 나라를 묶어야 할 필요성을 더욱 크게 만들었다. 물론 가장 중요한 건 미국의 베트남 개입이었다.

그런 상황에서 미국은 한일회담을 타결시키고자 애썼지만, 미국은 한일관계에 대해 무지하고 오만했다. 예컨대, 미국 민주당 상원의원 토머스 도드(Thomas J. Dodd, 1907~1971)는 1964년 9월 11일 의회에서 "한일회담 반대 시위에 참가하고 있는 학생은 한 명도 일본 통치하에서 생활한 적이 없고 일본으로부터 개인적인 피해를 받은 적이 없다. 이러한 학생이 왜 화해를 맹렬히 반대하고 그들의 불만을 시위에 집중하고 있는지 이해할 수 없다"고 발언했다.(이원덕 1996)

이런 무지와 오만을 벗어나 한국인들에게 좀 더 구미가 당기는 논리로 접근한 사람이 있었으니, 그가 바로 월트 로스토(Walt W. Rostow,

제3세계에서 공산혁명이 계속 일어나자 미국은 '성공 모델' 국가가 필요하다고 보고 자국의 가치체계를 보급할 곳으로 한국을 선정했다. 여기에는 로스토(사진)의 보고서가 영향을 끼쳤다.

1916~2003)였다. 예일대 재학 시 언젠가는 마르크스의 역사이론에 대응하는 논리를 갖추리라고 결심했던 로스토는 제3세계에서의 발전이론을 토대로 삼아 미국 최고의 반공이론가가 되었다.(박성심 1998)

로스토가 MIT 경제학 교수로 재직하던 1958년에 낸 『경제성장의 제 단계: 반공산주의선언(The Stages of Economic Development: A Non-Communist Manifesto)』은 큰 반향을 불러일으켰다. 그는 모든 사회를 전통적 사회, 과도적 사회, 도약의 과정에 있는 사회, 공업화 과정을 통한 성숙사회, 고도의 대량소비 단계에 달한 사회 등 5단계로 구분하고, 과도적 사회와 도약단계의 사회에서 근대화를 위한 정치적 지도력의 원천으로 군부를 지목했다.(김정현 1991) 로스토의 경제발전 단계설이 후진국 지도자들에게 던져주는 매력은 저개발국도 선진국처럼 발전할 수 있으며, 그것도 서구 선진국들이 수백 년을 통해 달성한 경제적인 번영을 저개발국들은 단기간에 달성할 수 있다는 '도약이론' 이었다.

로스토는 케네디 대통령에게 스카우트되어 대통령 국가안보 고문을 지내는 등 케네디 행정부의 정책 브레인으로 일했다. '뉴 프런티어' 라는 어구를 만들어낸 주인공도 바로 그였다. 로스토가 케네디 행정부 초기에 작성한 「군대의 역할에 관한 우리의 외교정책」이라는 문서는 전근대적 생산관계로부터 자유롭거니와 혈기로 뭉쳐 있는 농촌 출신 군인과 지식인의 결합에 주목했다. 로스토는 일반적으로 후진국에서 군인은 과거의 생산관계와 연결돼 있지 않으며, 군대 내 교육을 통해 근대 자본주의적 기술과 생각의 수혜를 받은 사람들로 파악했다.(박태균 2001)

로스토가 케네디 행정부에 참여해 첫 번째로 추진한 프로젝트는 한국과 대만을 수출지향적 정책으로 추동하고 일본 경제의 붐과 연결시키는 것이었다. 이와 관련해 조희연(2010)은 "공산주의 포위 정책의 일환으로 대만과 한국을 반공의 첨단 근거지로 육성하려는 미국의 이런 정책은 대만과 한국으로 하여금 일본과 함께 미국의 중저가 시장 및 미국이 주도하는 세계 상품시장 및 국제금융시장에 대해 특권적으로 접근할 수 있는 권리를 부여하는 것으로 나타났다. 이는 한국과 대만에 일종의 '숨 쉴 공간' 을 부여했고 이는 수출지향적 산업화의 초기단계에 결정적으로 작용했다"고 말한다.

"한국 경제는 도약단계"

로스토의 책은 1960년 진명출판사에서 『반공산당선언: 경제성장의 제 단계』로 출간돼 국내에도 제법 널리 알려졌다. 『사상계』도 1, 2, 3월호에 걸쳐 로스토의 글을 연재했다. 박정희는 1961년 11월 미국 방문 시 로스토를 만나 같이 식사를 하기도 했다. 김종필도 미국 방문 시 로스토를 두 차례나 만났다. 이제 존슨의 정책고문이자 국무성 정책위원회 위원장을 맡은 로스토는 미국의 베트남전쟁에의 개입을 적극적으로 주장하면서 한일회담을 진전시키고자 했다.

로스토는 그 목적으로 1965년 5월 2일 한국을 방문했다. 5월 3일, 로스토는 박정희를 만났고 그 만남에서 깊은 인상을 받았다. 박정희는 과장급 이상 전 공무원을 중앙청 홀에 소집해 로스토의 강연을 듣게 했다. 그가 한 강연의 요지는 이런 것이었다. "한국은 이제 후진국의 늪에서 벗어났다. 한국 경제는 도약단계다."(오원철 1996)

그런 복음(福音)과도 같은 진단을 어찌 박정희만 반겼으랴. 5월 3일, 로스토는 서울대학에서 1시간 40분 동안 '아시아의 경제개발'이라는 주제의 강연을 했다. 박태균(1997)은 로스토의 강연에 대해 이렇게 말한다.

"5·16쿠데타 주도자들로부터 1960년대의 중학생에 이르기까지 모든 사람들이 로스토의 이론을 하나의 신앙처럼 받들었다. 1965년 내한한 로스토가 서울대학에서 그의 이론과 한국 경제의 현황에 대해 강연할 때 수많은 사람들이 강연장을 메웠다. 아마 1960년대를 통해 5·16쿠데타 직후 김종필의 강연과 함께 가장 많은 사람이 동원된 강연 중의 하나였으리라."

로스토는 많은 말을 했지만 그날 모인 1500여 명의 청중에게 가장 와 닿았던 것은 "한국 경제는 이미 도약단계"라는 한마디였다. 그의 이론은 유행이 되었다. '도약이론'을 전제로 한 경제개발 논의가 풍성해졌다. 이는 "한국인들로 하여금 한국이 경제개발을 이룩하고 있다고 하는 신화 속에 살도록 하는 데 큰 영향을 미쳤다."(박태균 2002)

그게 전부였는가? 아니었다. 로스토는 박정희의 성장주의 정책을 칭찬하면서 한국 경제의 도약을 위해서는 계속적인 투자가 필요하기 때문에 한일 국교정상화를 통한 일본 자본의 도입이 불가피하다고 역설했다. 한일회담을 더는 방해하지 말라는 뜻이었다.

로스토와 한국

박태균(1997)은 로스토의 경제단계설은 기본적으로 미국, 서구 중심의 경제이데올로기적인 성격을 가진 것이었다고 말한다. 박태균은 그 내용을 ① '저개발국가의 경제개발계획만이 공산주의 이데올로기적 팽창을 막을 수 있는 유일한 방안이다' ② '저개발국은 경제성장을 통해 미국과 선진제국에 대해 호감을 갖게 될 것이다' ③ '저개발국의 경제개발계획은 절대로 자기완결성을 가져서는 안 된다' ④ '자립적인 계획은 거부되어야 하며 세계 자본주의 체제 속에 철저하게 편입될 수 있는 경제체제를 지향해야 한다' ⑤ '이를 위해 외자의 적극적 도입, 수출주도형 발전, 불균형성장론 등이 경제개발계획에 도입되어야 한다' 등으로 정리했다.

로스토가 한국을 방문하기 직전인 4월에 일본을 방문했을 때 하네다공항엔 3000여 명의 대학생들이 격렬한 항의 시위를 벌였다. 학생들은 미국의 베트남 침략과 한일 국교정상화를 일본 독점자본의 미제국주의에의 종속이라는 관점에 입각해 이를 '종속적 군사동맹하에

서의 미국 극동전략의 일환'으로 보았다.(나카무라 후쿠지 2000)

1965년 9월 당시 중국의 2인자인 린뱌오(林彪, 1907~1971)가 중국은 "미 제국주의와 그 하수인들"을 패배시키기 위한 제3세계에서의 '인민전쟁' 즉 민족해방전쟁을 고무할 것이라고 선언하자, 로스토는 그 말을 히틀러의 『나의 투쟁(Mein Kampf)』(1925-1926)에 비유하면서 "우리는 베트남에서 중국 형태의 해방전쟁을 분쇄해야 한다. 그렇지 않으면 우리는 타이와 베네수엘라와 그 밖의 지역에서 그것과 다시 마주치게 될 것"이라고 맞받아쳤다.(김진웅 1999)

로스토는 1966년 10월 존슨의 방한 시에도 정책고문으로 수행했다. 그가 1960년대 말 행정부에서 물러났을 때 여러 대학들이 그의 교수직 복귀를 거부했다. 공격적인 베트남 정책을 비롯해 그의 이론이 학자라기보다는 정책가, 그것도 마키아벨리적이고 호전적인 정책가의 면모를 풍긴다고 판단했기 때문이었다.(박태균 1997) 로스토는 1983년 세 번째 내한해 전국경제인연합회 회관에서 '제4차 산업혁명'과 관련된 강연을 했는데, 이때에도 수많은 사람들이 몰려들었다.(김진웅 1999)

그의 이론이 가장 잘 맞아떨어진 나라가 바로 한국이었으니, 피차 사랑하지 않을 수 없었다고나 할까. 로스토의 경제성장 5단계설은 시험에 자주 출제되는 단골 문제였던지라 1970년대까지도 대부분의 고등학생들이 줄줄 외우다시피 했는데, 거기에 그런 깊은 뜻이 있었던 셈이다.

참고문헌 Krugman 1999, 강준만 2002-2006, 경향신문 2004, 김용석 2001, 김정현 1991, 김진웅 1999, 나카무라 후쿠지 2000, 박성심 1998, 박태균 1997·2001·2002, 오원철 1996, 유병용 1999, 이도성 1995, 이원덕 1996, 임대식 2003, 조희연 2010

"백인은 악마다!"
맬컴 엑스와 와츠 폭동

'맬컴 엑스는 후버의 악몽'

"여러분은 백인들이 왜 정말 여러분을 미워하는지 아십니까? 그것은 여러분의 얼굴을 볼 때마다 그들의 죄악을 보기 때문이며 그들의 떳떳지 못한 양심이 그것을 견딜 수 없게 하기 때문입니다."(X 1993)

"백인이 흑인에게 '나를 증오하는가'라고 묻는 것은 강간하는 사람이 강간당하는 사람에게, 또는 늑대가 양에게 '나를 증오하는가'라고 묻는 것과 똑같다. 백인은 다른 사람의 증오를 비난할 수 있는 도덕적 자격이 없다! 우리의 선조들이 사악한 뱀에게 물렸고 나 자신도 사악한 뱀에게 물려서 내가 내 아이들에게 뱀을 피하라고 주의를 주는데 바로 그 사악한 뱀이란 놈이 나더러 증오를 가르치는 자라고 비난한다면 어떻게 되겠는가?"(X 1993)

두 주장 모두 맬컴 엑스의 말이다. "마틴 루서 킹이 에드거 후버의 골칫거리였다면 맬컴 엑스는 그의 악몽이었다"는 말이 나오는 것도

무리는 아니다.(Davis 2004)

맬컴 엑스(개종 전 이름은 맬컴 리틀[Malcolm Little])는 1925년 미국 네브래스카(Nebraska) 주 오마하(Omaha)에서 태어났다. 그의 아버지는 침례교 목사였으며, 어머니는 백인의 피가 흐르는 혼혈이었다. 아버지가 다른 흑인들에 비해 피부색이 연한 맬컴을 귀여워했던 반면, 그의 어머니는 자신의 몸속에 흐르고 있는 백인 침략자의 피

1964년 3월 26일 기자회견을 앞둔 맬컴 엑스.

를 수치스러워했기에 자신과 피부색이 비슷한 아이를 구박했다. 후에 맬컴은 어머니와 마찬가지로 자신의 몸에 백인의 피가 흐르고 있다는 사실을 증오한다.

맬컴의 가족사는 아메리카 토착 원주민과 미국에 팔려온 노예들 삶의 축소판이라고 할 수 있을 정도로 끔찍하다. 그의 어머니 몸속에 백인 겁탈자의 피가 흐르는 것부터 시작해, 아버지 형제 중 4명은 백인 우월주의자들의 폭력과 린치로 사망했다. 그의 아버지는 아프리카와의 정치ㆍ경제적 유대를 확립하기 위해 노력한 흑인 분리주의 지도자 마르쿠스 가비(Marcus Garvey, 1887~1940)의 추종자였다. 맬컴이 여섯 살 때인 1931년 아버지가 전차에 치여 시체로 발견되었는데, 맬컴은 그것을 백인 인종차별주의자의 소행으로 생각했다.

맬컴이 열 살 되던 해인, 1937년 6월 그동안 무시받고 천대받던 흑

인들에게 자부심을 느끼게 하는 사건이 발생했다. '갈색 폭격기'로 불리던 조 루이스(Joseph Louis Barrow, 1914~1981)가 백인을 꺾고 헤비급 챔피언에 오른 것이다. 조 루이스의 헤비급 챔피언 등극은 흑인이 결코 백인에 비해 열등하거나 모자라는 인종이 아니라는 것을 증명하는 사건이었다. 맬컴은 루이스의 영향으로 권투를 시작하지만 자신의 한계를 알고 이내 포기한다.

맬컴은 고등학교 진학을 앞두고 처음으로 그의 인생에서 전환점을 맞이하게 된다. 학업성적이 우수해 변호사를 꿈꾸었던 맬컴의 희망이 선생님에 의해 무참히 짓밟혔던 것이다. "흑인 주제에 변호사라니, 네 주제를 파악해라." 이때부터 맬컴은 '깜둥이'라는 말에 거부감을 보이기 시작했고 백인에 대해 마음의 벽을 쌓기 시작했다.

12세 때엔 어머니마저 정신병원에 수용되어 어린 시절을 양부모 밑에서 지냈다. 16세인 1941년 보스턴으로 가서 거리의 부랑아가 된 맬컴은 1946년에는 강도 혐의로 체포되어 교도소에 수감되었다. 이곳에서 맬컴은 자신을 면회 온 동생 레지널드(Reginald)를 통해 그동안 알지 못한 새로운 사실들에 눈을 뜨기 시작했다.

'케네디 암살은 자업자득'

"형은 형 자신이 누구인지도 모르고 있어." "백인은 악마야." "백인 악마들은 우리 자신에 대한 모든 진실된 지식을 차단해버렸어." "백인 놈들이 우리 선조들의 땅에서 살인을 하고 강간을 하고, 말하자면 아직 태어나지 않은 형 자신까지 거기서 강탈해온 이래 우리는 줄곧 백인 악마들의 희생물이 되어온 거야……."(X 1993)

동생에 의해 어느 정도 의식화가 된 맬컴은 당시 이슬람 교단의 지도자였던 일라이자 무하마드(Elijah Muhammad, 1897~1975)와의 서신 왕래를 통해 '흑인들의 참된 지식'에 대해 고민하면서 감옥 안에서 엄청난 양의 책을 탐독하기 시작했다. 1952년 봄 가석방으로 출소한 맬컴은 일라이자 무하마드가 이끄는 '블랙 무슬림 운동', 즉 '네이션 오브 이슬람(Nation of Islam)'에 가입한 뒤 자신의 '노예 이름'을 버리고 '맬컴 엑스'로 개명했다.

일라이자 무하마드는 "1개 또는 그 이상의 주가 2300만 명의 흑인에게 넘겨져야 한다"고 주장하는 인물이었다. 맬컴은 '네이션 오브 이슬람'의 가장 유능한 활동가로 활약하면서, 마틴 루서 킹 목사를 주축으로 하는 '흑인민권운동'에 비해 과격한 운동방식을 취하는 '흑·백 분리운동'을 전개했다. 백인 언론은 맬컴을 "경악스러운……" "증오를 전하는 사도들이……" "인종 간의 좋은 관계를 위협하고……" "흑인 인종차별주의자들……" "흑인 지상주의자들……" 등의 표현으로 비난했다. 이런 비난에 대해 맬컴은 이렇게 항변했다.

"우리는 당신들보다 더 단호하게 '격리'를 거부한다. '분리'와 '격리'는 명백히 다르다. '격리'는 우월한 자가 열등한 자에게 억지로 강제하는 것이다. 그러나 '분리'는 평등한 둘이 서로의 이익을 위해 자발적으로 하는 것이다. 우리 미국의 흑인들이 백인에 종속되어 있는 한 우리는 언제나 백인에게 일자리와 의식주를 구걸해야 할 것이며, 백인은 우리의 생활을 규제하면서 언제든지 우리를 '격리'시킬 힘을 가지게 될 것이다."(X 1993)

맬컴은 백인 언론과의 인터뷰에서 "흑인을 위한 백인이 단 한 명도 없는가"라는 질문에 대해 단 두 명의 백인이 존재한다고 답변했다. 그 두 명은 '히틀러'와 '스탈린'이었다. 세계대전과 그 뒤를 이은 냉전으로 인해 미국의 군수산업이 활성화되자, '부족한 노동력을 확보하기 위해서 백인들이 흑인들을 고용했음을 비꼬는' 백인들에 대한 냉소와 경멸의 의미가 담겨 있는 답변이었다.(유시민 1988)

싸우면서 닮아간 걸까? 맬컴의 발언은 자주 극단으로 치닫곤 했다. 그는 백인 30여 명이 비행기 추락사고로 죽자 "이제 막 좋은 소식을 들었다"고 했고, 케네디 대통령이 암살당하자 "자업자득(自業自得)"이라고 했다. 맬컴의 영향력이 점점 확대되면서 그가 흑인 이슬람 운동을 대변하는 격이 되자, 맬컴은 흑인 이슬람 운동 내부에서조차 공격을 받는 난처한 처지에 놓였다.

'자업자득' 논평이 계기가 되어 90일간의 근신에 들어가 있던 동안 맬컴은 자신이 신성시했던 일라이자 무하마드의 이중생활을 접하게 되었다. 일라이자 무하마드가 이슬람교의 기본적 원리인 도덕률을 어기고 그의 두 여비서와의 사이에 사생아가 있다는 사실을 알게 된 것이다. 이 사건과 궤를 같이하여 이슬람 교단에서 맬컴을 암살하려는 음모가 발생했는데, 그 배후에 일라이자 무하마드가 있음을 알고 맬컴은 일라이자 무하마드와의 생활을 청산했다.

맬컴 엑스 암살

1964년 일라이자 무하마드와 결별한 맬컴은 진정한 이슬람을 이해하기 위해서 성지인 사우디아라비아의 메카(Makkah Al Mukarrammah)를 순례했다. 그가 메카에서 백인들로부터 받은 극진한 대우와 환대는 그가 백인에 대해 다시 한번 생각하는 계기가 되었다. 이제 맬컴은 미국 내의 흑인 문제가 오직 미국만의 문제가 아니라, 전 세계에 흩어져 사는 흑인들의 문제이며, 이를 해결하려면 아프리카의 흑인들과 광범위한 연대가 필요하다는 점을 깨달았다. 즉 성지순례는 맬컴을 '흑백 분리주의자'에서 '형제애주의자'로 변화시킨 것이다. 이제 백인은 모두 악마가 아니었다. 백인 중에서도 자신의 양심에 따라 흑인의 인권을 위해 투쟁하는 사람들은 손을 잡아야 할 동료였던 것이다.

하지만 맬컴이 '정당한 폭력'마저 포기한 것은 아니었다. 킹의 민권운동에 대한 비판적 생각도 여전했다. 그는 메카에서 '엘 하지 말리크 엘 샤바즈(El-Hajj Malik El-Shabazz)'라는 무슬림식 이름을 갖고 미국으로 돌아와 흑인 민족주의 조직인 '아프리카-아메리카 통합기구'를 결성한 뒤, 인종 화해의 메시지를 보내는 쪽을 향해 거센 비난의 포문을 열었다. 생각의 폭은 넓어졌다곤 하지만, 과격한 체질이 여전히 남아 있었던 게 문제였을까?

1965년 2월 21일, 맬컴은 할렘의 오두본 무도장에서 연설하던 도중 저격을 받아 숨졌다. '네이션 오브 이슬람'의 회원 3명이 암살 혐의자로 기소되었지만, 온갖 의혹이 무성했다. 암살의 배후는 정확히 밝혀지진 않았지만, 일라이자 무하마드가 이끄는 이슬람 교단이 개입했을 가능성과 더불어 CIA가 개입했다는 설이 유력하다.(Davis 2004, 김정환 1993)

암살의 배후가 누구이건, 맬컴 암살 사건을 통해 흑인 과격파 운동 내부의 권력 투쟁이 드러났다. 맬컴은 400명이던 이슬람 신도를 자신이 4만 명가량으로 늘렸다고 생각한 반면, 무하마드의 추종자들은 그가 무하마드에 도전한다고 보고 맬컴을 계속 괴롭혔다. 무하마드는 맬컴이 죽은 뒤에도 맬컴을 비난했다. "우리는 맬컴을 죽이기를 원하지 않았습니다. 그의 어리석은 가르침이 자신의 종말을 가져오게 한 것입니다."(X 1993)

맬컴은 죽기 전 흑인 작가인 알렉스 헤일리(Alex Haley, 1921~1992)와의 인터뷰를 통해 구술(口述) 자서전 또는 전기를 남겼다. 이 인터뷰는 언론학도에게 인터뷰 요령의 한 가지 좋은 사례가 되고 있다. 박성희(2003)에 따르면 "자연스럽게 말하던 사람 앞에 녹음기를 갖다놓으면 갑자기 부자연스럽고 작위적이 된다는 이유로 거부하는 사람도 있다. …… 헤일리는 맬컴 엑스와 수많은 인터뷰를 하던 중 어느 날 방송기자와 합류할 일이 있었다. 그때 맬컴 엑스가 녹음기를 의식해서 말을 선별하고 생각을 가다듬으며 상당히 신중하게 인터뷰에 응하는 모습을 발견했다. 알렉스 헤일리는 그렇게 자신의 생각을 두세 번 점검하고 이야기를 한다면 솔직한 이야기가 나오기 힘들 것이라고 판단해 녹음기의 사용을 불신하게 되었다."

로스앤젤레스 와츠 폭동

맬컴 엑스가 암살당한 뒤 학생비폭력조정위원회(SNCC; Student Non-Violent Coordinating Committee)의 의장인 스토클리 카마이클(Stokely Carnichael, 1941~1998)은 흑인들에게 인종적 자부심을 갖기 위해 '블랙 파워(Black Power)'를 주장할 것을 요구했다. 그는 '자유'를 요구한 기존 운동은 아무것도 달성하지 못했다고 선언하면서, 흑인들이 백인의 억압으로부터 진정으로 자유롭기 위해서는 흑인만의 기업, 정치, 학

폭동으로 불타는 건물. 와츠 폭동은 빈민가 흑인들이 만성적인 실업과 빈곤에 시달리던 중 일어났다.

교와 같은 제도 및 기관을 관리해야 한다고 주장했다. 그의 주장에 따라 학생비폭력조정위원회와 인종평등회의는 백인 회원을 몰아내고 흑백통합을 거부했다.(Fraser 2002, 손세호 2007)

사후 맬컴 엑스가 흑인들에게 미친 영향력은 약 6개월 후인 1965년 8월 12일 주민의 98퍼센트가 흑인인 로스앤젤레스 와츠(Watts) 지역에서 일어난 엿새 동안의 폭동으로 입증되는 것처럼 보였다. 예전 같았으면 그냥 참고 넘어갔을 흑인들이 이젠 더는 참을 수 없다는 듯 들고일어났기 때문이다.

8월 11일, 경관 한 명이 음주운전 여부를 조사하기 위해 흑인 청년이 탄 차를 길가에 세웠다. 청년이 체포되는 것을 보고 군중이 모여들었다. 처음에는 농담과 비아냥을 퍼붓더니 갈수록 거칠어졌다. 경관의 지원요청을 받고 경찰병력이 출동하자, 성난 군중은 경찰을 향해 돌, 병, 콘크리트 조각들을 마구 던지기 시작했다.

와츠 지역이 경찰에 의해 봉쇄되자 다음 날 저녁 전면적인 거리 폭동으로 발전했다. 돌덩이와 병은 화염병으로 대체되었다. 흑인 상점주들은 "이곳은 우리 가게다"라고 쓰인 팻말을 문밖에 내걸었다. 방위군 수천 명이 와츠에 투입되었고, 기관총까지 등장하면서 전투는 시가전 양상을 보였다. 폭동 엿새째 와츠는 완전한 폐허가 되었다. 유럽의 한 저널리스트는 "마치 2차 세계대전 막바지 몇 달 동안의 독일을 보는 듯했다"고 말했다.

폭동 현장의 텔레비전 카메라로 인해 폭동이 격화된 것은 아닌가 하는 의문도 제기되었다. 정당한 취재 활동이었다는 옹호론도 있었지만, 텔레비전이 폭동을 '스펙터클'로 변질시켰다는 비판도 제기되었다.(Muccigrosso 1984)

엿새 동안의 폭동으로 입은 피해규모는 폭도와 방위군을 합쳐 사망자 34명, 부상자 1000명 이상, 체포된 인원 4000명, 파괴 가옥 600채, 재산피해 3500만 달러에 이르렀다. 마틴 루서 킹은 와츠를 방문했다가 주민들의 야유를 받았다. 데이비스(Davis 2004)에 따르면 "킹의 '소울 파워(soul power)'의 시대는 지나가고 물리력에 의존하는 '블랙 파워(black power)'의 시대가 도래했다."

마틴 루서 킹(King 2000)은 자서전에서 "나는 블랙 파워라는 단어는 부적절한 슬로건이라 생각했다"며 다음과 같이 말했다. "나는 그 단어 때문에 행진자들 내부에 분열이 일어나는 것을 목격했다. 이삼일

동안 '블랙 파워'라는 슬로건에 집착하는 사람들과 '이제 자유를 달라'는 슬로건에 집착하는 사람들 사이에 엄청난 알력이 형성되었다. 양측의 연사들은 군중이 자신들의 슬로건을 더 크게 외치도록 하기 위해서 필사적으로 매달렸다. 내가 신뢰하는 것은 구체적이고 현실적인 블랙 파워다. 나는 블랙 내셔널리즘을 지지하지 않는다. 나는 인종주의적인 뉘앙스를 가진 블랙 파워를 지지하지 않는다. 하지만 우리의 정당한 목적을 달성하기 위해 정치·경제적 힘을 결집해야 한다는 의미의 블랙 파워는 전폭적으로 지지한다. 선량한 백인들도 이런 의미의 블랙 파워를 지지할 것이라고 생각한다."

'소울 파워'와 '블랙 파워' 간 갈등이 지속되는 가운데 1966년엔 제임스 메레디스가 조직한 '두려움에 저항하는 행진(March Against Fear)', 일명 '메레디스 행진'이 전개되었다. 1962년 흑백분리주의를 고집했던 미시시피대학에 처음으로 입학이 허락된 흑인이었던 메레디스는 흑인민권운동에 대한 지지를 호소하고 흑인들의 선거인 명부등록을 격려하기 위해 테네시(Tennessee)주 멤피스(Memphis)에서 미시시피주 잭슨까지 행진을 조직했다. 메

킹은 와츠 폭동을 통해 빈곤 문제 해결 없이는 평등도 없다는 사실을 깨닫는다.

레디스는 행진이 시작된 이튿날인 6월 6일 오브리 제임스 노벨이라는 백인우월주의자에게 저격당했지만 살아남았고, 6월 26일 1만 5000명의 잭슨 시민 앞에서 인종 사이의 평등을 외침으로써 행진을 마무리했다.(고종석 2008)

그러나 전반적으로 와츠 폭동의 후유증은 평화로운 시위를 어렵게 만들었다. 와츠 폭동 이후 1966년 여름 여러 도시에서 폭동이 발생했으며, 이는 1967년까지 계속되었다. 1967년엔 도시 폭동으로 80명 이상이 사망하게 된다.

맬컴 엑스와 루이스 패라칸

맬컴은 1992년 가을 흑인 영화감독 스파이크 리(Shelton Jackson Lee)에 의해 장장 3시간에 걸친 영화로 화려하게 부활했다. 주요 작품으로 〈똑바로 살아라(Do the Right Thing)〉(1989), 〈모 베터 블루스(Mo' Better Blues)〉(1990), 〈정글 피버(Jungle Fever)〉(1991) 등을 감독한 스파이크 리는 영화 개봉 전 기자회견을 통해 흑인 학생들에게 "학교 수업을 거부하고 영화관으로 가 이 영화를 보라"고 선동했으며 빌 코스비(Bill Cosby), 마이클 조던(Michael Jordan) 등의 흑인 스타들이 부족한 영화 제작비를 지원하기도 했다. 영화 상영 이후 맬컴은 영웅이 되었고, 'X'가 붙은 모자, 티셔츠 등이 대유행을 하기 시작했다. 각종 매체에서 "미 대통령 선거 이외에 맬컴 엑스만큼 많은 관심을 받은 이슈가 없다"는 말까지 나올 정도로 '맬컴 엑스 신드롬'이 일어났다.(구춘서 1993)

1995년 1월 12일, 맬컴 엑스가 암살당할 때 네 살의 나이로 그 비극의 현장에 있었던 맬컴 엑스의 셋째딸 큐빌라 샤바즈(Qubilah Shabazz)가 미네소타에서 연방검찰에 의해 기소됐다. 이유는 그녀가 자신의 아버지를 암살했다고 여겨온 루이스 패라칸(Louis Farrakhan)을 암살하기 위해 1994년 8월부터 암살 전문가와 여덟 차례의 전화 접촉을 가졌으며, 선금까지 일부 건네준 음모가 드러났기 때문이다.

패라칸은 누구인가? 그는 맬컴 엑스가 개종시킨 인물로 맬컴 엑스가 암살당할 당시, 보스턴 사원을 책임지고 있었다. 그러나 맬컴이 암살당하기 2년 전 '이슬람 민족'과 결별했을 때, 패라칸은 "맬컴의 죽음은 불가피하고 그는 죽어 마땅한 인물"이라며 격렬히 비난했다. 1984년 민주당 대선후보로 제시 잭슨(Jesse L. Jackson, Sr.) 목사를 지지하면서 언론의 주목을 받기 시작한 패라칸은 '네이션 오브 이슬람' 단체를 이끌었다. '네이션 오브 이슬람'은 이슬람교 지도자들에게서 불법종파로 배척받았지만, 전국에 10여 개가 넘는 사원을 가지고 있었으며 추종자들은 대략 2만~20만 명 사이로 추정되었다. 이 단체는 자신들이 발간하는 『마지막 부르심』이라는 신문과 본부가 있는 시카고와 워싱턴에 학교를 운영하고 식당과 빵집이 있는 500만 달러 상당의 복합건물도 소유했다. 맬컴 엑스의 암살 뒤, 패라칸이 암살에 깊이 개입되어 있다는 주장은 줄곧 있어 왔으며, 특히 1994년에는 맬컴 엑스의 미망인 베티 샤바즈(Betty Shabazz, 1934~1997)가 패라칸의 직접 개입을 공개적으로 밝히기까지 했다. 패라칸은 백인과 유대인에 대한 불같은 극단적 발언으로 항상 위험인물로 지목되어왔다.(김종두 1995, 정연주 1995a)

그런데 큐빌라 샤바즈는 미 정부 정보원의 암살 유혹에 빠져 패라칸 암살 음모를 꾸민 것으로 밝혀졌다. 샤바즈의 변호인은 샤바즈와 오랜 학교 친구인 30대의 백인이 패라칸을 암살하자고 샤바즈를 유혹했으며, 마이클 피츠패트릭(Michael Fitzpatrick)이라는 이 백인은 미 정부의 정보원으로 이미 1978년 급진적인 이스라엘 조직에 침투해 이 조직의 이집트 관광국(뉴욕 맨해튼 소재) 폭파 음모를 분쇄하는 공작을 벌인 인물이라고 말했다. 샤바즈의 변호사는 "그녀가 자기 친구를 너무 믿고 그의 말을 따르다 이런 함정에 빠지게 됐다"고 밝혔으며 패라칸의 변호사도 "샤바즈가 덫에 걸렸다"면서 "샤바즈에 대한 연방검찰의 기소는 흑인 사회를 분열시키려는 음모의 하나"라고 비난했다.(정연주 1995b)

백인은 악마인가? 아무래도 그런 것 같지는 않다. 권력을 가진 자가 악마라고 하는 게 더 나을 것 같다. 흑인 민권투쟁 진영 내부에서도 권력의 향방을 놓고 끊임없는 음모와 투쟁이 벌어지는 점을 놓고 보더라도 그렇다. 그렇다고 모든 권력자를 악마로 볼 수는 없는 일이니, 역사학자 존 액튼 경(Lord Acton, 1834~1902)의 명언을 금과옥조로 삼는 수밖엔 없을 것 같다.

"권력은 부패하는 경향이 있으며, 절대권력은 절대 부패한다. (Power tends to corrupt and absolute power corrupts absolutely.)"

참고문헌 Davis 2004, Fraser 2002, King 2000, Mark 2009, Muccigrosso 1984, X 1993, 강준만 외 1999-2000, 고종석 2008, 구춘서 1993, 김정환 1993, 김종두 1995, 박성희 2003, 손세호 2007, 요미우리 1996, 유시민 1988, 정연주 1995a · 1995b, 한국미국사학회 2006

"어떤 속도로 달려도 안전하지 않다"
랠프 네이더의 소비자운동

"흡연은 암을 유발한다"

1964년 1월 11일, 미국 공중위생국은 「흡연과 건강」이라는 방대한 보고서를 발표했다. 이 보고서는 "흡연은 암을 유발한다"고 결론을 내렸다. 담배와의 전쟁에 힘쓴 의학자 출신인 루서 테리(Luther Terry, 1911~1985) 공중위생국장이 이날 방송을 통해 전달한 보고서의 짧은 결론은 미국인들을 깜짝 놀라게 했다. 특히 흡연자들은 큰 충격을 받았다. 흡연과 건강의 관계에 대해 사실상 무지했던 미국인들이 미 보건행정을 좌우하는 기관의 발표 내용을 의심할 리 없었다. 보고서에 대한 흡연자의 반응은 즉각적으로 나타났다. 뉴욕 주의 경우 1964년 1월 담배소비세 수입이 1963년 같은 기간보다 5퍼센트가량 줄었다. 2월의 감소율은 18퍼센트였다. 또 1964년 미국인 1인당 담배 소비량은 그 전해와 비교해 3.5퍼센트 감소했다.

테리 보고서는 담배에 대한 미 정부의 태도를 바꿔놓았다. 보고서 발표 일주일 뒤 미 연방통상위원회는 모든 담뱃갑에 흡연의 유해성을 알리는 경고문 표시 의무화를 추진한다고 밝혔고, 미 의회는 이듬해 '흡연과 건강을 위한 정보센터'를 설치해 모든 담뱃갑에 "경고: 흡연은 당신의 건강을 해칠 수 있습니다"라는 문구를 포함할 것을 의무화했다. 1966년 1월부터 미국에서 판매되는 모든 담뱃갑에는 이 경고문구가 새겨졌다. 미국 성인 흡연율은 1964년의 42퍼센트를 정점으로 약간의 등락이 있었지만 꾸준히 하락해 2007년 흡연율은 사상 처음 20퍼센트 아래(19.8퍼센트)로 떨어진다. 미국암협회는 매년 국제적으로 담배 퇴치와 금연 운동에 공헌한 인물이나 단체에 '루서 테리 상'을 수여한다.(Davis 2004, 서영찬 2010)

당시 한국에서도 테리 보고서관련 보도가 많이 쏟아져 나왔지만 그리 심각하게 받아들이진 않은 것 같다. 흡연 인구가 줄기는커녕 오히려 더 늘어났다. 「여성과 담배: 숙녀들은 조심합시다」(조선일보 1964년 3월 29일자)라는 신문기사 제목이 말해주듯, 테리 보고서는 주로 여성 흡연을 비판하는 데에 동원됐다. 한국 애연가들의 관심을 끈 것은 담배의 해독이 아니라 담뱃값 인상이었다. 이를 둘러싼 논란만 뜨거웠다.(강준만 2010)

1967년 6월 방송규제기관인 FCC는 담배광고에도 '형평의 원칙 (Fairness Doctrine)'을 적용하는 조치를 취했다. 1959년부터 시행돼온 '형평의 원칙'은 방송이 보도 및 공공프로그램에서 논쟁적인 사안을 다뤘을 때 비교적 불공정하게 다뤄진 한쪽의 이해 당사자에게 반론의 기회를 보장해야 한다는 원칙이다. 따라서 이제 담배광고를 내보내는 방송사는 담배에 반대하는 사람이나 단체의 이의 제기가 있을 때엔

반론권을 허용하지 않을 수 없게 되었다.(Whiteside 1970)

네이더의 GM과의 투쟁

담배의 경고문구 표시는 루서 테리의 덕을 크게 보았지만, 이는 미국에서 소비자운동이 일어나는 단초가 되었다. 이념투쟁 대신 소비자운동이라? 비록 각자 추구하는 노선은 달랐을망정, 이 점에선 좌우(左右)의 공감대가 있었던 것 같다. 1960년 '이데올르기의 종언(The End of Ideology)'을 선언했던 대니얼 벨(Daniel Bell)은 1965년 어빙 크리스톨(Irving Kristol)과 함께 『퍼블릭 인터리스트(Public Interest)』를 창간해 공공정책에 대해 냉철하고 기술적인 분석을 게재했다. 이데올로기 전쟁이 끝났으므로, 이제부터는 정책적 논란을 엄즌한 사회과학적 분석을 통해 해결해야 한다는 취지였다. 이 잡지는 훗날 큰 영향력을 행사하는 네오콘(neo-conservatives; 신보수파)의 기원이 된다.(Brooks 2001)

좌편향적인 소비자운동일지라도 그 점에선 의견의 일치를 본 것 같았다. 소비자운동의 꽃을 피운 선구자는 코네티컷(Connecticut) 주 윈스테드(Winsted)에서 레바논 이민자의 아들로 태어나 프린스턴대학과 하버드 법과대학원을 마치고 변호사가 된 랠프 네이더(Ralph Nader)다. 그는 노동부에 들어가 '소비자보호'를 위한 개혁을 위해 일했다. 네이더는 개혁을 위해 언론을 활용할 줄 아는 언론 플레이의 귀재가 되었다.(Roshco 1975)

네이더는 31세 때인 1965년 세계 최대의 자동차회사인 제너럴모터스(GM)가 만든 자동차들의 안전성을 고발한 『어떤 속도에서도 안전하지 않다(Unsafe at Any Speed)』는 책을 출간해 하루아침에 유명해졌다. 이 책은 미국의 자동차업체들은 안전보다 이익과 디자인을 더 중시한다고 고발하면서 미국 승용차들의 성능과 구조적 결함을 지적한 것인데 "자동차 사고는 운전자의 잘못이지 차의 결함일 수 없다"는 고정관념을 깨뜨렸다는 점에서 소비자운동의 전환점이라 할 만한 것이었다.(Davis 2004)

GM이 그를 매장하기 위해 사설탐정을 동원해 뒷조사를 했는가 하면 온갖 회유와 협박도 모자라 미인계까지 동원하는 치졸한 수법까지 썼다는 것이 알려지면서 네이더

네이더는 '네이더 군단'을 이끌고 대기업과 정부의 부정을 적발하여 많은 성과를 올렸다. 그러나 정계에 진출해서는 4차례의 대선출마에서 모두 낙선했다.

의 명성은 더욱 치솟았다. 네이더는 1966년 GM을 상대로 2700만 달러에 이르는 손해배상 청구 소송을 제기했다. GM은 사람들을 시켜 네이더를 잘 아는 사람들을 찾아다니며 그에 대한 사적 정보를 수집하면서 네이더에 대한 험담을 늘어놓았으며, 네이더의 전화를 도청하고 밤늦게 협박전화를 하고, 심지어 그를 미행하는 사람은 네이더가 은행에서 돈을 찾으면 얼마나 돈을 찾는지 알기 위해 옆에서 기웃거리는 등의 방법으로 괴롭혔다. 우여곡절 끝에 GM은 네이더와 타협을 보아 소송취하 조건으로 네이더에게 42만 5000달러를 지불했다. 네이더는 그 돈을 GM 자동차의 안전을 감시하는 데 사용했다.(Lieberman 1978)

1966년 9월 9일, 존슨 대통령은 새로 제조되는 차량의 안전기준을 규정한 '고속도로안전법과 교통안전법'에 서명을 했는데, 이 법은 바로 네이더가 벌인 운동의 결과였다. 역사학자 윌리엄 오닐(O'Neill 1971)은 네이더를 최초로 '공익(公益)'을 추상적 개념이 아닌 실천적 제도로 만든 주인공이라고 평가한다. 당시만 해도 '공익'은 추상적 개념으로만 존재했다. 이를 실천하려면 돈이 필요한데, 그 돈을 어떻게 마련할 것인가? 여기엔 아무런 답도 없었고 고민하는 사람도 없었다. 네이더가 그 일을 해낸 것이다. 그의 저서는 베스트셀러가 되어 네이더에게 큰돈을 안겨주었다. 네이더는 그 돈을 자신의 운동에 투자했다.

또한 네이더는 사회 개혁을 원하는 젊은이들에게 법대에 진학할 것을 권고했다. 당시만 해도 '운동권' 젊은이들에게 법대는 경멸의 대상이었다. 그러나 그런 젊은이들은 그런 식으로 제도권을 경멸하기 때문에 시간이 지나면서 생존경쟁에 낙오하고 결국 사회를 바꿀 만한 지위를 전혀 확보하지 못한 채 운동과 멀어지는 삶의 나락으로 빠져들 수밖에 없었다. 네이더는 그런 '자기 파괴의 문화'까지 바꾸겠다고 나선 것이다. 자신의 개인적인 삶을 포기하지 않으면서 사회 개혁을 위해 헌신하는 것이 얼마든지 가능하다는 것을 미국 젊은이들에게 보여줌으로써, 이후 네이더를 따르는 이른바 '네이더 군단(Nader's Raiders)'이 생겨났다.(O'Neill 1971)

'대기업은 합법적 프랑켄슈타인'

소비자운동이 태동하는 사회적 분위기를 타고 1966년 NOW(National

Organization for Women; 전국 여성 조직)가 결성되었다. 1963년 『여성의 신비』로 미국 사회를 강타한 베티 프리단과 에일린 에르난데스(Aileen C. Hernandez)가 주도했으며, 초대 의장으로 프리단이 추대되었다. NOW는 설립 취지를 "미국 여성들을 모든 책임과 특권을 이용해서 미국 사회의 주류에 올려놓음으로써 진정한 의미에서의 남성과 여성의 파트너십 형성을 그 목표로 한다"고 밝히면서, 입법을 위한 로비 활동과 법정 소송 등을 통해 남녀평등을 이루고자 했다.(손세호 2007, 이창신 2001)

1966년 미 의회는 정보공개법(FOIA; Freedom of Information Act)을 제정했다. 1967년부터 발효된 이 법을 제정할 수 있게 한 원동력은 '알 권리(right to know)'라고 하는 개념이다. 법학자인 해럴드 크로스(Harold L. Cross)가 1936년부터 쓰기 시작한 이 말은 그가 미국신문편집인협회의 의뢰를 받아 1953년에 출간한 『국민의 알 권리(People's Right to Know: Legal Access to Public Records and Proceedings)』라는 보고서 겸 책에 의해 널리 유포되었다. 그 밖에도 여러 언론인들이 '알 권리'를 강조하는 책을 내는 등의 방법으로 대대적인 '알 권리' 캠페인에 임했다. 정보공개법의 제정은 큰 진전이었지만, 여러 가지로 미비해 네이더는 1970년 이 법이 '정보의 자유(freedom of information)' 법이 아니라 '정보로부터의 자유(freedom from information)' 법이 되었다고 비판했다.(Dennis & Merrill 1984, 김민남 1990, 팽원순 1988)

이런 사회적 분위기를 타고 1969년엔 미국 방송에서 접근권이 법적으로 인정된 기념비적 판결이 나왔다. '레드라이언방송 대 FCC(Red Lion Broadcasting Co. v. FCC)' 사건에서 나온 판결이다. 앞서 말한 '형평의 원칙'을 귀찮게 여긴 방송사가 '표현의 자유'를 들어 제기한 위헌 소송에서 연방대법원은 '형평의 원칙'이 합헌이라는 판결을 내린 것이다. 연방 대법원은 전원일치 판결을 통해 다음과 같이 말했다.

"라디오의 주파수가 희소성을 띠고 있으므로 정부는, 그 견해가 그 독특한 매체로 표현되어야 할 타인들을 위해, 방송사업자에 여러 가지 제약을 부과할 수 있다. 그러나 전체로서의 국민은 라디오에 의한 언론자유의 권리를 갖는 것이며, 이 매체를 통해 수정헌법 제1조의 목표와 목적에 적합한 기능을 수행할 공동의 권리를 갖는다. 가장 중요한 것은 시청자의 권리이지 방송 사업자의 권리는 아니다."(김동철 1987)

그러나 '형평의 원칙'은 기술 발전과 함께 '희소성의 원칙'이 약화되고 이를 성가시게 생각하는 방송사업자들의 집요한 요구로 1987년에 폐지되며, 이후 방송에의 접근권 옹호론자들이 이를 되살리려는 노력을 여러 차례 시도하지만 번번이 실패로 돌아가고 만다.(Pember 1996)

네이더가 이끄는 소비자운동 덕분에 육류와 가금류, 광산, 천연가스 파이프라인 산업에 대한 기준도 대폭 강화되었다. 네이더는 1971년에는 에너지 문제, 보건활동, 세제 개혁, 그 밖의 다른 소비자 문제 등으로 직능이 세분화된 공공시민회를 조직하며, 네이더와 그의 동료들은 1972년 의회에 대한 연구에 착수해『의회를 경영하는 것은 누구인가?(Who Runs Congress?)』라는 책을 출간한다. 1982년에는 또 다른 네이더 단체가『레이건의 지배계층: 대통령의 최고위 관리 100인의 초상』을, 1986년 네이더와 그의 동료들이『거물들: 미국기업의 힘과 지위』 등을 출간한다.

네이더는 대기업들을 "합법적 프랑켄슈타인"이라고 부르면서 대기업들의 횡포에 대해 모든 민주 시민들이 저항할 것을 외친다. 소비자운동에 골머리를 앓던 대기업들은 그를 가리켜 독재자, 위선자, 자본주의의 파괴자 등과 같은 비난을 퍼부어댔지만 그의 소비자운동은 미국 산업의 국제경쟁력을 높여준 은인인지도 모른다.

'미란다 원칙'의 탄생

1966년 6월 피의자의 인권을 보호하기 위한 '미란다(Miranda) 원칙'이 탄생한 것도 소비자운동으로 인한 사회적 변화의 덕을 보았다고 봐야 하지 않을까? 오늘날 이 원칙은 한국을 비롯해 많은 나라에서 채택되고 있다.

한국 형사소송법은 "피고인에 대해 범죄사실의 요지, 구속의 이유와 변호인을 선임할 수 있음을 말하고 변명할 기회를 준 후가 아니면 구속할 수 없다"고 규정하고 있다. 이에 따라 경찰이 피의자를 연행할 때엔 반드시 "당신은 묵비권을 행사할 수 있으며 당신이 말한 것은 법정에서 불리하게 사용될 수 있습니다. 우리가 질문하기 전에 당신은 변호사와 상의할 권리가 있습니다"라고 알리게 돼 있다. 이를 가리켜 미란다 원칙이라고 한다. 미국 연방대법원의 미란다 판결에서 비롯된 원칙이다.

이 원칙을 낳게 한 에르네스토 미란다(Ernesto A. Miranda, 1941~1976)는 멕시코계 미국인이다. 고등학교를 중퇴하고 10대부터 전과자가 된 그는 1963년 3월 미국 애리조나 주 피닉스(Phoenix) 시의 한 영화관 매점에서 18세 소녀를 유괴해 자동차에 태워 사막으로 끌고 가 강간했다. 경찰은 당시 21세인 그를 납치·강간 혐의로 체포했다. 경찰서로 붙들려간 그는 피해 소녀로부터 범인으로 지목받았는데, 변호사는 선임되지 않은 상태였다. 미란다는 무죄를 주장하며 완강하게 버텼다. 하지만 2시간의 경찰 심문 끝에 그는 범행자백자술서를 쓰고 서명도 했다.

재판이 시작되자 미란다는 말을 바꿔 무죄를 주장하고 나섰다. 강요된 자백에 따라 진술서를 억지로 썼다는 것이다. 그러나 범죄사실이 명백했기 때문에 애리조나 주법원은 그에게 '최저 20년, 최고 30년'의 중형을 선고했다. 주대법원의 판결도 마찬가지였지만, 그의 무죄를 주장하는 '미국자유시민연맹'은 이 사건을 연방대법원으로까지 끌고 갔다. 1966년 6월 13일, 미 연방대법원은 5대 4로 미란다의 손을 들어주는 극적인 판결을 내렸다. 미란다가 불리한 증언을 하지 않아도 될 권리(미국 수정헌법 제5조)와 변호사의 조력을 받을 권리(미국 수정헌법 제6조)를 침해당했다는 이유에서였다.

이 판결로 미란다는 석방됐지만 후폭풍은 거셌다. 소수 의견을 낸 4명의 대법관들은 다수 대법관들의 결정이 경찰의 수사 기능을 크게 위축시키는 것이라고 신랄하게 비난했으며, 미국 전역의 경찰들도 강력하게 반발했다. 그럼에도 1966년 이후 나온 할리우드 경찰 영화에서는 꼭 "그의 권리를 알려주게"라는 대사가 들어가게 되었다.

미란다는 일단 풀려났지만, 검찰은 자백 이외의 증거를 가지고 다시 기소했다. 미란다는 1967년 2월 애리조나 주법원에서 다시 재판을 받았는데, 이번엔 동거 여인의 증언으로 유죄 판결을 받았다. 미란다가 감옥에 찾아온 동거녀에게 자신의 성폭행 범행을 솔직하게 털어놓았던 것이다. 1972년에 가석방된 미란다는 그 후에도 가석방 규칙을 어겨 수차례 교도소를 드나들다가 1976년 피닉스의 어느 술집에서 카드 노름을 하다 싸움이 붙어 살해되었다. 이때에 애리조나 경찰은 미란다의 살해 용의자를 체포하면서 '미란다 원칙'을 낭독해주었다.(박용현 2009, 장호순 1998, 최영해 2008, Davis 2004)

  2004년 8월 서울중앙지법 형사항소1부는 경찰관을 폭행한 혐의로 1심에서 벌금 100만 원이 선고된 이 모 씨에 대해 원심을 깨고 무죄를 선고해 화제를 불러일으킨 바 있다. 재판부는 "당시 피고인에게 폭행을 당했다는 경찰관은 피고인에게 변호인 선임 권리와 변명 기회를 주지 않은 채 실력으로 연행하려 했으므로 적법한 공무집행 과정이라고 볼 수 없다"고 밝혔다. 미란다는 이상한 방식으로 인권 보호에 기여하고 간 셈이다.

참고문헌 Brooks 2001, Davis 2004, Dennis & Merrill 1984, Green 외 1972, Lieberman 1978, O'Neill 1971, Pember 1996, Roshco 1975, Time 1980, Whiteside 1970, 강준만 2010, 김동철 1987, 김민남 1990, 김지석 2004, 김철규 2001, 박용현 2009, 서영찬 2010, 세계일보 2004a, 손세호 2007, 이창신 2001·2004, 장호순 1998, 최영해 2008, 팽원순 1988

제5장
베이비붐 세대의 저항

"맹호는 간다"
한국군의 월남 파병과 존슨의 방한(訪韓)

비둘기부대 파병

1964년 8월 통킹만 사건으로 상황이 달라지면서 한국군의 월남 파병도 착착 단계를 밟아나가기 시작했다. 1964년 9월 11일, 이동 외과병원(의무요원 130명)과 태권도 교관단(10명)이 월남으로 파견되었다. 1964년 12월 19일, 미국 대사 윈스럽 브라운(Winthrop G. Brown, 1907~1987)이 미 대통령 존슨의 추가 파병요청을 박정희에게 전달했다. 1965년 1월 8일, 각의에서 2000명의 비전투부대(공병부대 등 군수병과)를 파견키로 의결했다. 이미 비둘기부대 2000여 명은 편성을 완료하고 비밀리에 경기도 일원에서 훈련 중이었다.

이때부터 월남 파병에 대한 언론보도가 이루어지기 시작했다. 1월 26일, 파병 동의안은 국회 본회의에서 찬성 106, 반대 11, 기권 8표로 통과되었다. 미 대사 브라운이 민정당 당수 윤보선과 민중당 당수 박순천(1898~1983) 등 야당 지도자들을 설득하는 작업을 펼친 것이 주효

했다.(김교식 1990)

1965년 2월 5일, 베트콩의 미군기지 급습으로 6명의 미군 고문단원이 죽고 116명이 부상당한 사건은 베트남전쟁에 대한 미국 군사력 투입의 도화선이 됐지만, 파병을 하는 한국에는 불길한 소식이었다. 이 불길함을 떨쳐버리려는 듯, 2월 9일 오후 2시 서울운동장에서는 3만여 군중이 모인 가운데 대대적인 월남 파병 환송 국민대회가 열렸다. 박정희는 "건국 이래 처음 있게 되는 이 역사적 장거"라고 치켜세우면서 비둘기부대원들을 '자유의 십자군'으로 찬양했다. 무학여고생들의 환송 노래와 만세 삼창에 이어 시가행진이 벌어졌다.(한홍구 2003a)

1965년 5월 16일, 박정희는 미국을 방문했다. 한국군 전투부대 파병을 원했던 미국은 박정희에게 극진한 환대를 베풀었다. 당시 외무장관이었던 이동원(1992)은 5월 17일에 벌어진 미국의 환대에 대해 이렇게 말한다. "10만 명을 헤아리는 환영 인파 사이로 박 대통령은 리무진 방탄차를 타고 악대까지 앞세운 채 2마일의 카퍼레이드를 벌였다. 한마디로 최고의 예우였다. 또한 뉴욕 시 5번가의 번화가에서 벌어진 오색 꽃가루 행사는 미국 건국 이래 정치가에게 베푸는 것으로는 다섯 번째라 했다. 2차 세계대전의 영웅 맥아더, 아이젠하워 그리고 처칠과 대만의 손미령 여사에 이른 다섯 번째. 사실 이는 당시 미국이 얼마나 우리의 파병을 학수고대했는가를 보여준 단편에 불과했다. 그만큼 당시 교섭에서 유리한 쪽은 우리였다."

1965년 6월 22일, 오후 5시 동경의 일본 수상관저에서 양국 외무장관 이동원과 시나 에쓰사부로(椎名三, 1898~1979)가 서명함으로써 한

굴욕외교라는 거센 비판에도 불구하고 한일협정은 조인되었다. 사진은 한일협정 비준서 교환 후 양국의 대표들이 축하를 하고 있는 모습이다.

일협정이 정식으로 조인되자 한국군의 월남 파병은 탄력을 받았다. 1965년 7월 2일, 1개 전투사단을 파월키로 각의에서 의결했다. 존슨은 박정희에게 보낸 1965년 7월 25일자 편지에서 "현재 월남에 있는 병력 8만 명을 배 또는 그 이상으로 증가해야 되는 것이 불가피하다"며 참전을 요청했다. 이에 박정희는 "한국 정부도 이미 사단 규모의 전투병력을 월남에 증파할 계획을 추진 중이며 늦어도 다음 달 국회 승인을 얻게 될 것"이라고 답했다.(정승욱 2002)

맹호 · 청룡부대 파병

1965년 8월 13일, 파병 동의안은 야당이 불참한 가운데 찬성 101표, 반대 1표, 기권 2표로 통과되었다. 파월한 2만여 명의 전투부대엔 해병 청룡부대를 모체로 해 창설된 해병 제2여단과 육군 수도사단이 맹호부대라는 이름으로 선정되었다.

미국의 환심을 사기 위해 한국 측이 제안했던 월남 파병은 국회의 큰 반대 없이 추진되었다. 사진은 파월장병을 위한 환송퍼레이드.

1965년 10월 12일, 여의도에서 30만 군중 환송 대회가 열렸다. 아직 마포대교가 부설되기 전이었는데, 정부는 이 행사를 위해 급히 마포와 여의도를 잇는 가교를 설치했다. 300마리의 비둘기와 3만여 개의 풍선이 하늘을 수놓았다. 여의도 행사장 주변 30리는 오색의 플래카드와 애드벌룬으로 장식되었다.

당시 박 정권이 내세운 파병의 명분은 한국전쟁 때 입은 은혜에 대한 보은론과 더불어 '도미노 이론'이었다. 박정희는 환송 연설에서 "우리가 자유 월남에서 공산침략을 막지 못한다면 우리는 멀지 않은 장래에 동남아시아 전체를 상실하게 될 것이며, 나아가서 우리 대한 민국의 안전보장도 기약할 수 없다"고 단언했다. 여기에 '대한 남아론'이 가세했다. 박정희는 파월 장병들을 '화랑의 후예'라고 부르면서 '대한 남아의 기개'를 만방에 떨치라고 말했다.(한홍구 2003a)

파월부대는 1킬로미터에 걸친 대열로 행진했으며, 여배우들은 장병들의 목에 꽃다발을 걸어주었다. 라디오와 텔레비전에선 '청룡의 노래'와 '맹호의 노래'가 끊임없이 흘러나왔다. 인기를 끌었던 것은 '맹호의 노래'였는데, 정식 명칭은 '맹호는 간다'였다.

"자유통일 위해서 조국을 지킵시다/조국의 이름으로 임들은 뽑혔으니/그 이름 맹호부대 맹호부대 용사들아/가시는 곳 월남땅 하늘은 멀더라도/한결같은 겨레마음 임의 뒤를 따르리라/한결같은 겨레마음 임의 뒤를 따르리라."

미 부통령 험프리의 방한(訪韓)

미국은 1965년 10월 말부터 한국군 2만 명을 추가로 파병해달라고 요청했다. 이는 한국으로선 제4차 파병이었다. 이를 위해 미국 부통령 휴버트 험프리가 1966년 1월 1일 방한했다. 존슨의 친서를 휴대한 험프리는 노골적으로 파병을 통사정했고 박정희는 수락했다.

그런데 1966년 2월 7일 하와이 호놀룰루에서 미국과 월남이 한국엔 한마디 상의도 없이 두 나라만의 정상회담을 열었다. 미국 다음으로 많은 병력을 보낸 한국을 무시하다니! 박정희는 노발대발했다. 외무장관 이동원은 "각하, 이번 기회에 이걸 트집 잡아 한 건 올리는 게 좋겠습니다"라고 제안했다. 이동원의 제안에 따라 박정희는 미 대사 브라운을 불러 지금까지의 약속을 없었던 걸로 하자고 통고했다. 깜짝 놀란 미국은 2월 22일 다시 험프리를 파견했다. 이 두 번째의 방문에서 험프리는 역사에 길이 남을 '미사여구(美辭麗句) 성명'을 발표했다.

"우리는 우방이며 우리는 친구다. 오늘의 한국은 미국과 한국을 합친 것만큼이나 강하고, 오늘의 미국은 한국과 미국을 합친 것만큼 강하다. 북한이 남침을 강행하면 우리는 이것을 미 본토에 대한 침공으로 간주해 즉각 응징할 것이다. 미국은 한국 땅에 단 한 사람의 미군이 거주하더라도 1억 9000만 전 미국인이 한국에 함께 살고 있는 것으로 간주한다."(이동원 1992)

훗날(1970년 2월) 미 상원 외교위원회의 사이밍턴 청문회(Symington Subcommitte Hearings)에서 상원 외교위원장 제임스 풀브라이트(James W. Fulbright, 1905~1995)는 이 성명을 가리켜 "미국 역사상 일찍이 들어본 적 없는 미사여구로 가득 찬 것"이라고 비아냥거렸다. 그러나 그럴 만한 사연이 있었다. 이동원이 '한 건 올리려' 했던 것은 미 의회의 동의를 얻어야 출병할 수 있는 한미방위조약을 '미 의회의 동의 없이'로 바꾸는 일이었다. 그러나 험프리는 그건 곤란하다며 거절했다. 험프리는 월남 파병 문제로 아쉬운 소리를 하러 온 처지에 그 정도의 '한 건'도 들어주지 못한 게 마음에 걸려 그런 허황한 립 서비스를 베푼 것이다. 이동원(1992)에 따르면 "비록 미사여구의 사탕발림일지라도 험프리는 한국을 떠나며 신문에 크게 떠벌리고 감으로써 국내의 분위기를 고무시켰던 것이었다."

'용병 시비'만 낳은 '브라운 각서'

험프리가 다녀간 지 닷새 후에 국무회의는 추가 파병안을 의결했다.

박정희는 파병안의 국회 통과를 앞두고 1966년 3월 7일, 미 대사 윈스럽 브라운을 통해 한국군 장비의 현대화, 차관 제공, 장병의 처우 개선 등 14개 항의 선행조건을 제시해 이른바 '브라운 각서(Brown Memorandum)'를 받아냈다.

당시 한국군이 베트남에서 받는 월급은 미군의 6분의 1, 필리핀이나 태국군의 4분의 1 수준이었다. 사병들은 심지어 자기 나라 땅에서 싸우는 남베트남 정부군보다 못한 보수를 받는 형편이었다. 그래서 험프리가 방한 중이던 1966년 2월 22일 한국부인회는 미군 수준의 "처우 개선이 완전히 보장되지 않는 한 월남전선에 국군증파는 절대로 반대한다"는 성명을 발표하기도 했다.(한홍구 2003a)

그러나 한국군의 처우 개선 요구와 이에 호응한 '브라운 각서'는 박 정권이 처음에 내세운 파병 명분과는 많이 다른 것이어서 한국군이 미국의 용병(傭兵)이 아니냐는 '용병 시비'를 낳게 된다. 게다가 외무장관 이동원과 브라운이 교환한 '브라운 각서'는 나중에 제대로 지켜지지도 않아 한국은 뒤통수를 맞는 꼴이 돼버리고 말았다.(김교식 1990)

제4차 파병안은 3월 20일 국회를 통과했다. 국회에서 반대표는 단두 사람(박종태 반대, 서인석 결석)뿐이었다. 1966년 8월 백마부대가 파병되었다. 제1야당인 민중당 대표 박순천은 1966년 9월 베트남을 시찰했다. 베트남 시찰 후 그녀는 다음과 같은 내용의 글을 발표했다.

"탄손누트 비행장에 내려 베트남의 땅에서 높은 국기계양대에 태극기가 휘날리는 것을 본 순간 나는 감격의 울음을 터뜨리고 흐르는 눈물을 금할 수가 없었다. 비행기가 공항에 접근하면서 비옥한 베트

문화혁명은 1966~1976년까지 중국에서 벌어졌던 사회·정치적 운동이다. 주목표는 "4개의 낡은 것"—낡은 사상, 낡은 문화, 낡은 풍속, 낡은 관습—을 척결하는 것이었다. 사진 속 인물은 이 시기에 척결된 정치가 펑더화이(彭德懷, 1898~1974)다.

남의 땅이 눈 아래 펼쳐지자 나는 역사상 침략만 받았던 우리 민족이 수천만 리 남의 나라 땅에 군대를 파견한 위업에 가슴의 고동을 금할 수가 없었다. 이 비옥한 땅이 우리의 것이면 얼마나 기쁜 일이겠나 하고 생각했다."(리영희 1987)

여야(與野)가 죽이 잘 맞았다. 1966년 10월 베트남을 방문하고 돌아온 박정희는 "우리는 이제 새 시대, 새 역사의 무대에서 영광스러운 주역"으로 "과거의 인종과 굴욕에서 탈피, 어엿한 주권 성년국가로서 발전"했다고 주장했다.

백마부대가 파병되던 1966년 여름 중국에서는 문화혁명(文化大革命)이 일어나고 있었다. 문화혁명을 부추긴 마오쩌둥(毛澤東, 1893~1976)은 문화혁명이 뻣뻣해진 관절을 풀기 위해 화학요법을 처방한 것과 같다고 설명했지만, 그도 1968년 초엔 "무정부상태를 극복해야 한다"고 주장하기에 이른다. 1969년 질서가 회복되기까지 40만에서 100만에 이르는 사람이 목숨을 잃는 '광란의 학살극'이 자행된다.(Gaddis 2010)

박정희와 존슨의 '사랑 나누기'

미국 대통령 존슨의 방한은 1966년 10월 31일로 예정돼 있었다. 장준하(1918~1975)는 10월 15일 "박정희야말로 우리나라 밀수 왕초다" "존슨 대통령이 방한하는 것은 박정희 씨가 잘났다고 보러 오는 것이 아니라 한국 청년의 피가 더 필요해서 오는 것이다"라고 말했다가 10월 26일 구속되었다. 박정희에게 그런 비난은 용납하기 어려운 것이었으리라. 박정희와 존슨은 베트남 파병으로 맺어진 혈맹(血盟), 아니 혈우(血友) 관계가 아니던가. 이동원(1992)은 박정희와 존슨의 관계를 '사랑 나누기'로 표현했다.

"박 대통령은 아홉 살이나 많은 존슨을 형님처럼 대하며 따뜻한 정을 느꼈고 존슨 또한 작고 패기에 찬 박 대통령이 자신의 마음을 이해해주는 데 감동을 받았다. 아무튼 당시 청와대의 표정은 건국 이래 가장 화평하지 않았나 기억된다. 물론 당시는 미국이 재채기 시늉만 해도 우린 감기약을 삼켜야 했던 때이긴 하지만 워낙 박 대통령과 존슨이 가깝게 지내자 외교가에선 '서울은 워싱턴의 뒷골목'이란 소리까지 나돌 정도였다."

박정희는 존슨 환영을 위해 1억 5000만 원을 투입했다. 양국 국기 100만 개, 국화 5만여 송이가 준비되었다. 거구인 존슨을 위해 홍콩에서 특제 대형 침대가 긴급 공수되었다. 한양대학에서 존슨이 묵을 워커힐 뒤편 빌라까지 이틀 밤을 새워 자갈길을 포장도로로 바꾸었다. 이는 그야말로 "도깨비 방망이만이 가능한 일을 존슨을 위해 뚝딱 해치운 셈"이었다.(이동원 1992)

전 서울시 도시계획국장 손정목(2003)의 회고에 따르면 "한국전쟁

이후로 미국은 한국 최대의 맹방이었고 따라서 미국 대통령이 방한할 때는 언제나 범정부적인 환영행사가 대대적으로 전개되었다. 특히 입국할 때, 김포공항-서울시청 앞까지의 거리에 동원되는 환영 인파는 지금 냉정하게 돌이켜보면 오히려 수치스러울 정도로 광적인 것이었다. 그중에서도 특히 존슨 대통령이 방한한 1966년 10월 31일~11월 2일까지의 2박 3일간은 만 30년이 더 지난 지금까지 한 편의 화려한 연극무대처럼 잊히지 않는다."

그 '화려한 연극무대 만들기'의 전말은 이랬다. 포스터 5만 장, 대형 아치 11개, 대형 탑 19개, 현판 7개, 대형 플래카드 9개도 준비되었다. 시청 앞 광장에는 30만 명이 넘는 인파가 집결해 2시간 넘게 질서 정연하게 기다리고 있었다.

"시청 정문 앞에 동서로 64계단으로 이루어진 넓은 단상이 마련되었다. 단엔 평화대라는 이름이 붙여졌고 계단에는 미모의 아가씨들이 늘어서 있었다. 300~400평이나 되는 평화대 주위는 수백 개의 국화꽃 화분으로 덮여 있었다. 시청 건물 상단에는 박 대통령과 존슨 대통령의 대형 초상화가 걸렸고 하늘에는 특별히 크게 만든 태극기·성조기가 나부꼈다."(손정목 2003)

"정부도 350만 서울 시민도 미쳤다"

존슨이 김포공항에 첫발을 내디딘 것은 31일 오후 3시 2분. 약 20분간의 환영 절차를 마친 일행이 공항을 출발한 것은 3시 25분. 김포에서 시청 앞까지 24킬로미터의 길은 환영 인파로 메워져 있었다. 존슨이 도착하는 31일은 월요일이었지만 오후 시간에 학교, 관청, 은행, 회사

방문국마다 반미구호를 들어야 했던 존슨은 한국인의 열렬한 환대에 감격해 마지않았다.

등 모든 기관이 임시휴무하기로 국무회의에서 결정했다. 총동원 인원은 학생 100만, 시민 155만, 공무원 20만 명 등 모두 275만 명이었는데, 아무리 적게 잡아도 200만 명 이상이 동원된 건 확실했다. 당시 서울 인구가 350만 명이었는데 말이다.(손정목 2003)

김포공항-용산 삼각지-시청 앞 광장에 이르는 양쪽 연도에 늘어선 학생과 시민은 양국 국기를 열광적으로 흔들어댔다. 양국 국기 이외에도 존슨의 얼굴 만화가 그려진 도화지, 나무판자, 피켓의 물결이 넘실거렸다. 이를 어찌 그냥 지나칠 수 있으랴.

"존슨이 탄 전용차는 멈추고 또 멈추어야 했다. 아홉 번이나 차에서 내려 환호하는 시민에 답례를 했다. 꼬마를 안고 입을 맞추었고 환영하는 시민들과 기념촬영도 했다. 그가 시청 앞 광장에 도착한 것은 공항 출발에서 1시간 40분이 지난, 5시 3분이었다. 경찰군악대의 '텍사스의 황색 장미'가 울려퍼졌고 3000명 합창단이 경쾌한 '아리랑'을 불렀다. 한복차림의 여고생 20명이 꽃가루를 뿌리는 가운데 존슨 대통령은 평화대에 마련된 옥좌에 앉았다. 환영식은 정확히 35분이 걸렸다. 존슨 대통령의 연설은 정확히 13분이 걸렸는데 시민들은 열두 번 손뼉을 치며 환호성을 올렸다. 존슨 대통령에게는 생애 최고의 날이었다."(손정목 2003)

시청 앞에서 벌어진 존슨 환영 행사는 엉뚱하게도 서울 도심부 재개발 사업을 촉진시키는 결과를 가져왔다. 그 이유는 한미 양국의 텔레비전 생중계 때문이었다. 당시 시청 맞은편엔 중국인 마을이 있었는데, 그곳은 슬럼지대였다. 그 주변도 1930년대 이전에 지은 적산가옥의 연속이었고, 그 사이사이에 무허가 판잣집들이 늘어서 있었다. 텔레비전 카메라가 30만 군중의 모습을 보여줄 때에 그 배경까지 잡히고 말았다. 손정목(2003)은 "이 광경을 본 미국인은 물론이고 전 세계인이 놀라워했다"며 다음과 같이 말한다.

"한국의 베트남 파병으로 대다수의 미국인과 유럽인들은 한국을 제법 잘사는 나라로 인식하게 되었다. 그런 인식을 가지고 텔레비전으로 방영되는 존슨 대통령 환영식 광경을 보고 있었는데 어찌된 일인가. 한국은 저렇게도 가난한 나라였던가. 실로 놀라운 사건이었다. 한국 정부와 서울 시민이 정성을 다해 치른 존슨 대통령 환영식은, 한국이라는 나라가 정말로 가난한 나라라는 것을 자유 세계인이 실감하게 한 행사가 되고 말았다."

특히 미국에 살고 있던 10만 교포들이 가장 놀라 교민 공동의 이름으로 청와대에 서울시청 주변의 슬럼지대를 깨끗하게 해달라는 탄원서를 올렸다. 이 사건이 서울 도심부 재개발 사업에 박차를 가하게 만든 한 이유가 되었다. 그러나 존슨의 방한에 대해 달리 생각한 재미교포도 있었다. 당시 이화여대 영문과 강사로 일하던 일레인 김(Kim 2001)은 "동남아시아에 미국이 군사적으로 개입하는 것은 잘못이라고 굳게 믿은 젊은이로서 내가 수많은 젊은 남성들이 베트남에 가서 싸우기를 열망하는 것을 보고 굴욕감을 느끼던 그때, 존슨 대통령 부부가 서울을 방문했다"며 다음과 같이 말한다.

"방문 몇 달 전부터 박정희와 존슨의 사진이 담뱃갑과 버스의 포스터에 찍혀 배포되었다. 수업은 취소되고, 상점은 문을 닫고, 버스는 멈춰섰는데, 존슨 대통령의 리무진이 지나가는 거리로는 깃발과 꽃이 나부꼈다. 미국에서는 그렇게도 비판받는 대통령이 한국에서는 승리한 왕처럼 대우받았다. 나는 미국을 향한 맹목적인 짝사랑에 빠진 한국인들에게서 커다란 수치심을 느꼈다."

일레인 김의 말은 한국인들의 뜨거운 환영에 대한 존슨의 감격이 극에 이르렀으리라는 점을 시사한다. 실제로 존슨은 입이 귀밑까지 벌어져 "오늘은 내 생애 최고의 날이오. 사실 한국민들이 이토록 뜨겁게 날 사랑할 줄 미처 몰랐소. 만일 이런 경험도 없이 후일 은퇴를 했다면 난 무척 초라하고 슬펐을 것이오"라고 말했다.(이동원 1992)

그럴 만도 했다. 존슨이 다른 나라에서 환영을 받고 왔다 해도 한국의 열광적인 환영에 감격했을 터인데, 그는 전 세계적으로 일고 있던 반전(反戰) 무드의 주목표가 돼 있던 인물이 아닌가. 손정목(2003)은 이렇게 말한다.

"김포공항에 도착할 때까지의 존슨 일행은 결코 유쾌하지만은 않았다. 이미 미국 내에서는 베트남 파병을 반대하는 기운이 팽배해 있었다. 호주에서도 필리핀에서도 말레이시아에서도, 존슨의 비행기가 내리고 뜨는 지역마다 반미구호가 나붙었고 '존슨 고 홈!(Johnson Go Home!)'을 외치는 대학생들의 시위가 이어졌다. 31일 오전, 말레이시아 쿠알라룸푸르 공항을 떠날 때는 학생·시민들의 시위가 아주 격화되었고 그것을 보면서 비행기 트랙에 오르는 존슨 부부의 뒷모습은 보기가 민망할 정도로 축 처져 있었다고 보도되고 있다."

오직 한 나라, 한국만은 존슨을 뜨겁게 껴안은 것이다. 그러니 존슨이 "오늘은 내 생애 최고의 날이오"라고 감동할 만한 일이었음은 틀림없다. 손정목(2003)은 존슨의 방한에 보낸 한국인들의 열광적인 환영에 대해 이런 결론을 내렸다. "정부도 미쳤고 350만 서울 시민도 미쳐 있었다." 인정하기 싫은 사람들이 많겠지만, 어쩌면 그런 광기(狂氣)가 한국이 세계에서 가장 빠른 압축성장(condensed economic growth)을 이룬 원동력 중의 하나였는지도 모르겠다.

참고문헌 Gaddis 2010, Greenstein 2000, Kim 2001, 강준만 2002-2006, 김교식 1990, 리영희 1987, 손정목 2003, 이동원 1992, 정승옥 2002, 한홍구 2003·2003a

'몰리 세이퍼의 전쟁'
컬러텔레비전의 힘

텔레비전과 손잡은 할리우드

린든 존슨은 스스로도 방송국의 소유자로, 케네디에 비해 비교적 방송산업에 우호적인 인물이었다. 존슨 행정부의 FCC 위원장으로 취임한 윌리엄 헨리(E. William Henry)는 전 위원장 미노우의 방송정책을 그대로 물려받긴 했지만, 보도 프로그램보다는 '다양성(diversity)'을 강조했다. 그는 다양성이야말로 FCC '규제구조의 주춧돌'이라는 전제하에 네트워크는 주 시청시간대 프로그램의 50퍼센트 이상을 자체 제작해서는 안 된다는 "50-50의 규칙(50-50 rule)"을 선언했다.(Henry 1965)

케네디 암살 보도가 텔레비전의 면모를 일신하는 데에 큰 기여를 한 것은 사실이었지만 그렇다고 텔레비전이 "인간이 만들어낸 가장 위대한 도피수단"으로서의 역할을 포기한 건 아니었다. 케네디 암살 보도 직후 미국 텔레비전을 휩쓴 가장 인기 있는 프로그램 장르는 황당무계한 소재로 리얼리즘을 조롱하는 이른바 도피주의(escapism) 드라마였다. 도피주의의 아류인 스파이(spy) 드라마도 당시 미국 영화계를 강타하던 〈제임스 본드(James Bond)〉 붐과 함께 큰 인기를 얻게 되었다.(Castleman & Podrazik 1982)

1965년 2월, NBC와 CBS를 따라잡겠다고 발버둥 치던 ABC는 텔레비전 뉴스 역사에서 두고두고 웃음거리가 될 일을 저지르고 말았다. 퍼스낼리티를 강조하던 끝에 젊고 잘생긴 캐나다의 한 앵커맨을 스카우트했던 것이다. 그의 이름은 피터 제닝스(Peter Jennings, 1938~2005)로 그때 나이는 불과 26세였다. 방송비평가들에 의해 글래머 캐스터(glamour caster)로 불린 제닝스는 3년 후 앵커직을 떠나고 말았는데 그는 먼 후일 ABC 앵커맨으로 복귀하면서 그때를 다음과 같이 회고했다. "그건 정말 우스꽝스러운 짓이었다. …… 스물여섯 살 먹은 애송이가 크롱카이트, 헌틀리, 브링클리와 경쟁하다니. 나는 그 당시 그럴 자격이 전혀 없었다."(Matusow 1983)

시청률에서 한참 뒤처진 3위에서 벗어나고자 한 ABC의 필사적인 노력은 미국 텔레비전에 할리우드 영화의 유입을 가속화했다. 미국에서 영화 프로그램이 텔레비전에서 처음 방영된 건 1955년이었으며 주시청시간대에 고정적으로 등장한 것은 1961년이었지만 1960년대 중반까지 대형 영화의 텔레비전 방영은 이루어지지 않고 있었다. 그런 상황에서 ABC는 1966년 9월 대작 영화 〈콰이강의 다리(The Bridge on the River Kwai)〉(1957년, 감독 데이비드 린) 방영으로 시청률 60퍼센트를 기록하는 대성공을 거두자 대형 영화 편성을 본격화하는 동시에 할리우드 영화사들과 계약을 맺고 텔레비전용 영화(made-for-TV movies) 제작에도 심혈을 기울였으며 다른 네트워크들도 ABC를 모방하기에 이르렀다. 그리하여 ABC-워너브러더스, NBC-유니버설, CBS-20세기폭스 등의 공생관계가 형성되었다.(Marill 1984)

텔레비전 이전 시대의 할리우드는 1년에 600여 편의 영화를 제작했으며, 한 주 평균 관람인구는 8000만~9000만 명에 이르렀다. 1960년대 초 텔레비전 보급률이 90퍼센트에 이르렀을 때 1주 평균 관객은 3000만 명으로 떨어졌지만 1960년대 중반에 다시 4500만 명으로 상승하는 회복세를 보이기 시작했다. 바로 네트워크들과 맺은 공생관계 덕분이었다. 1966년 영화사들이 제작한 영화관용 영화는 200편에 지나지 않았지만, 텔레비전용 영화의 제작편수는 600여 편에 이르렀다. 이제 할리우드에선 인력이 모자라 이미 은퇴했거나 전업한 영화인들을 다시 불러다 쓸 정도로 대호황을 누리게 되었으며, 이렇게 텔레비전에서 번 돈은 영화에 재투자되었다.(Champlin 1966)

'최초의 안방전쟁'

네트워크와 할리우드의 합작시스템이 본격화된 이면에는 컬러텔레비전 보급률이 급증하고 있다는 요인도 작용했다. 1965년 컬러화의 선두를 달리고 있던 NBC는 단 두 개의 프로그램을 제외하곤 모두 컬러로 제작했으며, CBS의 컬러화율은 50퍼센트에 이르렀다. 시청자들이 컬러프로그램을 선호했기 때문에 시청률 10위까지의 프로그램은 모두 컬러프로그램이었으며, 드라마〈페이튼 플레이스(Peyton Place)〉(1964~1969)나〈벤 케이시(Ben Casey)〉(1961~1966)와 같은 ABC의 흑백 인기프로그램들은 시청률이 저하되기 시작했던 것이다. 네트워크 텔레비전의 컬러화는 보도에 있어서 '말' 보다는 '그림' 에의 의존성을 더욱 심화했다. 그런 가운데 베트남전쟁의 텔레비전 보도는 시청자들에게 큰 충격을 안겨주었다.

국제분쟁이 텔레비전을 통해 본격적으로 보도된 건 베트남전쟁 때였다. 한국전쟁 때만 하더라도 텔레비전 보도의 기술적 능력도 문제였지만 당시의 텔레비전 보급률이 전 세계적으로 극히 낮았기 때문에 텔레비전이라는 매체 자체가 보도매체로 활용되기엔 역부족이었다.(미국의 경우 텔레비전 보급률은 1950년 9퍼센트, 1951년 23.5퍼센트, 1952년 34.2퍼센트.) 그러나 베트남전쟁은 적어도 미국의 입장에선 '최초의 텔레비전 전쟁' 이었다고 해도 과언이 아닐 만큼 텔레비전이 보도매체로서 막강한 영향력을 발휘했다. 미국은 전국에서 취재와 배포가 이루어지는 전국지가 없는 나라인지라 1960년대 초『뉴욕타임스』가 로스앤젤레스를 거점으로 신문을 전국지화하려고 했다가 실패한 적이 있었는데, 그럴 필요가 전혀 없는 일이었거니와 가능하지도 않은 일이었다. 텔레비전이 있잖은가!

당시 텔레비전 뉴스는 전 텔레비전 시청자의 80퍼센트가 시청하던 '국가적 의식(儀式)' 의 성격이 강했기 때문에, 베트남전쟁의 참상을 미국의 안방에 생생하게 전한 텔레비전 보도는 미국 내에 반전 분위기를 고조시키는 데에 결정적인 기여를 했다. 베트남전쟁을 '최초의 안방전쟁(living room war)' 이라고 부르는 이유도 바로 여기에 있다. 존슨은 3대 네트워크 방송사들과 협의해 텔레비전 스튜디오 시설을 백악관에 만들게 한 최초의 대통령이었지만, 베트남전쟁에 관한 한 베트남에서뿐만 아니라 미국에서도 언론, 특히 텔레비전과 싸워야 하는

'이중 전쟁'을 치러야 했다.(Arlen 1969, Cornwell 1966, Goldberg & Goldberg 1992, Turner 1985)

최웅·김봉중(1997)에 따르면 "이제 미국 국민들은 그들의 안방에서 미군들이 베트남에서 생활하고 전쟁하는 것을 텔레비전을 통해 생생하게 시청할 수 있었다. 미군 병사들이 베트콩들의 시체 수를 확인하기 위해 시체마다 귀를 잘라 모으는 장면을 텔레비전 카메라를 통해 접하자, 그들은 미국이 과연 평화를 의해 전쟁에 참가하고 있는가를 회의하기 시작했고 이 전쟁은 무언가가 잘못되고 있다고 생각하기 시작했다."

1965년 8월 CBS의 사이공 특파원 몰리 세이퍼(Morley Safer)는 미군 해병대가 캄네(Cam Ne)라고 불리는 작은 마을의 민가에 불을 지르는 장면을 생생하게 보도함으로써 미국 내에 큰 반향을 불러일으켰다. 이런 사건은 수백 건이 일어났음에도 텔레비전에 보도된 경우는 한 손에 꼽을 정도로 적었다는 비판도 나왔지만(Chomsky & Herman 2006), 이 보도 한 건만으로도 미국인들이 충격을 받기엔 충분했다. 이런 텔레비전 보도는 안방에서 텔레비전을 보는 시청자들에게 반전 무드를 형성하는 데에 크게 기여함으로써 존슨 행정부의 전쟁 수행에 막대한 지장을 초래했다. 대체적으로 텔레비전의 베트남전쟁 보도가 매우 소심하고 보수적인 가운데에서 세이퍼의 활약은 단연 돋보여 CBS 뉴스 사장 프레드 프렌들리(Fred W. Friendly, 1915~1998)는 베트남전쟁을 '몰리 세이퍼의 전쟁'이라고 평했다.(Halberstam 1979)

캄네 사건 보도와 관련해 존슨 대통령은 CBS 사장 프랭크 스탠턴에게 직접 전화를 걸어 욕설을 퍼부어대기까지 했지만, 전임자인 케네

(위)북베트남에 폭격 중인 B-66(가운데)과 F-105 선더치프.
(아래)캄보디아 접경지역, 미군 지하벙커 폭격기간 중 생포된 베트남 공산군.

(위) '멸공색출' 작전하에 베트콩 용의자를 이송 중인 미 해군.
(아래)불타는 베트콩 베이스캠프.

디는 언론의 베트남 관련 보도에 대해 전혀 다른 방식을 취했었다. 케네디는 『뉴욕타임스』의 베트남 특파원인 데이비드 핼버스탬(David Halberstam, 1934~2007)의 부정적인 보도가 영 마음에 안 들자, 비록 성공하진 못했지만 그를 미국으로 불러들이려고 『뉴욕타임스』에 여러 차례 압력을 가했다.(Moynihan 1975)

베트남전쟁의 문제가 어디 방송사를 탓한다고 해결될 일인가. 미국에서도 신좌파 학생들은 반전 시위를 할 때에 북베트남과 베트콩 깃발을 휘두르며 "어이 린든 존슨, 오늘은 애들을 얼마나 죽였지?(Hey, hey, LBJ, how many kids did you kill today?)"라는 구호를 외치고 있었으니 더 말해 무엇하랴.(O'Neill 1971)

늘 자신의 이미지를 바꿔보려고 몸부림쳤던 존슨은 1967년 11월 이동식 마이크를 갖고 무대에서 왔다 갔다 하며 질문에 대답하는 새로운 기자회견 방식을 선보였다. 평론가들이 그의 행동이 케네디 같다고 감탄하자, 존슨은 발끈했고 다시는 그런 기자회견을 하지 않았다. 그것참 문제다. 케네디처럼 이미지 메이킹을 잘하려면 케네디를 흉내 내야 할 텐데, 케네디와 비교되기는 죽기보다 더 싫어했으니 말이다. 사실 존슨은 텔레비전과는 잘 맞지 않는 정치인이었다. 존슨의 참모였던 잭 발렌티에 따르면 "존슨은 100여 명 또는 10여 명이 모여 있는 작은 방에서는 훌륭했고 나는 여태껏 그처럼 설득력을 가진 사람을 만나본 적이 없다. 하지만 그가 텔레비전에 나가면 꼭 무슨 일이 일어났다. 대통령으로서 허세를 부리려 했고 진짜 존슨이 아닌 새로운 존슨인 체했다. 그는 딱딱히 굳어졌고 불길한 전조를 보였다."(Greenstein 2000)

컬러텔레비전의 힘

대학생 10만 명을 회원으로 거느린 최대 좌파조직 '민주사회를 위한 학생(SDS; Students for a Democratic Society)'은 1965년 4월 17일 워싱턴에서 전국 시위를 벌이자고 호소했다. 톰 헤이든(Thomas E. Hayden)이 주도한 SDS는 1960년부터 태동 움직임을 보이다가 1962년 중간계급 가정 출신의 백인 대학생들 중심으로 미시간 주 포트 휴런(Port Huron)에 모여 결성한 조직으로, '개인생활의 질과 방향을 결정하는 사회적 결정'에는 개인이 적극적으로 참가해야 한다는 이른바 '참여민주주의(participatory democracy)'를 표방했다. '포트 휴런 선언'은 "이 세대의 우리들, 즉 그런대로 편안하게 자라고 이제는 대학에 안주하고 있는 우리들은 우리가 물려받은 세상을 불편한 심정으로 바라보고 있다"고 밝혔다. 이들은 인종주의, 기술의 오·남용, 풍요 속의 빈곤, 막강한 기업집단, 냉전 등을 비난했다.(손세호 2007, 이보형 2005, 이주영 1998)

SDS의 워싱턴 시위엔 2만 5000명이 모였다. 당시엔 이 규모에 경악했다고 한다. 코넬대학 교수 더그 다우드(Douglas F. Dowd)에 따르면 "한국전쟁 당시 나는 버클리에서 가르치고 있었다. 오, 하나님, 당시에는 어느 누구도 한국전쟁에 반대한다는 소리를 입 밖에 내지 못했다. …… 자신이 전쟁에 반대한다고 오해받을까 봐 모두 공포 속에서 숨죽이며 살았다. 전쟁 반대는 곧 공산당원임을 의미했기 때문이다. …… (1965년에) 상황은 마치 길고 쓰라린 겨울이 지나고 마침내 봄이 온 듯했다."(Neale 2004)

이어 10월 15일과 16일의 주말에 뉴욕에서 2만 5000명, 샌프란시스코에서 1만 5000명, 전국에서 10만 명이 시위를 벌였다. 11월에는 3만 명이 뉴욕에서 시위를 벌였다. 당시로는 놀라운 규모의 시위였음을 이해할 필요가 있겠다. 당연히 뉴스 가치도 그만큼 높았다. 이에 주목한 텔레비전의 시위 보도는 반전 분위기를 조성하는 데에 일조했다.

컬러텔레비전은 베트남전쟁뿐만 아니라 흑인들의 민권운동 보도에도 매우 센세이셔널한 효과를 낳았다. 보도 내용은 매우 보수적일지라도 컬러로 나타난 영상이미지는 때로 의도하지 않았던 효과를 가져왔다. 그래서 흑인 민권운동이 한창이던 1966년경 ABC는 'African Broadcasting Company', CBS는 'Colored Broadcasting Company', NBC는 'Negro Broadcasting Company'라는 별명을 얻게 되었다.(Time 1966) 1968년부터는 컬러텔레비전 수상기가 흑백텔레비전 수상기보다 많이 팔리기 시작하면서 본격적인 컬러방송의 시대로 접어들었고, 이에 따라 텔레비전 시위 보도의 충격성은 강화된다.(Bergreen 1980)

네트워크의 보도는 이데올로기적으로 보수냐 진보냐 하는 이분법보다는 "상업성"이라는 제3의 이데올로기를 갖고 있었다. 시청자들이 많이 볼 수 있다고 생각되면 그 어떤 내용이든 거침없이 방송하는가 하면 시청자들이 꼭 볼 가치가 있는 프로그램도 수익성이 떨어지면 보도하지 않았다.

이는 1966년 2월에 일어난 CBS 뉴스 사장 프렌들리의 사임을 통해서도 잘 드러났다. 프렌들리는 상원의 베트남전쟁 청문회의 중계방송을 CBS 사장이 취소시키자 이에 반발해 사표를 던졌다. 프렌들리가 반발한 또 하나의 이유는 CBS의 조직개편이었다. 그동안 CBS를 비롯한 네트워크들은 부문별 사장 제도를 도입하면서 뉴스 부문의 사장에 비해 오락프로그램 부문의 사장에게 더 많은 권한을 부여해왔다. 그런데 CBS는 여기서 한 걸음 더 나아가 1966년 2월 오락프로그램을 전담하는 사장을 CBS 그룹의 부사장으로 승진시켜 실질적으로 뉴스 부문을 관장케 하는 조치를 취했던 것이다.(Gould 1966)

이즈음, 자신의 스타 역할에 대해 양심의 가책을 느끼던 NBC 뉴스 앵커맨 브링클리는 컬럼비아대학에서 행한 한 강연을 통해 텔레비전 뉴스의 스타 시스템을 맹렬히 비난했다. 자기비판인 셈이었다. 그는 항공사의 예약 창구처럼 꾸며진 앵커맨의 테스트를 비난했다. 그는 모든 것을 다 아는 슈퍼맨처럼 연기하는 앵커맨의 역할 그리고 텔레비전 기자마저 스타로 만들어 뉴스를 팔아먹는 행위를 중단할 것을 촉구하면서 텔레비전 뉴스도 신문 뉴스처럼 제작할 것을 제안했다. 그래야만 텔레비전 뉴스가 쇼 비즈니스로 타락하지 않을 것이라고 주장했다. 그러면서 그는 자신과 헌틀리와 크롱카이트가 타락한 텔레비전 뉴스의 마지막 세대로 기억될 수 있었으면 좋겠다는 희망을 나타냈다.(Griffith 1977, Tobin 1966)

그러나 브링클리 개인의 힘으로는, 시청자 극대화를 위해 뉴스 비즈니스를 쇼 비즈니스로 몰고 가는 미국 상업방송의 속성을 어찌할 수 없었다. 그는 곧 자신의 희망을 단념하고 예전의 슈퍼맨 역할을 충실히 했다. 또 텔레비전 뉴스가 쇼 비즈니스로 전락했다고 개탄하던 크롱카이트 역시 1966년 말 CBS 뉴스를 선전하라는 경영진의 지시에 따라 CBS의 오락 쇼에 출연하기에 이르렀다.

PBS의 탄생

프렌들리의 갑작스러운 사임은 한동안 큰 파문을 몰고 왔다. 의회와 FCC도 네트워크의 뉴스 부문 경영에 비상한 관심을 갖기 시작했다. 그러나 이 "프렌들리 파동"은 별다른 개선을 가져오지 못한 채 끝나고 말았다. 근본적인 문제는 이미 네트워크들은 경제적으로 고속 성장을 거듭해 거대기업들로 변한 반면, FCC의 예산은 달라진 게 없어 네트워크를 비롯한 커뮤니케이션 산업을 규제하기 위해 그 실상을 파악할 인력조차 제대로 갖고 있지 못한 데 있었다. 1967년 커뮤니케이션 산업의 매출액은 200억 달러에 이르렀지만 FCC는 전체 연방정부 예산 1000억 달러 가운데 겨우 1700만 달러를 차지할 뿐이어서 커뮤니케이션 산업은커녕 7000여 개의 라디오 · 텔레비전 방송국을 일일이 살펴보기에도 역부족이었다.(Johnson 1967, Zeidenberg 1966)

그런 가운데 할리우드의 영향력 증대로 미국 텔레비전의 오락성이 극도로 심화되자 "문화 · 교양매체로서의 텔레비전"에 대한 사회적 요구가 점차 일어났다. 그러나 "검열권"이 없는 FCC가 네트워크들의 편성 · 제작에 간섭하는 데에는 근본적인 한계가 있었다. 존슨 행정부는 그런 문제를 기존 네트워크 텔레비전과는 별도로 새로운 공영방송 (public broadcasting)을 탄생시킴으로써 우회하려고 했다. 그런 배경에서 생겨난 것이 바로 '1967년 공영방송법'이었다. 이 법에 근거해 1968년 초에는 정부보조금 900만 달러로 CPB(Corporaion for Public Broadcasting)가 설립되었으며, 또 1969년 11월에는 CPB의 주도하에 PBS(Public Broadcasting Service)가 발족했다. PBS는 1970년 가을부터 1주에 12시간분의 프로그램을 전국의 교육텔레비전 방송국에 공급하기 시작했다.

그러나 공영방송법은 의회의 직접적인 예산지출 승인에 의한 국가의 재정지원과 대통령이 임명하고 의회가 승인하는 이사회로 구성된 CPB에 의한 재정관리를 규정함으로써 PBS의 자율성을 극도로 제한하는 문제를 안고 있었다. 그로 인해 후일 PBS 제작진의 활동에 대한 예산을 다시 승인해야 할 때가 오면 행정부와 의회가 이들의 편집 활동에 대해 비판을 가하는 것이 하나의 행사처럼 되어버렸다. 또 프로듀서들이 행정부 관리들이나 의회 의원들, CPB 고위간부들의 의지에 영합함으로써 생겨나는 자체 검열도 심각한 문제로 나타났다.

PBS가 발족되기 전 공영방송의 개념을 최초로 구현한 프로그램은 〈PBL(Public Broadcast Laboratory)〉이었다. 2시간 30분짜리 생방송 뉴스매거진 프로그램인 〈PBL〉은 포드재단으로부터 1000만 달러의 기금을 받아 제작되었으며 1967년 11월부터 교육방송국들을 통해 방송되었다. 〈PBL〉은 자금부족으로 1969년 5월에 폐지되었지만 당시 네트워크들의 보도 프로그램과는 달리 매우 심각하고 진지한 방송 저널리즘의 면모를 보여주었다. 〈PBL〉로부터 자극을 받은 네트워크들은 1968년 〈식스티 미니츠(60 Minutes)〉(CBS), 〈퍼스트 튜스데이(First Tuesday)〉(NBC), 〈20/20〉(ABC) 등 뉴스매거진 및 다큐멘터리 프로그램들을 방영하기 시작했다.

물론 〈PBL〉로부터 자극을 받긴 했지만 네트워크들의 목적은 어디까지나 돈벌이였다. 그래서 그들은 흥미진진한 "뉴스매거진 쇼"를 만들려고 애를 썼다. 〈식스티 미니츠〉는 얼마간의 시행착오를 거쳐 가장 인기 있는 프로그램 중 하나로 자리를 잡았다. 마이크 월리스(Mike

Wallace), 해리 리즈너(Harry Reasoner, 1923~1991), 몰리 세이퍼, 댄 래더(Dan Rather) 등 스타 기자들의 퍼스낼리티에 크게 의존한 〈식스티 미니츠〉는 다큐멘터리를 퍼스낼리티 쇼로 전환시켰다는 데에 큰 특색이 있었다. 그래서 〈식스티 미니츠〉의 성공을 사실상 '다큐멘터리의 사망' 신호로 보는 이들도 있다.(Baughman 1982) 그렇게 보는 것도 무리는 아니다. 전통 다큐멘터리는 학술적이지만, '몰리 세이퍼의 전쟁'이 시사해주는 텔레비전의 힘은 한 장의 뜨거운 그림이 아닌가. 텔레비전의 가공할 위력이 텔레비전이 심오해질 수 있는 가능성을 죽이는 역설이라고나 할까.

참고문헌 Arlen 1969, Baughman 1982, Bergreen 1980, Castleman & Podrazik 1982, Champlin 1966, Chomsky & Herman 2006, Cornwell 1966, Cummings 1966, Fraser 2002, Goldberg & Goldberg 1992, Gould 1966, Greenstein 2000, Griffith 1977, Halberstam 1979, Henry 1965, Johnson 1967, Marill 1984, Matusow 1983, Moynihan 1975, Neale 2004, O'Neill 1971, Time 1966, Tobin 1966, Turner 1985, Zeidenberg 1966, 손세호 2007, 시무라 마사오 외 1995, 우태희 2008, 이보형 2005, 이주영 1998, 최웅·김봉중 1997

"나는 베트콩에 아무 감정이 없다"
알리의 징집 거부와 국방성 행진

"나는 베트콩에 아무 감정이 없다"

1967년 4월 4일, 마틴 루서 킹은 뉴욕 리버사이드(Riverside)의 교회에서 흑인 인권 투쟁을 넘어서 베트남전쟁 반대에 온몸을 싣는 발언을 했다. 미국은 '오늘날 세계에서 가장 거대한 폭력 납품업자(the greatest purveyor of violence in the world today)'가 되었다며, 미국에 의한 일방적인 종전을 요구하고 나선 것이다. 물론 흑인 인권투쟁의 메시지도 포함되었다. "흑인들은 전체 인구를 구성하는 다른 인종과 비교해볼 때 예외적이라고 할 만큼 높은 비율로 죽어가고 있다. 그들이 미국 남서부와 조지아 주, 이스트할렘(East Harlem)에서는 맛본 적이 없는 자유를 동남아시아에 가져다주기 위해서 말이다."(Neale 2004, O'Neill 1971)

킹의 이 발언은 적어도 베트남의 장군들에겐 큰 효과가 있었다. 베트남 파병 미군 중 10퍼센트만이 전투병이었기 때문에 누구를 전투에 내보낼 것인가는 전적으로 장군들의 권한이었다. 1965년 전투 사망자의 약 4분의 1이 흑인이었으며, 1966년에는 16퍼센트였다. 그런데 1968년에는 13퍼센트, 1970년에는 9퍼센트, 1972년에는 7.6퍼센트로 줄어들었다. 전체 베트남전 전투 사망자 가운데 흑인이 차지하는 비율은 12.6퍼센트로, 이것은 전체 인구에서 흑인이 차지하는 비율과 대체로 일치했다.(Maclear 2002, Neale 2004)

킹의 리버사이드 발언이 있은 지 열흘 후인 1967년 4월 15일 뉴욕에서 30만 명이 참가한 반전 행진이 벌어졌으며, 3일 후인 4월 18일 "나비처럼 날아서 벌처럼 쏘겠다"는 말로 유명한 권투선수 무하마드 알리(Muhammad Ali)는 베트남전쟁 징집명령을 받았다. 그러나 알리는 "나는 베트콩에 아무 감정이 없다. …… 그들은 나를 검둥이(Nigger)라 부르지 않는다"는 말과 함께 징집을 거부했다. 이로 인해 그는 뉴욕주 복싱위원회의 의견을 따른 WBA(The World Boxing Association)로부터 챔피언 타이틀과 선수 자격을 박탈당했고, 연방법원으로부터 1만 달러의 벌금형과 5년 징역형을 선고받았다.

알리는 불복하고 항소해 감옥에서 풀려났다. 재판이 열릴 때마다 반전운동가와 흑인 민권운동가들의 시위가 계속됐고 알리는 전국 각 대학을 돌며 강연을 했다. 이 일로 그는 1960년대 미국 민권운동의 핵심이 됐다. 알리는 모든 사람에게 친절과 안식을 부르짖었으며 승리와 자신의 쾌락 이외에는 관심이 없는 스포츠 스타들에게 인간의 사랑을 역설했다.(Davis 2004, 성호준 1999)

무하마드 알리는 누구인가? 그는 1942년 1월 18일 미국 켄터키(Kentucky) 주 루이빌(Louisville)에서 캐시어스 마르셀러스 클레이 주니어(Cassius Marcellus Clay, Jr.)라는 이름으로 태어났다. 그가 태어난 루이빌은 지독하게 인종차별이 심한 곳이었고, 그는 그곳에서 불우한 어린 시절을 보냈다. 권투와 처음으로 인연을 맺게 된 것은 그의 나이 12세 때였다. 권투 체육관을 관리하던 백인 경찰 조 마틴(Joe E. Martin Sr., 1916~1996)에게 권투를 배운 클레이는 권투 훈련을 하며 텔레비전에 나오는 권투 챔피언을 연구하는 등 오로지 권투만을 생각하며 지냈다.

1967년 무하마드 알리의 모습.

이처럼 노력한 결과 그는 18세인 1960년 로마올림픽에 미국 대표로 출전해 라이트 헤비급 금메달리스트가 됐다. 가난하고 멸시받는 흑인이었던 그가 복싱 부문에서 세계 최정상에 서는 순간이었다. 하지만 기쁨도 잠시, 그의 인생을 뒤바꿀 만한 일이 생겼다. 금메달을 들고 금의환향하던 도중 우연히 백인만이 들어갈 수 있는 카페에 들어갔다가 백인들에게 몰매를 맞을 뻔한 것이다. 그는 이 사건으로 분노와 치욕을 느껴 자신이 딴 금메달을 고향의 오하이오강에 버렸다.

그해 10월 그는 프로로 전향했다. 가난 때문이었다. 프로로 전향한 그는 수많은 상대와 격전을 벌여 승리를 거두었다. 1964년 2월 25일, 클레이는 플로리다 마이애미에서 당시 헤비급 챔피언인 소니 리스턴(Sonny Liston, 1932~1970)과 대결했다. 소니 리스턴은 1962년부터 챔피언 자리를 지켜온 인물로 당시 사람들은 리스턴의 낙승을 예상했다.

1964년 일라이자 무하마드의 설교를 경청하는 알리(둘째 줄 맨 왼쪽).

하지만 클레이는 링 위에 오르기 전 그 유명한 "나비처럼 날아서 벌처럼 쏘겠다"는 말로 투지를 불태우며 사람들의 예상을 뒤엎고 리스턴을 8회 KO로 물리쳐 챔피언에 등극했다. 클레이가 첫 번째 헤비급 타이틀을 차지하는 역사적인 순간이었다.

그 뒤 클레이는 1965년 5월 25일 리스턴과의 재대결에서 번개처럼 빠른 오른손 펀치로 1회 KO승을 거두어 타이틀 방어에 성공했고, 1965년 11월 라스베이거스에서 열린 전 헤비급 챔피언 플로이드 패터슨(Floyd Patterson, 1935~2006)과의 경기에서 12회 KO승을 거뒀다. 이 승리를 포함해 클레이는 20개월 동안 8차례나 챔피언 방어에 성공했다.

리스턴을 물리치고 챔피언 자리에 오른 클레이는 경기 다음 날 열린 기자회견에서 "전 세계 7억의 검은 피부를 가진 사람들이 믿는 이슬람을 신봉하며, 알라만이 유일한 신"이라고 말하면서, 자신의 본명이 '노예 이름'이라는 이유로 무하마드 알리로 개명하겠다고 선언했다. 과거 흑인 노예제도가 있던 시절에는 백인 주인들이 노예들에게 로마 귀족 이름을 붙여주는 것이 상례였다.(Davis 2004, 안수찬 1999)

알리는 1967년 종교를 이슬람교로 개종하고 인종차별과 맞서는 블랙 무슬림(Black Muslim) 단체인 '네이션 오브 이슬람'에 가입했다. 이 단체의 지도자 맬컴 엑스는 알리의 절친한 친구였다. 그렇게 의식화가 이루어진 상황에서 알리는 베트남전쟁 징집명령을 거부한 것이다.

국방성 데모 행진

학생비폭력조정위원회(SNCC)의 의장인 스토클리 카마이클은 "징집은 백인이 홍인종(아메리카 인디언)으로부터 훔친 땅을 지키려고 흑인을 보내 황인종을 상대로 전쟁을 벌이는 것"이라고 비난했다.(Neale 2004) 많은 백인들도 징집에 반대했다. 당시 징집거부운동은 전국적인 운동으로 비화하고 있었다.

그 과정에서 반전을 외치는 젊은이들은 길거리에서 징집 카드뿐만 아니라 미국의 국기인 성조기까지 불태우곤 했다. 이에 정부는 1967년 6월 14일 국기의 날을 부활시키고자 했다. 존슨 대통령은 "당신의 집에서, 직장에서, 마음속에서 국기를 휘날리자"며 국기의 날에 성조기를 게양할 것을 호소했다. 일주일 후 연방의회는 공개적으로 성조기를 훼손하거나 태우거나 짓밟는 등 고의로 모욕하는 자는 1000달러 이하의 벌금이나 1년 이하의 징역에 처할 수 있게 하는 성조기보호법을 통과시켰다.(Clark 2000) 이는 두고두고 뜨거운 논란을 빚게 된다.

1967년 10월 20일, 노엄 촘스키 · 작가 노먼 메일러 · 의사 벤저민 스포크(Benjamin Spock, 1903~1998) · 비평가 드와이트 맥도널드(Dwight MacDonald, 1906~1982) 등 저명인사들이 다수 참여한 가운데 대대적인 국방성 데모 행진을 위해 시위대가 워싱턴에 결집하기 시작했다. 994명의 징집영장이 법무장관에게 전달되었다. 그날 밤 국방성으로 군대가 출동했으며, 영부인인 레이디 버드 존슨(Lady Bird Johnson, 1912~2007)은 일기장에 "저녁식사 시간에 내일 무슨 일이 벌어질지 많은 얘기가 오갔다. 공포스러운 흥분이 허공에 파문처럼 일고 있다. 완전히 포위된 느낌이다"라고 썼다.(Neale 2004)

다음 날 15만 명의 시위대가 "협상하라"와 "오스왈드(케네디 암살범)가 필요한데 그는 어디 갔는가"라는 문구가 적힌 플래카드를 들고 국방성을 향해 행진했다. 국방성 경비 책임자인 폴 니체의 자식 4명 가운데 3명이 시위대 안에 있었다. 전부는 아닐망정 다수 장군들에게는 전쟁에 반대하는 자식이 적어도 한 명은 있었다. 부자간의 대결이었다. 국방성 앞에서 시위대와 군인들이 충돌한 가운데 육탄전과 구타 그리고 대대적인 체포가 이루어졌다.

저널리스트 마이클 매클리어(Maclear 2002)에 따르면 "이날 난동은 미국이 남북전쟁을 겪은 이후 가장 과격한 반정부 시위로 평가되고 있다. 약 1000명이 체포되었다. 정부는 이날 국방부를 방어하는 데 107만 8500달러가 소요되었다고 발표했다. 반전운동 지도자 제리 루빈은 국방성 앞 데모가 지금까지 기울였던 반전 노력의 중요한 전환점이 되었다고 판단했다. …… 루빈은 베트남전을 종식시키는 유일한

1967년 10월, 반전운동가들이 펜타곤 경비 군인들에게 꽃을 건네고 있다.

방법은 미국 내에서의 가두시위라고 확신했다."

반전운동가들은 징집 자체에도 반대했지만, 대학생은 학업을 마칠 때까지 징집이 연기됐고 부잣집 아들들은 사실상 징집에서 면제되는 현실에 분노했다. 교전에 참가한 미군 병사의 80퍼센트는 블루칼라 출신이었으며, 나머지 20퍼센트도 아버지가 화이트칼라 직종에 근무했지만 대개 단순 반복 노동이었다. 어차피 징집될 것이라는 이유로 징집에 응한 대학생들도 있었지만, 엘리트 학교 출신은 드물었다. 예컨대, 1970년 하버드대학 학생 중에 베트남에 간 사람은 단 두 명뿐이었다.(Neale 2004) 슐레진저 2세에 따르면 "베트남전은 가난한 백인, 사회적 영향력이 전혀 없는 흑인의 아들들이 주로 싸웠다. 영향력 있는 사람들의 아들들은 모두 대학에 가 있었기 때문에 전쟁터에 나갈 필요가 없었다."(Maclear 2002)

베트남전쟁을 통틀어 25만 명이 징집을 기피했고, 100만 명이 징집제도를 위반했으나 기소된 사람은 2만 5000명에 불과했다. 학생 신분이나 다른 이유로 징집을 보류받은 젊은이의 숫자는 1500만 명에 달했으며, 양심수 성격의 징병 거부로 감옥에 간 사람은 3250명이었다. (Maclear 2002)

무하마드 알리의 활약

알리는 유죄 판결에 항소한 2년 남짓 링에 복귀하지 못했는데 "챔피언 타이틀은 링 안에서 판가름 나야 한다"는 여론에 힘입어 1970년 링으로 복귀했다. 때마침 1971년 6월 미국 최고법원은 알리의 신념에 따른 징병 거부에 대해 무죄 판결을 내렸다. 링으로 돌아온 알리는 당시 챔피언인 조 프레이저(Joseph W. Frazier)와의 경기에서 열전을 펼쳤으나 판정패의 수모를 겪어야 했다. 타이틀 획득에 실패한 알리는 패배에 굴하지 않고 타이틀을 되찾고자 고된 훈련을 계속했고 1974년 1월 28일, 조지 포먼(George E. Foreman)에게 챔피언 자리를 내줬던 조 프레이저와 재대결을 펼쳐 승리해 또 한번 세상을 깜짝 놀라게 했다.

조 프레이저를 꺾은 후 그는 다시 챔피언 타이틀을 위한 행보를 계속했다. 당시 누구도 꺾을 수 없다던 챔피언 조지 포먼에게 도전했던 것이다. 32세의 노장이었던 알리는 1974년 10월 30일 아프리카 자이르(현 콩고민주공화국)의 킨샤사에서 조지 포먼을 상대로 열전을 펼쳐 '무쇠 주먹' 포먼을 8회 KO로 눕히고 다시금 헤비급 챔피언 자리에 등극했다. 사람들은 이를 가리켜 '킨샤사의 기적'이라 불렀다.(성호준 1999)

이후 3년 동안 알리는 타이틀을 방어했다. 그동안 그는 서로 1승 1패씩을 주고받았던 라이벌 조 프레이저와 1975년 마닐라에서 재격돌해 15회 KO로 다시 물리쳤다. 1999년 미국의 스포츠 전문 케이블텔레비전 ESPN으로부터 '20세기의 라이벌' 2위로 선정되기도 했던 알리와 프레이저가 벌인 이 대결은 '마닐라의 공포'로 불리는 명승부로 기록되고 있다.(고석태 1999)

알리는 프레이저와의 대결 후 10여 차례 타이틀 방어에 성공했다. 그러나 그의 연승행진은 그리 오래가지 못했다. 1978년 2월 15일, 라스베이거스에서 알리는 도전자 레온 스핑크스(Leon Spinks)에게 판정패했다. 그러나 그해 9월 15일 뉴올리언스에서 열린 스핑크스와의 재대결을 승리로 이끌어 다시 한번 헤비급 타이틀을 손에 거머쥐었다. 프로권투 사상 최초로 세 차례나 헤비급 타이틀을 차지하는 역사적인 순간이었다.

스핑크스와의 경기 뒤 알리는 은퇴를 선언했다. 하지만 1980년 10월 래리 홈즈(Larry Homes)와의 컴백전을 계기로 다시 링에 복귀했다. 그러나 이미 알리는 전성기를 지나 선수 생명도 끝나가고 있던 상황이었다. 그는 이 경기에서 생애 첫 KO패를 당하는 수모를 겪었고, 결국 링에서 영원히 물러났다. 그의 프로 통산전적은 61전 56승(37KO) 5패였다.

은퇴 후 사교계에서 인기를 누리던 알리는 1984년 파킨슨병에 걸렸다. 복싱 후유증이었다. 마비 증세로 수족을 제대로 쓸 수 없게 됐고 말도 제대로 할 수 없게 된 알리는 병을 얻은 후 네 번째 아내 로니(Lonnie)와 미시간 주 베리언 스프링스(Berrien Springs)에 은거했다. 사

람들이 자신보다 자신의 장애에 관심을 갖는 것이 싫었기 때문이었다.(홍은택 1997)

'희망의 전도사'가 된 알리

알리가 다시 대중 앞에 모습을 보인 것은 1996년 7월 애틀랜타올림픽에서였다. 성화 점화자로 등장한 알리는 마비 증세를 보이며 어렵게 성화대에 불을 붙였고 시종일관 굳은 표정으로 사람들 앞에 서 많은 이들에게 안타까움을 주었다. 그는 이 대회에서 사마란치 IOC 위원장으로부터 금메달을 수여받았다. 1960년 자신의 금메달을 오하이오강에 버린 지 36년 만의 일이었다.

알리가 올림픽에 모습을 보인 후 많은 이들은 놀라움을 금치 못했다. 왕년의 복싱 영웅의 모습은 온데간데없이 사라지고 병마와 싸우는 초라한 모습이었기 때문이었다. 하지만 그는 애틀랜타올림픽에서 다시 영웅으로 태어났다. 장애인들의 영웅으로 말이다. 알리의 등장 이후 많은 사람들이 알리에게 전화를 걸어왔다.

데이비드 피터슨이라는 캘리포니아 고속도로 순찰경관은 "최근 몇 년간 눈물을 흘려본 적이 없는데, 당신의 성화 점화 장면을 보고 순찰하다 차를 세워놓고 한참을 울었다"고 소감을 전했고, 남편이 파킨슨병을 앓고 있는 어느 부인은 "남편이 우울증으로 수년간 바깥출입을 안 한 채 폐인처럼 살아왔는데 알리 당신이 올림픽에서 점화하는 것을 보고는 다음 날로 길거리에 나가서 지나가는 사람들을 붙잡고 무하마드 알리가 걸린 것과 똑같은 병에 걸렸다고 말하면서 우울증을 고치게 되는 기쁨과 감동을 맛보았다"며 울먹였다고 했다.(윤봉현

1997)

　자연스레 알리는 올림픽 때 자신의 모습을 본 장애인이 힘을 얻었다는 많은 사연을 접했고 이에 자극받은 덕인지 본격적으로 장애인을 위한 활동을 시작했다. 불편한 몸을 이끌고 이곳저곳을 누비며 예전의 '떠버리'로서가 아닌 '희망의 전도사'로서 활약했다.(권순일 1996) 또 그는 아프리카 난민구호 활동, 제3세계 부채탕감운동, 유엔평화사절 등에도 참여해 왕성한 사회활동을 벌였다. 1993년 이란-이라크 전쟁에서 생긴 2만 5000여 명의 포로를 맞교환하는 특사로 활동했고, 유엔평화사절단의 자격으로 아프리카 르완다 구호활동을 했으며 1995년 4월 평양에서 열린 '국제 체육·문화축전'에 참가하기도 했다.(안수찬 1999)

　그의 평화를 위한 활동은 계속되었다. 일례로 그는 1999년 12월 8일 아프리카 분쟁국인 브룬디(Brundi)의 평화회담을 위해 중재에 나서기도 했다. 그 와중에 로마를 방문했던 알리는 그곳에서 뜻하지 않은 선물을 받았다. 1960년 자신이 오하이오강에 버렸던 로마올림픽 금메달과 똑같은 모조 금메달을 받은 것이었다. 평소 로마올림픽에서 금메달을 딴 것을 생애 가장 위대한 일이라고 말해왔던 알리에게는 더없이 소중한 금메달이었기 때문에 알리는 감격해 눈물을 흘리기도 했다.(세계일보 1999)

　알리의 인기는 지금도 여전하다. 2009년 8월 7일, 알리가 미국 뉴욕 양키스타디움에서 열린 뉴욕 양키스와 보스턴 레드삭스의 라이벌전에 앞서 미국요식협회가 양키스에 주는 상의 시상자로 그라운드에 섰을 때, 양키스타디움을 가득 메운 팬들은 알리를 연호하며 환호했다.

성환희(2009)에 따르면 "알리의 등장은 경기 전부터 화제였고, 몸값이 수백억 원에 이르는 메이저리거들은 체면도 버리고 알리를 보기 위해 더그아웃에서 뛰쳐나왔다. 자니 데이먼(Johnny D. Damon, 양키스)과 제이코비 엘스버리(Jacoby M. Ellsbury, 보스턴)는 기립박수로 영웅을 환영했고, 양키스의 포수 호르헤 포사다(Jorge Rafael Posada)는 카트를 타고 외야를 돌던 알리에게 직접 다가가 악수를 청했다. 양키스의 주장 데릭 지터(Derek S. Jeter)는 알리에게 직접 양키스의 모자를 씌워주기도 했다. 알리를 태운 카트가 홈플레이트에 다다르자 외야에서 스트레칭으로 몸을 풀던 양 팀 선수들은 훈련을 중단하고 알리를 구경했다. 보스턴의 간판 타자 데이비드 오티스(David A. Ortiz)는 알리를 조금이라도 가까이에서 보기 위해 외야에서 홈까지 뛰어 왔다. 메이저리그 홈페이지는 앙숙 간의 양 팀 선수들이 모두 더그아웃 밖으로 나와 이런 이벤트를 함께 즐기는 것은 이례적인 일이라고 전했다. 그만큼 세대와 종목을 아우르는 알리의 막강 파워는 건재했던 것이다."

알리의 그런 '막강 파워'는 그가 권투계의 신화가 될 정도로 권투를 워낙 잘한 덕분이겠지만, 그와 동시에 "나는 베트콩에 아무 감정이 없다"는 한마디로 베트남전쟁의 슬픈 우스꽝스러움을 간단히 폭로한 덕인 것도 같다.

참고문헌 Barsky 1998, Clark 2000, Davis 2004, Maclear 2002, Neale 2004, O'Neill 1971, 강준만 외 1999-2003, 고석태 1999, 권순일 1996, 성호준 1999, 성환희 2009, 세계일보 1999, 안수찬 1999, 윤봉현 1997, 홍은택 1997

'보니와 클라이드'
베이비붐 세대의 저항

워렌 비티의 〈보니와 클라이드〉

1930년대는 은행강도가 극성을 부리던 시절이었다. 그러다 보니 연인 관계인 남녀 2인조 강도도 있었다. 1932년 11월, 보니 파커(Bonnie Parker, 1910~1934)와 클라이드 배로(Clyde Barrow, 1909~1934)라는 연인은 처음 은행을 턴 뒤 이후 은행강도로 명성을 떨쳤다. 1933년 7월 특수부대에 포위된 두 사람은 교묘히 탈출에 성공하는데, 당시 이들을 은근히 영웅시하는 분위기마저 있었다. 결국 두 사람은 체포되어 사형선고를 받고 1934년 5월 23일 형장의 이슬로 사라졌다.

이 실화를 소재로 삼아 1967년 상영된 영화 〈보니와 클라이드(Bonnie and Clyde)〉는 1960년대 후반을 대표하는 문화적 현상이 되었다. 한국에서도 〈우리에게 내일은 없다〉는 제목으로 상영돼 히트한 영화다. 영화에선 보니(페이 더나웨이 분)와 클라이드(워렌 비티 분)가 150발의 총알을 맞고 차 안에서 죽는 결말로 그려졌다.(김용관 2009)

영화의 실존인물 보니 파커와 클라이드 배로.

    이 영화의 문화사적 의미는 우선적으로 할리우드 내의 세대 격차를 드러나게 한 데에 있다. 아서 펜(Arthur H. Penn)이 감독을 맡았지만, 주연이자 제작을 겸한 워렌 비티(H. Warren beatty)는 이 영화의 제작 지원을 받기 위해 워너브러더스의 잭 워너(Jack Warner) 앞에서 무릎까지 꿇었다. 비티는 엘리아 카잔(Elia Kazan, 1909~2003)의 〈초원의 빛(Splendor In The Grass)〉(1961)으로 이름은 널리 알려졌지만 큰 성공을 거두진 못하고 있었다. 비티는 케네디의 전쟁 무용담 영화에서 케네디 역을 제안받았으나 거절했을 뿐만 아니라 케네디 참모 피어 샐린저에게 각본이 '졸렬'하므로 프로젝트를 취소하라는 충고까지 곁들였다.

그렇게 튀는 행동을 마다치 않던 비티가 무릎을 꿇고 사정하는 등 워너를 물고 늘어진 것이다. "구두에 키스하겠습니다. 아니 구두를 핥겠습니다." 별로 믿기진 않지만, 비티는 그런 말도 했다고 한다. 어찌 됐건 비티의 애걸복걸로 워너의 마음이 돌아선 것은 사실이었다. 그러나 시사회 때 자금을 댄 워너의 반응은 차가웠다. 8월 뉴욕에서 개봉되자 영화평론가들은 혹평을 퍼부었다. 9월 미국 전역에서 개봉되었지만 이 영화는 흥행에 실패하고 말았다.

그런데 이상한 일이 일어났다. 9월 15일 런던에서의 개봉은 대성공이었다. 보니의 베레모가 유행하는 등 문화적 신드롬이 일었다. 미국의 흥행에 영향을 주기엔 늦은 시점이었지만, 미국 영화평론가들에게 미친 영향은 컸다. 미국 내 상영 종료 몇 주 후인 12월 8일 『타임』은 이 영화를 표지에 올려, '뉴시네마, 폭력과 섹스, 예술'이라는 제목을 달아 문화적 현상으로 다뤘다. 『타임』은 〈보니와 클라이드〉를 〈국가의 탄생(The Birth of the Nation)〉(1915년, 감독 데이비드 그리피스)과 〈시민 케인(Citizen Kane)〉(1941년, 감독 오슨 웰스)이 차지했던 개척적인 영화의 반열에 올려놓았으며 '분수령이 된 영화'로 평가하는 동시에 '올해 최고의 영화'로 선정했다.

비티는 이 기사를 핑계 삼아 영화의 재개봉을 요청했는데, 재개봉 이후 역사가 되었다. 처음엔 25개 영화관에서 재개봉을 했다가 2월

21일 340개로 늘어났다. 1967년 말까지의 스튜디오 수입액은 250만 달러였으나 재개봉에서 이 금액은 1650만 달러로 늘어나 역사상 최고 흥행작 서열 20위 이내에 포함되었다.

기존 권위에 대한 도전

〈보니와 클라이드〉는 전통적인 도덕률에 도전하면서 구세대와는 결별하는 새로운 영화 문화를 창조했다. 이 영화에서 악당은 은행강도가 아니라 전통적으로 권위의 화신이었던 부모와 보안관이었다. 영화 전문 언론인 피터 비스킨드(Biskind 2001)는 다음과 같이 말한다.

"〈보니와 클라이드〉는 거친 폭력 묘사 그리고 '그들'을 적으로 돌린 데 대해 사죄하기를 거부하는 데 그치지 않았다. 이 영화는 새로운 가치관으로 낡고 고지식한, 케케묵은 것에 맞서는 분위기와 활력을 뿜어냈다. 세대차의 잘못된 편에 있는 세대의 미국인들, 월남전에 대해 잘못된 편에 서 있던 사람들뿐 아니라 조용히 그리고 품위 있게 사라지기를 기대했던 영화 아카데미의 구세대들에게까지 '씨팔놈들'이라고 쏘아붙였던 것이다. …… 〈보니와 클라이드〉는 기념비적인 영화였다. 〈졸업(The Graduate)〉(1967년, 감독 마이크 니콜스)처럼 젊은 관객들은 이 영화를 '그들'의 것으로 받아들였던 것이다. 〈보니와 클라이드〉 이후 비티는 '작가'라고 불리지는 않았지만 영화산업에서 가장 위세 있는 인물 대열에 합류했다. 그는 할리우드에서 쓰인 각본 모두를 수령하는 배우가 되었다."

기존 권위에 대한 도전 의식이 강박관념으로까지 이어진 걸까? 비티의 엽색행각은 당시의 보수적인 성(性) 문화에 대한 도전이라는 점을 감안해도 지나친 점이 있었다. 피터 비스킨드(Peter Biskind)가 2010년 1월에 출간한 『스타: 워렌 비티는 어떻게 미국을 유혹했나(Star: How Warren Beatty Seduced America)』는 비티가 무려 1만 2775명의 여성과 잠자리를 함께했다는 주장을 담아 뜨거운 관심을 모았다. 영화전문지 『버라이어티(Variety)』 편집장 출신인 비스킨드는 제인 폰다(Jane S. Fonda), 이사벨 아자니(Isabelle Y. Adjani) 같은 명단은 비티가 자신에게 털어놓았으며 구체적인 수치는 "단순한 셈에 근거했다"고 밝혔다. 그 계산은 "누군가와 성관계를 맺지 않고는 하루도 잘 수 없었다"는 비티의 발언에서 근거했다. 1937년생 비티가 성인이 된 1957년부터 아네트 베닝(Annette F. Bening)과 결혼한 1992년까지 35년간 매일 한 명씩 성관계를 했다고 가정해 나온 숫자다. 1년에 365명씩 35년이면 1만 2775명이라는 것이다. 비스킨드는 책에서 배우 조앤 콜린스(Joan H. Collins)가 "그는 멈출 줄 몰랐고 하루 7번 관계하면서도 지치지 않았다"고 말했다고 소개했다. 그러나 전문가들은 비스킨드가 추산한 것처럼 35년 동안 하루도 쉬지 않고 매일 성관계를 하기란 거의 불가능하다고 말했다나.(곽수근 2010)

베이비붐 세대의 구매력

〈보니와 클라이드〉의 성공은 베이비붐 세대의 구매력 파워를 입증해준 사건이기도 했다. 이는 1960년대 후반 사실상 '폭발'이라고 해도 좋을 정도로 엄청난 힘을 과시했다. 로마노프스키(Romanowski 2001)에 따르면 "베이비붐 세대의 엄청난 규모만으로도 연예산업이 30대 미만을 과녁으로 삼기에 충분했다. 더욱이 전후 세대는 한 사업가가

보니 역의 페이 더너웨이와 클라이드 역의 워렌 비티.

청소년시장이야말로 아마도 최후의 '판촉전선'이라고 말할 정도로 강력한 소비자 집단이 되었다. 1950년대에 10대들은 매년 950만 달러를 썼다. 1965년에 이르러 그 수치는 120억 달러로 치솟았다. 젊은이들은 매년 화장품 종류에 5억 7000만 달러, 여성의류에 36억 달러 그리고 연예에 15억 달러를 썼다. 10대들이 전체 영화 입장권의 53퍼센트를 사고 전체 음반 구입의 43퍼센트를 차지했다."

그렇게 구매력을 갖춘 젊은 세대들을 감싸고 있던 사회적 분위기는 반전과 민권투쟁이었다. 기성세대의 가치관에 저항하는 새로운 청년시장이 탄생했고, 이를 공략하기 위해 고안된 영화들이 줄줄이 탄생했다. 〈보니와 클라이드〉외에 1967년 히트작 〈졸업〉, 1969년 〈내일을 향해 쏴라(Butch Cassidy and the Sundance Kid)〉, 〈이지 라이더(Easy

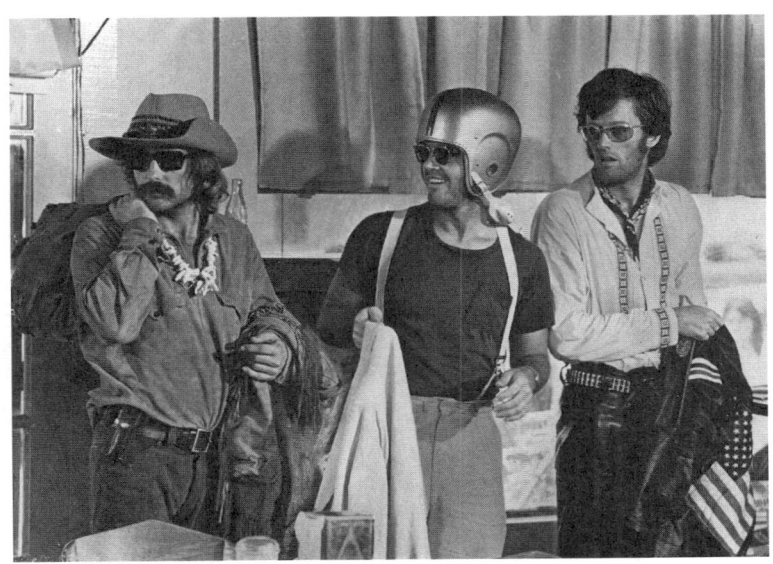

〈이지 라이더〉는 바이크로 미국 횡단여행을 떠나는 젊은이들이 나름의 자유를 찾아가는 모습을 표현했다. (왼쪽부터) 데니스 호퍼, 잭 니콜슨(Jack Nicholson), 제작자를 겸한 피터 폰다. ⓒ 연합뉴스

Rider)〉, 〈미드나이트 카우보이(Midnight Cowboy)〉 등이 바로 그런 영화다. 1969년에 나온 이 세 편의 영화는 이른바 '버디 무비(buddies movie)'의 원조가 되었다. 영국의 영화 평론가 로빈 우드(Wood 1994)는 당시 확립된 '버디 무비'의 원칙으로 ①여정(旅程) ②여성의 주변화 ③가정의 부재 ④남성 러브 스토리 ⑤공공연한 동성애적 인물의 등장 ⑥죽음 등 여섯 가지를 들었다.

그러나 할리우드의 구세대는 이런 영화들을 이해하지 못했다. 〈보니와 클라이드〉와 〈이지 라이더〉의 시사회가 열렸을 때, 스튜디오 간부들의 반응은 이런 쓰레기는 처음 봤다는 식이었다. 하긴 피터 폰다(Peter H. Fonda)와 함께 〈이지 라이더〉를 만든 데니스 호퍼(Dennis L. Hopper, 1936~2010)는 마약에 취해 사느라 영화를 연출하고 연기한 게

기적에 가깝다는 투의 말까지 했으니, 그렇게 본 것도 무리는 아니겠다.(이성욱 2002)

1966년 로버트 위버(Robert C. Weaver, 1907~1997)가 흑인 최초로 (주택 및 도시개발부) 장관이 되고, 1967년 서굿 마셜(Thurgood Marshall, 1908~1993)이 흑인 최초로 연방대법원 판사에 임명되었다. 이러한 흑인의 지위 향상과 더불어, 1967년 시드니 포이티어(Sidney L. Poitier)를 주인공으로 한 작품들의 괄목할 만한 성공은 흑인이 돈벌이의 대상이 될 수 있음을 할리우드에 보여주었다. 〈밤의 열기 속에서(In the Heat of the Night)〉, 〈언제나 마음은 태양(To Sir With Love)〉, 〈초대받지 않은 손님(Guess Who's Coming to Dinner)〉 등이 바로 그것이다. 1970년에서 1972년 사이에는 50편 이상의 극영화가 흑인 관객만을 위해 만들어진다. 이에 『버라이어티』는 1970년대 초 흑인 배우가 나오고 흑인 관객을 위해 제작된 할리우드 장르 영화를 가리키는 '블랙스플로이테이션 영화(Blaxploitation films)' 라는 신조어를 만들어낸다.(Belton 2000)

상업적 계산이 있었다 하더라도, 스탠리 크레이머(Stanley Kramer, 1913~2001) 감독이 만든 〈초대받지 않은 손님〉의 감동은 특별히 언급할 필요가 있겠다. '말로만 하는 진보'를 시험대 위에 올린 영화이기 때문이다. 늘 인종차별을 비판하는 진보적 백인 언론인(스펜서 트레이시 분)이 어느 날 자기 딸(캐서린 햅번 분)이 결혼하겠다며 흑인 남자(시드니 포이티어 분), 그것도 이혼남을 데리고 오자 심각한 고뇌와 번민에 빠진다. 그러나 결국 결혼을 허락하는 해피엔드다. 파격적인 스토리의 이 영화는 결혼 후 두 사람이 직면하게 될 여러 가지 문제들에 대해서는 아무런 시사도 하지 않고 있기 때문에 '기만적' 이라는 비판도

인종을 초월한 사랑을 그린 영화 〈초대받지 않은 손님〉. ⓒ 중앙일보

있지만, 그것은 과도한 주문인 것 같다. 이 영화는 KKK로부터 맹렬한 반발을 샀다.(1990년에 흑백 간 결혼한 부부는 21만 1000쌍으로, 미국인 1000명당 4쌍의 비율이었다.)(오치 미치오 외 1993)

마이크 니콜스(Mike Nichols) 감독의 영화 〈졸업〉의 줄거리도 당시로선 파격적이었다. 미국 동부의 명문대학을 으뜸 졸업하고 로스앤젤레스의 집으로 돌아온 21세의 부잣집 청년 벤저민(더스틴 호프먼 분)은 미래에 대한 불안감에 갈피를 잡지 못하다가 귀향 파티에 온 아버지 동업자의 아내인 로빈슨 부인(앤 밴크로프트 분)에게서 노골적인 유혹을 받고 불륜에 빠져든다. 벤저민이 얼마 뒤 대학에서 돌아온 로빈슨 부인의 딸 일레인(캐서린 로스 분)을 사랑하게 되자 분노한 로빈슨 부인은 둘 사이의 일을 폭로한다. 낙담한 일레인은 다른 남자와의 결혼을 서두른다. 그제야 자신이 해야 할 일을 깨달은 벤저민은 결혼식이

열리는 교회에서 웨딩드레스를 입은 그녀의 손을 잡아끌고 도망쳐 지나가던 노란 버스에 올라탄다.

이 영화는 파격적인 줄거리뿐 아니라 곳곳에 삽입된 사이먼 앤드 가펑클(Simon & Garfunkel)의 노래들로 더 유명해졌다. 1941년생 동갑내기인 폴 사이먼(Paul F. Simon)과 아트 가펑클(Arthur Garfunkel)은 팝 역사상 최고의 남성 듀오로 꼽힌다. 한국 가수 SG워너비가 "사이먼 앤드 가펑클처럼 되고 싶다"는 뜻으로 그룹 이름을 지었을 정도다. 같은 고등학교에 다니던 둘은 1957년 '톰과 제리(Tom & Jerry)'라는 듀오를 결성해 첫 싱글 앨범을 발표했다. 각각 대학에 진학하며 갈라섰던 둘은 1962년 사이먼 앤드 가펑클이라는 이름으로 앨범을 냈지만 인기를 끌지 못하자 또 헤어졌다. 프로듀서 밥 존스턴(Bob Johnston)이 1966년 이들의 노래 '사운드 오브 사일런스(The Sounds of Silence)'를 록 버전으로 바꿔 인기를 끌면서 행운이 찾아왔다. 둘은 신곡을 발표했고, 이듬해 영화〈졸업〉의 성공으로 절정기를 맞았다.(박중현 2009)

1960년대 말 할리우드의 이런 낭만은 오래 지속될 수 없으리라는 조짐이 동시에 일어났으니, 그건 바로 인수·합병 붐이었다. 1966년 파라마운트(Paramount)가 석유재벌인 걸프앤드웨스턴(Gulf and Western)에 매각된 것을 시작으로, 1967년 유나이티드 아티스츠(United Artists Corporation)는 트랜스아메리카(Transamerica)에, 워너브러더스는 세븐아트(Seven Art)사에 매각되었다. 1969년엔 MGM이 부동산 재벌 커크 커코리언(Kirk Kerkorian)의 수중에 들어갔다.

이와 관련해 허문영(1998)에 따르면 "자본의 덩치는 커졌지만 영화를 모르는 모회사들은 합병 초기에 할리우드 스튜디오를 무거운 세금을 탕감하기 위한 사업 분야로 활용했다. 재미있는 사실은 이윤을 위해서뿐만 아니라 세금 회피 수단으로 할리우드에서 영화제작이 이루어졌던 1960년 후반과 1970년대 초에 미국 영호사에서 유례없는 예술 영화 붐이 일었다는 것이다."

백남준의 '문화 테러리즘'

1960년대 후반에 나타난 이런 일련의 '문화 충격'엔 한국의 백남준 (1932~2006)도 가세했다. 백남준에 대한 족보 탐구부터 시작해보자. 그는 1932년 7월 20일 섬유회사를 경영하던 매우 부유한 가정의 3남 2녀 중 막내로 태어났다. 그는 유년시절에 피아노를 배우고 14세에 작곡을 했으며, 탄탄한 음악 교육을 17세 때까지 국내에서 받았다.

백남준은 1952년 도쿄대학에 입학해 1956년에 미학으로 학사학위를 받았다. 그는 미학을 전공하면서 서양음악에 대해서도 깊이 공부했다. 다시 독일로 유학을 떠난 후에는 1956~1962년에 뮌헨대학 등 여러 대학을 옮겨 다니면서 음악사, 음악이론, 피아노 테크닉 등에 대해 정통하게 되었다. 그는 당시 작곡을 하면서 어린 아이의 재잘거림, 물 흐르는 소리, 혼자 중얼거리거나 외치는 소리 등을 담은 테이프를 사용하기도 했다.

전자 음악에 심취해 있을 때인 1958년에는 미국인 작곡가 존 케이지(John M. Cage, Jr., 1912~1992)를 만나게 되었으며 이 만남이 그의 인생을 바꾸어놓았다. 당시 케이지는 전자 음악의 한계를 절감하고 음악 연주의 영상적, 연극적 요소에 큰 관심을 갖고 있었다. 그는 관객 참여를 유도하기 위해 무대에서 호루라기를 불기도 했으며 자유의 표

백남준의 작품 '다다익선(多多益善)'. 1003개의 브라운관 텔레비전을 쌓은 탑이다.

현을 위해서라면 그 어떤 모험도 마다하지 않았다.(Walsh 1993)

1959년 백남준은 자신이 비명을 지르는 모습을 테이프에 담고 깡통, 유리, 달걀, 장난감, 자동차, 피아노 등을 등장시킨 작품을 선보였다. 그는 1960년대 초 여러 유럽 도시들을 돌면서 네오다다이스트(Neodadaist; 이미 이루어져 있는 미적 가치를 파괴하고 새로운 창조활동을 지향하는 예술가들) 그룹인 플럭서스(Fluxus)와 같이 해프닝을 벌이는 '행위 음악' 또는 '행위 연주'에 몰두했다. 그는 이 당시 일부 평론가들에 의해 '문화적 테러리스트(cultural terrorist)'로 불렸다.

백남준이 텔레비전을 소재로 한 최초의 작품을 선보인 것은 1963년이었다. 그는 13대의 흑백텔레비전 수상기를 가지고 '장난'을 쳤다. 한 엔지니어 친구와 더불어 텔레비전을 마이크와 연결해놓고 음파로 이미지를 조작해내는 '장난'이었다. 백남준은 일본인 전위 기술자인 수야 아베의 도움을 받아 K-456이라는 전자 로봇을 만들었는데, 이 로봇을 데리고 1964년에 미국 공연을 했다. 그는 로봇으로 하여금 맨해튼의 거리를 걷게 했는가 하면, 로봇이 1961년 케네디 대통령의 취임 연설을 암송하는 장면을 연출하기도 했다.

백남준은 미국에서 줄리어드 음대 출신으로 '아메리칸 심포니 오케스트라'의 단원인 24세의 첼리스트 샬럿 무어먼(Charlotte Moorman Garside, 1933~1991)을 만나 같이 활동에 들어갔다. 그는 그녀와의 협연에서 머리를 물속에 처박고 비명을 지르며 피아노를 연주하는 등 해프닝을 선보였으며, 나중엔 음악과 비디오와 섹스의 결합을 시도했다. 그녀는 '신(新)음악의 잔 다르크(The Jeanne d' Arc of New Music)'로 불렸다.(O' Neill 1971)

1967년 백남준의 뉴욕 공연 '오페라 섹스트로니크(Opera Sextronique)'에선 무어먼이 유방을 완전히 드러난 채 첼로를 연주했는데, 그는 공연 도중 무어먼과 함께 경찰에 체포당해 '공공장소에서의 과다노출죄'로 재판에 넘겨졌다. 백남준은 이에 대해 다음과 같은 의문을 제기했다.

"문학과 예술에서 중요한 주제인 섹스가 어찌하여 음악에서만 금지되는가? …… 심각해지고자 한다는 구실 아래 섹스를 정화한다고 해서 문학과 미술과 마찬가지로 고전적 예술에 위치한 음악의, 소위 말하는 '심각함'에 무슨 흠이 생기겠는가? 음악의 역사에도 음악의 D. H. 로렌스, 음악의 지그문트 프로이트가 필요하다."(채장석 1991)

그런 신념에 따라 백남준의 '무어먼 벗기기'는 이후에도 계속되었다. 1969년의 '살아 있는 조각을 위한 TV 브라'에서는 상체를 벗은 채 앞가슴을 가린 브래지어 위에 소형 텔레비전 모니터를 부착한 무어먼이 첼로를 연주했다.

백남준은 재판까지 받은데다 비용 문제와 비자 문제가 겹쳐 크게 낙담하지만, 다행히 뉴욕주립대학(스토니부룩)의 객원예술가로 초빙되어 힘을 얻게 되었다. 그는 이곳에 있으면서 「인스턴트 지구 대학(instant global university)」이라는 긴 논문을 쓰게 되는데, 이는 마셜 매클루언의 '지구촌' 개념과 맥을 같이하는 것이었다.

백남준의 비디오 아트는 1969년 보스턴의 WGBH-TV를 통해 7분간 방영되었다. 작품 '전자 오페라 1번(Electronic Opera No. 1)'은 베토벤의 월광 소나타를 연주하는 피아니스트, 나체 댄서의 겹치는 이미지, 닉슨 대통령의 연설 장면, 히피들의 몸짓 등을 합성한 것으로, 큰 성공을 거두었다. 백남준은 그 성공에 고무돼 WGBH-TV를 설득해 1만 달러를 투자하게 하여 이른바 비디오 합성기(video-synthesizer)를 만들었다. 이는 다양한 소스로부터 비디오 및 오디오 인풋(input)을 받아들여 무한대의 컬러 이미지를 만들어내는 기능을 갖추고 있었다.

그는 그렇게 해서 만든 작품을 1970년에 4시간짜리 시청자 참여 쇼로 선을 보였다. 이 작품은 『뉴스위크』 등 언론으로부터 격찬을 받아 다음 해 초에 재방영될 만큼 대성공을 거두었다. 이런 일련의 활동으로 그는 미국에서 '비디오 아트의 창시자' 또는 '비디오 아트의 조지 워싱턴'이라고 불리게 된다.

히피 공동체의 탄생

1950년대 후반의 비트니크(beatnik) 문화는 1960년대에 히피(Hippie; hip에서 유래한 말로 '유행하다'라는 뜻) 문화가 되어 마약과 평화주의가 함께 어우러지게 되었다. 이후 많은 이들이 중앙아시아 순례길에 동참하거나 최초의 노마드(Nomad)들의 나라였던 아프가니스탄이나 네팔을 여행하기도 하는 등 믿을 수 없는 일들이 일어났다.(Attali 2005)

1963년 미국 뉴욕의 어느 추운 겨울날이었다. 일찍 눈을 뜬 무명가수 존 필립스(John Phillips, 1935~2001)는 아내 미첼(Michelle)을 흔들어 깨워 꿈에서 본 로스앤젤레스(LA) 이야기를 들려주며 노랫말을 쓰고 곡을 만들었다. "나뭇잎은 단풍들고 하늘은 잿빛이네/겨울 거리를 거닐었지 /LA라면 따뜻하고 안락했을 텐데/이런 겨울날엔 캘리포니아를 꿈꾸네." 존과 미첼이 1965년 LA로 건너가 만든 4인조 그룹 '마마스 앤드 파파스'의 데뷔곡이자 대표작인 '캘리포니아 드리밍(California Dreaming)'은 이렇게 세상에 나왔고, 세상 사람들의 꿈을 그렇게 흔들어왔다.

인기와 로스앤젤레스 생활이 아내 미첼과 갈라서게 했지만 존은 캘리포니아에 더 취해갔다. 1967년 존은 캘리포니아 꿈의 완결판이라고 할 노래 '샌프란시스코(San Francisco)'를 만들어 스콧 매킨지(Scott

McKenzie)에게 준다. "샌프란시스코에 가면/잊지 말고 머리에 꽃을 꽂아요.(If you're going to San Francisco, Be sure to wear some flowers in your hair.)" 이 노래는 새로운 문화와 삶을 찾던 젊은 베이비부머들을 달뜨게 만들었고, 샌프란시스코는 히피의 성지이자 베트남전쟁 반대운동의 중심이 됐다.(유병선 2009)

샌프란시스코에서 탄생한 히피는 1966~1967년에 이르러 국제적인 초점이 되었는데, 언론은 그들의 특징으로 마리화나, 긴 머리, 공동체 생활, 평화, 자유연애 등에 주목했다. 히피는 일반적으로 안락한 중산층의 배경에서 나왔고 1960년대의 물질적 풍요가 그들의 자발적 체제 이탈을 가능케 했다. 히피는 겉으로는 주류 사회와 가치를 거부하는 문화정치 스타일을 내세웠지만, 여러 면에서 모순적인 존재였다.(Shuker 1999)

히피가 중산층 출신이면서도 중산층을 경멸한 이유는 중산층의 삶이 너무 뻔하다는 것이었다. 시어도어 로작(Theodore Roszak)의 『대항문화의 형성(The Making of Counter Culture)』(1968)에 따르면, 이런 이유였다. "부르주아는 욕심에 사로잡혀 있다. 그들의 성생활은 진부하고 의례적이며, 가족관계는 통속적이다. 그들의 옷과 차림새의 노예적인 일치성은 저속하고, 돈에 움직이는 판에 박힌 삶은 참기 어려운 것이다."(Brooks 2001)

사회학자 케네스 케니스턴(Kenneth Keniston)은 미국 신좌파와 히피에 관한 연구에서 창조적 정신이 '제도화된 위선'을 파괴함에 따라 "원칙과 실제 사이의 보편적 괴리가 벌거벗은 모습을 드러내게 된다"고 말한다.(Burns 2006) 그런 벌거벗은 모습에 주목해 미국을 '파시스

1969년 팜스프링스에서의 히피들. ⓒ Wikiwatcher1

트 돼지 나라'라고 부른 히피들은 공동체 생활과 떠돌이 생활, 독신 생활과 자유분방한 성관계를 대안으로 발견했다.(Bologne 2006, Heath & Potter 2006)

그들이 지저분한 데에도 그들 나름의 이유가 있었다. 19세기 말엽 세력이 증대된 노동자계급이 도시로 이동함에 따라 계급 간 경계선이 불명확해지자, 부르주아 계급은 위협을 느껴 더욱 청결에 집착했다. 이와 관련해 인류학자 매리 더글러스(Mary Douglas, 1921~2007)는 "어느 한 사회의 외부 경계선이 위협받거나, 혹은 그 문화의 도덕성 내부에서 내적 모순으로 인해 위험이 발생할 때 더러움에 대한 불안감이 발생한다"고 말한다.(Corrigan 2001) 히피 공동체가 청결을 부르주아적이고, 지저분한 것을 혁명적이라고 본 이유도 바로 여기에 있다. 중산층 방문자들은 히피의 생활양식 중에서도 지저분한 것을 가장 역겨워했고, 반면 히피들은 아주 좋아했다.(McLaughlin & Davidson 2005)

어디에서 유래했건 '청결강박증'은 '분리에 대한 확인'이나 '구별짓기'가 강한 사회에서 기승을 부리는 법이다. 결코, 반길 일만은 아니다. 그렇다고 해서 히피처럼 불결하게 사는 게 대안이 될 수는 없지만 '청결강박증'이 차별과 배제의 수단으로 오·남용되는 것을 경계할 필요가 있겠다.

따지고 보면 이제 더욱 뜨거운 열기로 미국 사회를 강타할 베트남전쟁도 미국은 '청결'하다는 강박의 산물이 아니겠는가. 다음 10권에서는 베트남전쟁의 소용돌이와 더불어 그 와중에 발생한 워터게이트 사건이 미국을 어떻게 흔들어놓았는지 그 전모를 자세히 살펴보자.

참고문헌 Attali 2005, Belton 2000, Biskind 2001, Bologne 2006, Brooks 2001, Burns 2006, Clarke 2004, Corrigan 2001, Current Biography 1983, Heath & Potter 2006, McLaughlin & Davidson 2005, O'Neill 1971, Romanowski 2001, Shuker 1999, Sklar 1975, Walsh 1993, Wood 1994, 곽수근 2010, 김성곤 1997, 김용관 2009, 박중현 2009, 사루야 가나메 2007, 오치 미치오 외 1993, 유병선 2009, 이성욱 2002, 채장석 1991, 허문영 1998

참고문헌

Jerry Adler, 「The Man Behind the Scenes」, 「Newsweek」, May 26, 1986, p.64.
타리크 알리(Tariq Ali), 정철수 옮김, 「근본주의의 충돌: 아메리코필리아와 옥시덴털리즘을 넘어」, 미토, 2003.
J. Herbert Altschull, 「The Journalist and Instant History: An Example of Jackal Syndrome」, 「Journalism Quarterly」, 50(1973), pp.489~496.
조엘 안드레아스(Joel Andreas), 평화네트워크 옮김, 「전쟁중독: 미국이 군사주의를 차버리지 못하는 진정한 이유」, 창해, 2003.
Hannah Arendt, 「Eichmann in Jerusalem: A Report on the Banality of Evil」, New York: Penguin Books, 1963.
한나 아렌트(Hannah Arendt), 이진우·태정호 옮김, 「인간의 조건」, 한길사, 1996.
Michael J. Arlen, 「Living Room War」, New York: Penguin Books, 1969.
데이비드 아널드(David Arnold), 서미석 옮김, 「인간과 환경의 문명사」, 한길사, 2006.
자크 아탈리(Jacques Attali), 이효숙 옮김, 「호모 노마드: 유목하는 인간」, 웅진닷컴, 2005.
Ben H. Bagdikian, 「Television: "the President's medium?"」, 「Columbia Journalism Review」, 1(Summer 1962), pp.34~38.
Ben H. Bagdikian, 「In the Midst of Plenty: A New Report on the Poor in America」, Boston, Mass.: Signet Books, 1964.
John E. Baird, Jr. & Sanford B. Weinberg, 「Group Communication: The Essence of Synergy」 2nd ed., Dubuque, Iowa: Wm.C.Brown, 1981.
스티브 M. 바킨(Steve M. Barkin), 김응숙 옮김, 「미국 텔레비전 뉴스」, 커뮤니케이션북스, 2004.
Erik Barnouw, 「The Sponsor: Notes on a Modern Potentate」, New York: Oxford University Press, 1978.
Harold Barrett, 「John F. Kennedy Before the Greater Houston Ministerial

Association」, 『Central States Speech Journal』, 15(November 1964), pp.259~266.
로버트 바스키(Robert Barsky), 장영준 옮김, 『촘스키, 끝없는 도전』, 그린비, 1998.
James L. Baughman, 「'See It Now' and Television's Golden Age, 1951~1958」, 『Journal of Popular Culture』, 15(1981), pp.106~115.
James L. Baughman, 「The Strange Birth of CBS Report's Revisited」, 『Historical Journal of Film, Radio and Television』, 2:1(1982), pp.27~38.
James L. Baughman, 「The National Purpose and the Newest Medium: Liberal Critics of Television, 1958~60」, 『Mid-America』, 64(1983), pp.41~55.
James L. Baughman, 『Television's Guardians: The FCC and the Politics of Programming 1958~1969』, Knoxville: Univ. of Tennessee Press, 1985.
Samuel L. Becker, 「Presidential Power: The Influence of Broadcasting」, 『Quarterly Journal of Speech』, 47(February 1961), pp.10~18.
Sally Bedell, 『Up the Tube: Prime-Time TV and the Silverman Years』, New York: The Viking Press, 1981.
존 벨튼(John Belton), 이형식 옮김, 『미국영화/미국문화』, 한신문화사, 2000.
Laurence Bergreen, 『Look Now, Pay Later: The Rise of Network Broadcasting』, New York: New American Library, 1980.
마이클 베클로스(Michael R. Beschloss), 「제3장 아이젠하워와 케네디: 두 권력의 비교연구」, 로버트 윌슨(Robert A. Wilson) 편, 허용범 옮김, 『대통령과 권력』, 나남, 2002, 63~86쪽.
Worth Bingham & Ward S. Just, 「The President and the Press」, Donald Bruce Johnson & Jack L. Walker eds., 『The Dynamics of the American Presidency』, New York: John Wiley & Sons, 1964, pp.284~290.
피터 비스킨드(Peter Biskind), 박성학 옮김, 『헐리웃 문화혁명』, 시각과언어, 2001.
장 클로드 볼로뉴(Jean Claude Bologne), 권지현 옮김, 『독신의 수난사』, 이마고, 2006.
George Bookman, 「Regulation by Elephant, Rabbit, and Lark」, 『Fortune』, June 1961, p.137.
Robert N. Bostrom, 「"I Give You a Man": Kennedy's Speech for Adlai Stevenson」, 『Speech Monographs』, 35(1968), pp.129~136.
Benjamin C. Bradlee, 『Conversations with Kennedy』, New York: W.W.Norton & Co., 1975.
벤저민 브래들리(Benjamin C. Bradlee), 김영배 옮김, 『'워싱턴포스트' 만들기』, 프레시안북, 1997.
벤저민 브래들리(Benjamin C. Bradlee), 「제5장 리처드 닉슨: "나는 그들에게 칼을 쥐어주었다"」, 로버트 윌슨(Robert A. Wilson) 편, 허용범 옮김, 『대통령과 권력』, 나남, 2002, 111~129쪽.
Philippe Braillard & Mohammad-Reza Djalili, 『The Third World and International

Relations』, Boulder, Colo.: Lynne Rienner, 1984.
Henry William Brands, Jr., 「Johnson and Eisenhower: The President, the Former President, and the War in Vietnam」, 『Presidential Studies Quarterly』, Summer 1985, pp.589~601.
Carl M. Brauer, 「Kennedy, Johnson, and the War on Poverty」, 『The Journal of American History』, 69(June 1982), pp.98~119.
Broadcasting, 「Minow's Friend in the White House」, 『Broadcasting』, September 18, 1961, pp.38~39.
데이비드 브룩스(David Brooks), 형선호 옮김, 『보보스: 디지털 시대의 엘리트』, 동방미디어, 2001.
찰스 T. 브라운(Charles T. Brown), 박상철 옮김, 『비틀즈 뒤집기』, 꾼, 1997.
피터 해리 브라운(Peter Harry Brown) & 패트 B. 바햄(Patte B. Barham), 김순하·김재윤 옮김, 『마릴린 먼로의 마지막 14주(전2권)』, 한국언론자료간행회, 1994.
빌 브라이슨(Bill Bryson), 정경옥 옮김, 『빌 브라이슨 발칙한 영어산책: 엉뚱하고 발랄한 미국의 거의 모든 역사』, 살림, 2009.
제임스 맥그리거 번스(James MacGregor Burns), 조중빈 옮김, 『역사를 바꾸는 리더십』, 지식의날개, 2006.
닐 캠블(Neil Campbell) & 얼래스데어 킨(Alasdair Kean), 정정호 외 공역, 『미국 문화의 이해』, 학문사, 2002.
James W. Carey, 「Harold Adams Innis and Marshall McLuhan」, Raymond Rosenthal ed., 『McLuhan: Pro & Con』, New York: Funk & Wagnalls, 1968.
Robert A. Caro, 『The Years of Lyndon Johnson: The Path to Power』, New York: Alfred A. Knopf, 1982.
레이첼 카슨(Rachel Carson), 이태희 옮김, 『침묵의 봄』, 참나무, 1991.
레이첼 카슨(Rachel Carson), 이충호 옮김, 『우리를 둘러싼 바다』, 양철북, 2003.
엘리스 캐시모어(Ellis Cashmore), 정준영 옮김, 『스포츠, 그 열광의 사회학』, 한울아카데미, 2001.
파비엔 카스타-로자(Fabienne Casta-Rosaz), 박규현 옮김, 『연애, 그 유혹과 욕망의 사회사』, 수수꽃다리, 2003.
Harry Castleman & Walter J. Podrazik, 『Watching TV: Four Decades of American Television』, New York: McGraw-Hill, 1982.
William H. Chafe, 『The Unfinished Journey: America Since World War II』, New York: Oxford University Press, 1986.
Giraud Chester et al., 『Television and Radio』, New York: Appleton-Century-Crofts, 1971.
노엄 촘스키(Noam Chomsky), 오애리 옮김, 『507년, 정복은 계속된다』, 이후, 2000.
노암 촘스키(Noam Chomsky) & 데이비드 바사미언(David Barsamian), 장영준 옮김, 『촘스키, 변화의 길목에서 미국을 말하다』, 시대의창, 2009.

노암 촘스키(Noam Chomsky) & 에드워드 허만(Edward S. Herman), 임채정 옮김, 『미국의 제3세계 침략정책』, 일월서각, 1993.
노엄 촘스키(Noam Chomsky) & 에드워드 허만(Edward S. Herman), 정경옥 옮김, 『여론조작: 매스미디어의 정치경제학』, 에코리브르, 2006.
토비 클라크(Toby Clark), 이순령 옮김, 『20세기 정치선전예술』, 예경, 2000.
J. J. 클라크(J. J. Clarke), 장세룡 옮김, 『동양은 어떻게 서양을 계몽했는가』, 우물이있는집, 2004.
스탠리 코언(Stanley Cohen), 조효제 옮김, 『잔인한 국가 외면하는 대중: 왜 국가와 사회는 인권침해를 부인하는가』, 창비, 2009.
F. Marlin Connelly, Jr., 「Some Questions Concerning Lyndon Johnson's Rhetoric in the 1964 Presidential Campaign」, 『Southern Speech Journal』, 37(1971), pp.11~20.
레이 코널리(Ray Connolly), 전찬일 · 임진모 옮김, 『존 레논』, 대륙, 1993.
로저 코먼(Roger Corman), 김경식 옮김, 『나는 어떻게 할리우드에서 백 편의 영화를 만들고 한 푼도 잃지 않았는가』, 열린책들, 2000.
Elmer E. Cornwell, Jr., 「The Johnson Press Relations Style」, 『Journalism Quarterly』, 43(Spring 1966), pp.3~9.
Elmer E. Cornwell, Jr., 「Role of the Press in Presidential Politics」, Richard W. Lee ed., 『Politics & the Press』, Washington D.C.: Acropolis Books, 1970, pp.13~33.
Peter Corrigan, 이성룡 외 옮김, 『소비의 사회학』, 그린, 2001.
엘리스 코스(Ellis Cose), 정명진 · 민훈기 옮김, 『미국 4대 신문의 성장사』, 한국언론자료간행회, 1992.
Timothy Crouse, 『The Boys on the Bus』, New York: Ballantine Books, 1972.
David Culbert, 「Television's Nixon: The Politician and His Image」, John E. O'Connor, ed., 『American History/American Television: Interpreting the Video Past』, New York: Frederick Ungar, 1983, pp.184~207.
John M. Culkin, 「A Schoolman's Guide to Marshall McLuhan」, 『Saturday Review』, March 18, 1967.
Milton C. Cummings, Jr., ed., 『The National Election of 1964』, Washington D.C.: The Brookings Institution, 1966.
Current Biography, 「Harrington, (Edward) Michael」, 『Current Biography』, 1969, pp.196~199.
Current Biography, 「Paik, Nam June」, 『Current Biography』, 1983.
아서 사이어(Arthur I. Cyr), 미국정치연구회 옮김, 『탈냉전기 미국외교정책: 미국과 유럽, 미국과 아시아』, 오름, 2000.
Daniel J. Czitrom, 『Media and the American Mind: From Morse to McLuhan』. Chapel Hill: University of North Carolina Press, 1982.
케네스 데이비스(Kenneth C. Davis), 이순호 옮김, 『미국에 대해 알아야 할 모든 것, 미국사』,

책과함께, 2004.
Midge Decter, 「Kennedyism」, 『Commentary』, 49(January 1970), pp.19~27.
Everette E. Dennis & John C. Merrill, 『Basic Issues in Mass Communication』, New York: Macmillan, 1984.
Robert A. Divine, 「Assessing Lyndon Johnson」, 『The Wilson Quarterly』, Summer 1982, pp.142~150.
밥 돌(Bob Dole), 김병찬 옮김, 『대통령의 위트: 조지 워싱턴에서 부시까지』, 아테네, 2007.
Sam Donaldson, 『Hold On, Mr. President!』, New York: Fawcett Crest, 1987.
Ronnie Dugger, 『The Politician: The Life and Times of Lyndon Johnson, the Drive for Power, from the Frontier to Master of the Senate』, New York: W. W. Norton, 1982.
윌리엄 J. 듀이커(William J. Duiker), 정영목 옮김, 『호치민 평전』, 푸른숲, 2003.
EBS 3분 영어제작팀, 『생각하는 영어사전 ing』, 인물과사상사, 2009.
Murray Edelman, 『The Licensing of Radio Services in the United States, 1927 to 1947: A Study in Administrative Formulation of Policy』, Urbana: Univ. of Illinois Press, 1950.
Murray Edelman, 『The Symbolic Uses of Politics』, Urbana: University of Illinois Press, 1964.
George C. Edwards Ⅲ & Stephen J. Wayne, 『Presidential Leadership: Politics and Policy Making』, New York: St. Martin's Press, 1985.
Arthur A. Ekirch, Jr., 「Eisenhower and Kennedy: The Rhetoric and the Reality」, 『Midwest Quarterly』, 17(Spring 1976), pp.279~290.
Marc Eliot, 『American Television: The Official Art of the Artificial』, Garden City, NY: Anchor Press, 1981.
Mahmoud El-Said, 「The United Nations and the New World Information Order」, 『Political Communication and Persuasion』, 1(1982).
톰 엥겔하트(Tom Engelhardt), 강우성·정소영 옮김, 『미국, 변화인가 몰락인가: 미국의 비판적 지성들과 함께한 블로그 인터뷰』, 창비, 2008.
질비아 엥글레르트(Sylvia Englert), 장혜경 옮김, 『상식과 교양으로 읽는 미국의 역사』, 웅진지식하우스, 2006.
Amitai Etzioni, 「The Grand Shaman」, 『Psychology Today』, 6(November 1972), pp.89~91.
Neil Everden, 「Nature in Industrial Society」, Ian Angus & Sut Jhally, eds., 『Cultural Politics in Contemporary America』, New York: Routledge, 1989, pp.151~164.
Henry Fairlie, 「Camelot Revisited」, 『Harper's Magazine』, 246(January 1973), pp.67~78.
데보라 G. 펠더(Deborah G. Felder), 송정희 옮김, 『세계사를 바꾼 여성들』, 에디터, 1998.
Marjorie Ferguson, 「Marshall McLuhan Revisited: 1960s Zeitgeist Victim or Pioneer

Postmodernist?」, 「Media, Culture and Society」, 13(1991).
Myra Marx Ferree & Beth B. Hess, 「Controversy and Coalition: The New Feminist Movement」, Boston, Mass.: Twayne Publishers, 1985.
다니엘 플린(Daniel J. Flynn), 오영진 옮김, 「미국의 변명」, 한국경제신문, 2003.
로널드 프레이저(Ronald Fraser), 안효상 옮김, 「1968년의 목소리: "불가능한 것을 요구하라!"」, 박종철출판사, 2002.
조너선 프리드먼(Jonathan L. Freedman) & 데이비드 시어스(David O Sears) & 메릴 칼스미스(J. Merrill Carlsmith), 홍대식 옮김, 「사회심리학」 개정판, 박영사, 1986.
베티 프리단(Betty Friedan), 김행자 옮김, 「여성의 신비」, 평민사, 1996.
사이먼 프리스(Simon Frith), 권영성·김공수 옮김, 「사운드의 힘: 록 음악의 사회학」, 한나래, 1995.
에리히 프롬(Erich Fromm), 김진홍 옮김, 「소유냐 삶이냐」, 홍성사, 1978.
에리히 프롬(Erich Fromm), 문국주 옮김, 「불복종에 관하여」, 범우사, 1987.
에리히 프롬(Erich Fromm) & 리처드 오스본(Richard Osborn), 「정신분석과 유물론」, 선영사, 2000.
존 루이스 개디스(John Lewis Gaddis), 정철·강규형 옮김, 「냉전의 역사: 거래, 스파이, 거짓말, 그리고 진실」, 에코리브르, 2010.
존 케네스 갤브레이스(John Kenneth Galbraith), 조규하 옮김, 「경제사 여행」, 고려원, 1994.
존 케네스 갤브레이스(John Kenneth Galbraith), 지길홍 옮김, 「불확실성의 시대」, 홍신문화사, 1995.
하워드 가드너(Howard Gardner), 이종인 옮김, 「20세기를 움직인 11인의 휴먼 파워」, 살림, 1997.
짐 개리슨(Jim Garrison), 이상곤 옮김, 「JFK: 케네디 대통령 암살의 진실」, 고려원, 1992.
데이비드 게이츠(David Gates), 「독일인과 유대인 악연(惡緣)의 뿌리」, 「뉴스위크 한국판」, 2000년 3월 15일, 74면.
Gary Paul Gates, 「Air Time: The Inside Story of CBS News」, New York: Harper & Row, 1978.
데이비드 거겐(David Gergen), 서율택 옮김, 「CEO 대통령의 7가지 리더십: 리처드 닉슨에서부터 빌 클린턴까지」, 스테디북, 2002.
로버트 골드버그(Robert Goldberg) & 제럴드 제이 골드버그(Gerald Jay Goldberg), 박성범 옮김, 「보도뉴스의 마술사 앵커맨」, 고려원, 1992.
Peter Golding, 「Media Role in National Development: Critique of a Theoretical Orthodoxy」, 「Journal of Communication」, 24(Summer 1974).
Eric Goldman, 「The Tragedy of Lyndon Johnson」, New York: Alfred A. Knopf, 1969.
Barry Goldwater, 「"Extremism Is No Vice"」, Gary Donaldson, ed., 「Modern America: A Documentary History of the Nation Since 1945」, Armonk, NY: M.E.Sharpe, 2007, pp.151~155.
존 스틸 고든(John Steele Gordon), 안진환·왕수민 옮김, 「부의 제국: 미국은 어떻게 세계 최강대국이 되었나』, 황금가지, 2007.
W. Terrence Gordon, 『Marshall McLuhan: Escape into Understanding(A Biography)』, New York: Basic Books, 1997.
Thomas E. Gossett, 『Race: The History of an Idea in America』, New York: Schocken Books, 1965.
Jack Gould, 「CBS Promotes Young Executives」, 『New York Times』, February 14, 1966, pp.27~29.
존 더 그라프(John de Graaf), 데이비드 왠(David Wann), 토머스 네일러(Thomas Naylor), 박웅희 옮김, 『어플루엔자: 풍요의 시대, 소비중독 바이러스』, 한숲, 2002.
캐서린 그레이엄(Katharine Graham), 뉴스위크 한국판 뉴스림 옮김, 『캐서린 그레이엄 자서전: 워싱턴포스트와 나의 80년』, 중앙일보, 1997.
Mark J. Green et al., 『Who Runs Congress?: Ralph Nader Congress Project』, New York: Bantam Books, 1972.
프레드 그린슈타인(Fred I. Greenstein), 김기휘 옮김, 『위대한 대통령은 무엇이 다른가』, 위즈덤하우스, 2000.
Ernest S. Griffith, 『The American Presidency: The Dilemmas of Shared Power and Divided Government』, New York: New York University Press, 1976.
로버트 그리피스(Robert Griffith), 하재룡 옮김, 『마녀사냥 매카시/매카시즘』, 백산서당, 1977.
Thomas Griffith, 〈Revving Up the Television News〉, 『Time』, August 22, 1977, pp. 58~61.
Gerald Gross, ed., 『The Responsibility of the Press』, New York: Clarion Book, 1966.
Dan F. Hahn & Ruth M. Gonchar, 「Political Myth: The Image and the Issue」, 『Today's Speech』, 20:3(Summer 1972), pp.57~65.
David Halberstam, 『The Powers That Be』, New York: Dell, 1979.
데이비드 핼버스탬(David Halberstam), 김지원 옮김, 『데이비드 핼버스탬의 1950년대 아메리카의 꿈』, 세종연구원, 1996.
Stuart Hall, 「The Determination of News Photographs」, Stanley Cohen and Jock Young, eds., 『The Manufacture of News: Social Problems, Deviance and the Mass Media』, London: Constable, 1973.
테드 할스테드(Ted Halstead) & 마이클 린드(Michael Lind), 최지우 옮김, 『정치의 미래: 디지털시대의 신정치 선언서』, 바다출판사, 2002.
C. T. Hanson, 「Mr. Nice Guy and the Watchdog Press: A Midterm Appraisal」, 『Columbia Journalism Review』, May/June 1983, pp.27~35.
Erwin C. Hargrove, 『The Power of the Modern Presidency』, New York: Alfred A. Knopf, 1974.
크리스 하먼(Chris Harman), 천경록 옮김, 『민중의 세계사』, 책갈피, 2004.
크리스 하먼(Chris Harman), 이수현 옮김, 『세계를 뒤흔든 1968』, 책갈피, 2004a.

Michael Harrington, 『The Other America: Poverty in the United States』, New York: Macmillan, 1962.
Anthony Hartley, 「John Kennedy's Foreign Policy」, 『Foreign Policy』, 4(Fall 1971), pp.77~87.
조지프 히스(Joseph Heath) & 앤드루 포터(Andrew Potter), 윤미경 옮김, 『혁명을 팝니다』, 마티, 2006.
E. William Henry, 「The 50-50 Rule」, 『Television Quarterly』, 4(Fall 1965), pp.7~22.
데이비드 헤이만(David Heymann), 유지나 옮김, 『재키라는 이름의 여자』, 한국언론자료간행회, 1992.
짐 호버먼(Jim Hoberman), 「케네디를 그리워하게 만드는 'D-13'」, 『씨네 21』, 2001년 6월 19일, 74면.
Joyce Hoffman, 『Theodore H. White and Journalism as Illusion』, Columbia: University of Missouri Press, 1995.
벨 훅스(Bel Hooks), 박정애 옮김, 『행복한 페미니즘』, 백년글사랑, 2002.
크리스토퍼 호락스(Christopher Horrocks), 김영주·이원태 옮김, 『마셜 맥루언과 가상성』, 이제이북스, 2002.
R. Gordon Hoxie, 『The Office of Commander in Chief: An Historical and Projective View』, 『Presidential Studies Quarterly』, 6:4(1976), pp.10~36.
Earl R. Hutchison, 「Kennedy and the Press: the First Six Months」, 『Journalism Quarterly』, 38(1961), pp.453~459.
Clive James, 「From Log Cabin to Log Cabin」, 『New Statesman』, June 9, 1978, pp.775~778.
캐슬린 홀 재미슨(Kathleen Hall Jamieson), 원혜영 옮김, 『대통령 만들기: 미국 대선의 선거 전략과 이미지메이킹』, 백산서당, 2002.
차머스 존슨(Chalmers Johnson), 이원태·김상우 옮김, 『블로우백』, 삼인, 2003.
차머스 존슨(Chalmers Johnson), 안병진 옮김, 『제국의 슬픔: 군국주의, 비밀주의, 그리고 공화국의 종말』, 삼우반, 2004.
Nicholas Johnson, 「Crises in Communications」, 『Television Quarterly』, 6(Winter 1967).
폴 존슨(Paul Johnson), 이희구 외 옮김, 『세계현대사(전3권)』, 한마음사, 1993.
폴 존슨(Paul Johnson), 왕수민 옮김, 『영웅들의 세계사』, 웅진지식하우스, 2009.
카트린 칼바이트(Cathrin Kahlweit) 외, 장혜경 옮김, 『20세기 여인들 성상, 우상, 신화』, 여성신문사, 2001.
Peter E. Kane, 「Evaluating the "Great Debates"」, 『Western Speech』, 30(Spring 1966), pp.89~96.
David S. Kaufer, 「The Ironist and Hypocrite as Presidential Symbols: A Nixon-Kennedy Analog」, 『Communication Quarterly』, 27(Fall 1979), pp.20~26.
Doris Kearns, 「Lyndon Johnson's Political Personality」, 『Political Science Quarterly』,

91:3(Fall 1976), pp.385~409.
Doris Kearns, 『Lyndon Johnson and the American Dream』, New York: Harper & Row, 1976a.
John F. Kennedy, 「Inaugural Address」, Wil A. Linkugel et al., 『Contemporary American Speeches: A Sourcebook of Speech Forms and Principles』, Belmont, Ca.: Wadsworth, 1972, pp.296~299.
John F. Kennedy, 「Ich Bin Ein Berliner」, Wil A. Linkugel et al., 『Contemporary American Speeches: A Sourcebook of Speech Forms and Principles』, Belmont, Ca.: Wadsworth, 1972a, pp.293~295.
폴 케네디(Paul Kennedy), 이일수 외 옮김, 『강대국의 흥망』, 한국경제신문사, 1996.
Montague Kern et al., 『The Kennedy Crises: The Press, the Presidency, and Foreign Policy』, Chapel Hill: University of North Carolina Press, 1983.
로널드 케슬러(Ronald Kessler), 임홍빈 옮김, 『벌거벗은 대통령 각하』, 문학사상사, 1997.
일레인 김(Elaine H. Kim), 「미국 속의 미국: 한 '한국계 미국인'이 본 미국의 내면」, 『당대비평』, 제14호(2001년 봄), 38~61쪽.
Martin Luther King, Jr., 「I Have a Dream」, Wil A. Linkugel et al., 『Contemporary American Speeches: A Sourcebook of Speech Forms and Principles』, Belmont, Ca.: Wadsworth, 1972, pp.289~293.
마틴 루서 킹(Martin Luther King, Jr.), 클레이본 카슨(Clayborne Carson) 엮음, 『나에게는 꿈이 있습니다: 마틴 루터 킹 자서전』, 바다출판사, 2000.
귀도 크놉(Guido Knopp), 이동준 옮김, 『광기와 우연의 역사 2』, 자작나무, 1996.
Richard Kostelanetz, 「Marshall McLuhan: High Priest of the Electronic Village」, Thomas H. Ohlgren and Lynn M. Berk, eds. 『The New Languages: A Rhetorical Approach to the Mass Media and Popular Culture』, Englewood Cliffs, N.J.: Prentice-Hall, 1977.
Arthur Krock, 『Memoirs: Sixty Years on the Firing Line』, New York: Funk & Wagnalls, 1968.
폴 크루그먼(Paul Krugman), 주명건 옮김, 『폴 크루그먼의 불황경제학』, 세종서적, 1999.
Walter LaFeber, 『The Panama Canal: The Crisis in Historical Perspective』, New York: Oxford University Press, 1978.
William J. Lanouette, 「The Washington Press Corps: Is It All that Powerful?」, 『National Journal』, June 2, 1979, p.898.
로렌스 리머(Laurence Leamer), 정영문 옮김, 『케네디가의 신화(전3권)』, 창작시대, 1995.
Laurence Leamer, 『The Kennedy Man 1901~1963: The Laws of the Father』, New York: William Morrow, 2001.
Daniel Lerner, 『The Passing of Traditional Society』, New York: Free Press, 1958.
Daniel Lerner, 「Toward a Communication Theory of Modernization」, Lucian W. Pye, ed., 『Communications and Political Development』, Princeton, N.J.: Princeton

University Press, 1963, pp.327~350.
스티븐 레빗(Steven D. Levitt) & 스티븐 더브너(Stephen J. Dubner), 안진환 옮김, 『슈퍼 괴짜경제학』, 웅진지식하우스, 2009.
Jethro K. Lieberman, 『Privacy and the Law』, New York: Lothrop, Lee & Shepard, 1978.
패트리샤 넬슨 리메릭(Patricia Nelson Limerick), 김봉중 옮김, 『정복의 유산: 서부개척으로 본 미국의 역사』, 전남대학교 출판부, 1998.
Wil A. Linkugel et al., 『Contemporary American Speeches: A Sourcebook of Speech Forms and Principles』, Belmont, Ca.: Wadsworth, 1972.
진 립먼-블루먼(Jean Lipman-Blumen), 정명진 옮김, 『부도덕한 카리스마의 매혹』, 부글북스, 2005.
A. Duane Litfin, 『Eisenhower on the Military-Industrial Complex: Critique of a Rhetorical Strategy』, 『Central States Speech Journal』, 25(1974), pp.198~209.
제임스 로웬(James W. Loewen), 이현주 옮김, 『선생님이 가르쳐 준 거짓말』, 평민사, 2001.
Gene Lyons, 『The Cold-War Watershed』, 『Newsweek』, May 26, 1986, p.69.
마이클 매클리어(Michael Maclear), 유경찬 옮김, 『베트남: 10,000일의 전쟁』, 을유문화사, 2002.
Robert MacNeil, 『The People Machine: The Influence of Television on American Politics』, New York: Harper & Row, 1968.
Frank Mankiewicz & Joel Swerdlow, 『Remote Control: Television and the Manipulation of American Life』, New York: Ballantine Books, 1978.
F. B. Marbut, 『News from the Capital: The Story of Washington Report』, Carbondale: Southern Illinois University Press, 1971.
필립 마샨드(Phillip Marchand), 권희정 옮김, 『마셜 맥루언: 미디어 시대의 예언자』, 소피아, 2006.
Herbert Marcuse, 『One-Dimensional Man: Studies in the Ideology of Advanced Industrial Society』, Boston, Mass.: Beacon Press, 1964.
헤르베르트 마르쿠제(Herbert Marcuse), 박병진 옮김, 『일차원적 인간: 선진산업사회의 이데올로기 연구』, 한마음사, 1986.
헤르베르트 마르쿠제(Herbert Marcuse), 김인환 옮김, 『에로스와 문명: 프로이트 이론의 철학적 연구』, 나남, 1989.
Alvin H. Marill, 『Movies Made for Television: The Telefeature and the Mini-Series 19641984』, New York: Zetrope, 1984.
데이비드 마크(David Mark), 양원보 · 박찬현 옮김, 『네거티브 전쟁: 진흙탕 선거의 전략과 기술』, 커뮤니케이션북스, 2009.
Larry Martz, 『Goldwater: Looking Back, Going Home』, 『Newsweek』, September 29, 1986, p.27.
Allen J. Matusow, 『John F. Kennedy and the Intellectuals』, 『The Wilson Quarterly』,

7:4(Autumn 1983a), pp.140~153.

Barbara Matusow, 『The Evening Stars: The Making of the Network News Anchor』, New York: Ballantine, 1983.

Thomas McGraw, 「Regulation in America: A Review Article」, 『Business History Review』, 49(Summer 1975).

Joe McGinniss, 『The Selling of the President 1968』, New York: Pocket Books, 1969.

앵거스 맥래런(Angus McLaren), 임진영 옮김, 『20세기 성의 역사』, 현실문화연구, 2003.

코린 맥러플린(Cirinne McLaughlin) & 고든 데이비슨(Gordon Davidson), 황대권 옮김, 『새벽의 건설자들: 더 나은 미래를 위한 생태 공동체 만들기』, 한겨레신문사, 2005.

Marshall McLuhan, 「Myth and Mass Media」, 『Daedalus』, 88(1959).

Marshall McLuhan, 『Understanding Media: The Extensions of Man』, New York: McGraw-Hill, 1965.

Marshall McLuhan, 『The Gutenberg Galaxy: The Making of Typographic Man』, New York: Signet Book, 1969.

마셜 매클루언(Marshall McLuhan), 박정규 옮김, 『미디어의 이해: 인간의 확장』, 커뮤니케이션북스, 1997.

마셜 매클루언(Marshall McLuhan), 임상원 옮김, 『구텐베르크 은하계: 활자 인간의 형성』, 커뮤니케이션북스, 2001.

Marshall McLuhan & Quentin Fiore, 『Medium Is the Massage: An Inventory of Effects』, New York: Bantam, 1967.

마셜 매클루언(Marshall McLuhan) & 쿠엔틴 피오레(Quentin Fiore), 김진홍 옮김, 『미디어는 맛사지다』, 열화당, 1988.

Marshall McLuhan & Barrington Nevitt, 「Medium Meaning Message」, 『Communication』, 1(1974).

Joseph A. Mehan, 「Unesco and the U. S.: Action and Reaction」, 『Journal of Communication』, 31:4(Autumn 1981).

Joshua Meyrowitz, 『No Sense of Place: The Impact of Electronic Media on Social Behavior』, New York: Oxford University Press, 1985.

네이슨 밀러(Nathan Miller), 김형곤 옮김, 『이런 대통령 뽑지 맙시다: 미국 최악의 대통령 10인』, 혜안, 2002.

Newton Minow, 「Program Control」, 『Vital Speeches of the Day』, June 15, 1962, p.528.

Thomas B. Morgan, 「Crisis Conflict and Change in TV News」, 『Look』, November 7, 1961, p.51.

Daniel P. Moynihan, 「The Presidency and the Press」, Aaron Wildavsky, ed., 『Perspectives on the Presidency』, Boston, Mass.: Little, Brown & Co., 1975, pp.184~205.

Robert Muccigrosso, 「Television and the Urban Crisis」, Doris A. Graber, ed., 『Media Power in Politics』, Washington, D.C.: Congressional Quarterly, 1984,

pp.253~259.
조너선 닐(Jonathan Neale), 정병선 옮김, 『미국의 베트남전쟁: 미국은 어떻게 베트남에서 패배했는가』, 책갈피, 2004.
Newsweek, 「The Columnists JFK Reads Every Morning(Cover Story)」, 『Newsweek』, December 18, 1961, pp.65~70.
Newsweek, 「The Administration」, 『Newsweek』, June 17, 1963, p. 33.
Rosy Nimroody, 「The S.D.I. Drain」, 『Nation』, January 16, 1988, p.41.
존 T. 누난(John T. Noonan), 이순영 옮김, 『뇌물의 역사』, 한세, 1996.
Bernard D. Nossiter, 『The Global Struggle for More: Third World Conflicts with Rich Nations』, New York: Harper & Row, 1987.
William L. O'Neill, 『Coming Apart: An Informal History of America in the 1960's』, New York: Times Books, 1971.
Ronald E. Ostman et al., 「Relations of Questions and Answers in Kennedy's Press Conferences」, 『Journalism Quarterly』, 58(1981), pp.575~581.
토머스 패터슨(Thomas E. Patterson), 미국정치연구회 옮김, 『미디어와 미국선거: 이미지 정치의 명암』, 오름, 1999.
Don R. Pember, 『Mass Media Law』 1996 ed., Dubuque, Iowa: Brown & Benchmark, 1996.
Paul Piccone, 「The Crisis of American Conservatism」, 『Telos』, vol.74(Winter 1987-88), pp.3~29.
Paul Piccone & Victor Zaslavsky, 「The Socio-Economic Roots of Re-Armament」, 『Telos』, vol.50(Winter 1981-82), pp.5~18.
James E. Pollard, 「Eisenhower and the Press: The Final Phase」, 『Journalism Quarterly』, 38(1961), pp.181~186.
James E. Pollard, 「The Kennedy Administration and the Press」, 『Journalism Quarterly』, 41(1964), pp.3~14.
William E. Porter, 『Assault on the Media: The Nixon Years』, Ann Arbor: The University of Michigan Press, 1976.
닐 포스트먼(Neil Postman), 김균 옮김, 『테크노폴리: 기술에 정복당한 오늘의 문화』, 민음사, 2001.
Earl Raab, 「What War and Which Poverty?」, 『The Public Interest』, 3(Spring 1966), pp.45~56.
미셸 라공(Michel Ragon), 주종원 옮김, 『현대의 폐허=도시』, 삼성미술문화재단, 1982.
카터 래트클리프(Carter Ratcliff), 신지영 옮김, 『앤디 워홀: 팝 아트의 슈퍼스타』, 눈빛, 1995.
George E. Reedy, 「The President and the Press: Struggle for Dominance」, 『Annals of the American Academy』, 427(September 1976), pp.65~72.
Dave Renton, 『Fascism: Theory and Practice』, London: Pluto Press, 1999.
윌리엄 라이딩스 2세(William J. Ridings, Jr.) & 스튜어트 매기버(Stuart B. McIver), 김형곤

옮김, 『위대한 대통령 끔찍한 대통령』, 한국언론자료간행회, 2000.
Fauneil J. Rinn, 「The Presidential Press Conference」, Aaron Wildavsky, ed., 『The Presidency』, Boston, Mass.: Little, Brown, 1969, pp 327~336.
제임스 리어단(James Riordan), 이순호 옮김, 『올리버 스톤: 할리우드의 급진적 영화감독, 그의 영화와 논쟁, 극단, 그리고 삶(전2권)』, 컬처라인, 2000.
헤더 로저스(Heather Rogers), 이수영 옮김, 『사라진 내일: 쓰레기는 어디로 갔을까』, 삼인, 2009.
Carl E. Rollyson, Jr., 「More Than a Popcorn Venus: Contemporary Women Reshape the Myth of Marilyn Monroe」, 『Journal of American Culture』, 10:3(Fall 1987), pp.19~25.
칼 롤리슨(Carl E. Rollyson, Jr.), 이지선 옮김, 『세상을 유혹한 여자 마릴린 먼로』, 예담, 2003.
윌리엄 D. 로마노프스키(William D. Romanowski), 신국원 옮김, 『대중문화전쟁: 미국문화 속의 종교와 연예의 역할』, 예영커뮤니케이션, 2001.
Bernard Roshco, 『Newsmaking』, Chicago: University of Chicago Press, 1975.
시어도어 로작(Theodore Roszak), 구홍표 옮김, 『세계여 경계하라: 재앙의 제국 미국의 승리주의자들』, 필맥, 2004.
폴 러셀(Paul Russell), 이현숙 옮김, 『The Gay 100: 소크라테스에서 마돈나까지』, 사회평론, 1996.
T. V. Sathyamurthy, 「Twenty Years of UNESCO: An Interpretation」, 『International Organization』, 21(1967), pp.614~633.
Arthur M. Schlesinger, Jr., 『A Thousand Days: John F. Kennedy in the White House』, Boston, Mass.: Houghton Mifflin, 1965.
William Schneider, 「An Insiders' View of the Election」, 『Atlantic Monthly』, July 1988, pp.29~57.
David Schoenbrun, 『America Inside Out: At Home and Abroad from Roosevelt to Reagan』, New York: McGraw-Hill, 1984.
Wilbur Schramm, 『Mass Media and National Development: The Role of Information in the Developing Countries』, Paris: UNESCO, 1964.
Tony Schwartz, 『The Responsive Chord』, Garden City, New York: Anchor Books, 1974).
토니 슈와르츠(Tony Schwartz), 심길중 옮김, 『미디어 제2의 신』, 리을, 1994.
리처드 솅크먼(Richard Shenkman), 이종인 옮김, 『미국사의 전설, 거짓말, 날조된 신화들』, 미래M&B, 2003.
파멜라 J. 슈메이커(Pamela J. Shoemaker), 최재완·하봉준 옮김, 『게이트키핑』, 남도, 1993.
로이 셔커(Roy Shuker), 이정엽·장호연 옮김, 『대중음악사전』, 한나래, 1999.
Hugh Sidey, 『A Very Personal Presidency: Lyndon Johnson in the White House』, New York: Atheneum, 1968.

A. W. Singham & Tran Van Dinh, 「From Bandung to Colombo: Conferences of the Non-Aligned Countries, 1955~1975」, New York: Third Press Review, 1976.

Robert Sklar, 「Movie-Made America: A Cultural History of American Movies」, New York: Vintage Books, 1975.

제임스 A. 스미스(James A. Smith), 손영미 옮김, 「미국을 움직이는 두뇌집단들」, 세종연구원, 1996.

윈턴 U. 솔버그(Winton U. Solberg), 조지형 옮김, 「미국인의 사상과 문화」, 이화여자대학교 출판부, 1996.

기 소르망(Guy Sorman), 박선 옮김, 「열린 세계와 문명창조」, 한국경제신문사, 1998.

Frank Stanton, 「Parallel Paths」, 「Daedalus」, 2(Spring 1960), pp.347~352.

Frank Stanton, 「Counter Advertising」, 「Vital Speeches of the Day」, June 15, 1972, p.528.

Gerald Emanuel Stearn, ed., 「McLuhan: Hot & Cool」, New York: The New American Library, 1967.

Ronald Steel, 「Walter Lippmann and the American Century」, Boston, Mass.: Little, Brown, 1980.

Hermann G. Stelzner, 「Humphrey and Kennedy Court West Virginia, May 3, 1960」, 「Southern Speech Journal」, 37(Fall 1971), pp.21~33.

앤서니 서머스(Anthony Summers), 정형근 옮김, 「조작된 신화: 존 에드거 후버(전2권)」, 고려원, 1995.

Robert E. Summers & Harrison B. Summers, 「Broadcasting and the Public」, Belmont, Ca.: Wadsworth Publishing Co., 1966.

카스 R. 선스타인(Cass R. Sunstein), 박지우·송호창 옮김, 「왜 사회에는 이견이 필요한가」, 후마니타스, 2009.

제임스 서로위키(James Surowiecki), 홍대운·이창근 옮김, 「대중의 지혜: 시장과 사회를 움직이는 힘」, 랜덤하우스중앙, 2005.

제럴드 서스먼(Gerald Sussman) & 존 A. 렌트(John A. Lent), 「커뮤니케이션과 제3세계 개발에 관한 비판적 시각들」, 황상재 편, 「정보사회와 국제커뮤니케이션」, 나남, 1998.

커윈 C. 스윈트(Kerwin C. Swint), 김정욱·이훈 옮김, 「네거티브, 그 치명적 유혹: 미국의 역사를 바꾼 최악의 네거티브 캠페인 25위~1위」, 플래닛미디어, 2007.

John Tebbel, 「The Media in America」, New York: New American Library, 1974.

Evan Thomas, 「A Reporter in Search of History: Theodore H. White 1915~1986」, 「Time」, May 26, 1986, p.62.

헬렌 토머스(Helen Thomas), 한국여성언론인연합 옮김, 「백악관의 맨 앞줄에서」, 답게, 2000.

Time, 「Television: The Most Intimate Medium」, 「Time」, October 14, 1966, p.58.

Time, 「Nader's Antibusiness Bust」, 「Time」, April 28, 1980, p.41.

Richard L. Tobin, 「The Star System and TV News」, 「Saturday Review」, April 9, 1966, pp.59~60.

로즈마리 통(Rosemarie Tong), 이소영, 『페미니즘 사상』, 한신문화사, 1995.

Judith S. Trent, 「Richard Nixon's Methods of Identification in the Presidential Campaigns of 1960 and 1968: A Contest Analysis」, 『Today's Speech』, 19(Fall 1971), pp.23~30.

Edward R. Tufte, 『Political Control of the Economy』, Princeton, N.J.: Princeton University Press, 1980.

에드워드 R. 터프트(Edward R. Tufte), 김도훈 옮김, 『경제의 정치적 통제: 선거와 경제』, 대영문화사, 1987.

Jeremy Tunstall, 『The Media Are American: Anglo-American Media in the World』, New York: Columbia University Press, 1977.

Kathleen J. Turner, 『Lyndon Johnson's Dual War: Vietnam and the Press』, Chicago: The University of Chicago Press, 1985.

폴 비릴리오(Paul Virilio), 이재원 옮김, 『속도와 정치: 공간의 정치학에서 시간의 정치학으로』, 그린비, 2004.

존 A. 워커(John A. Walker), 정진국 옮김, 『대중매체시대의 예술』, 열화당, 1987.

존 A. 워커(John A. Walker), 장선영 옮김, 『매스미디어와 미술』, 시각과 언어, 1998.

George Wallace, 「"The Civil Rights Movement Is a Hoax"」, Gary Donaldson, ed., 『Modern America: A Documentary History of the Nation Since 1945』, Armonk, NY: M.E.Sharpe, 2007, pp.168~172.

이매뉴얼 월러스틴(Immanuel Wallerstein), 김시완 옮김, 『탈아메리카와 문화이동: 변화하는 세계체제』, 백의, 1995.

Michael Walsh, 「Sounds of Silence」, 『Time』, November 15. 1993.

Warren Commission, 『Report of the Warren Commission on the Assassination of President Kennedy』, New York: Bantam Book, 1964.

Max Ways, 「"Creative Federalism" and the Great Society」, 『Fortune』, January 1966, pp.121~123, 222~229.

Robert B. Westbrook, 「Politics as Consumption: Managing the Modern American Election」, Richard Wightman Fox and T. J. Jackson Lears, eds., 『The Culture of Consumption: Critical Essays in American History, 1880~1980』, New York: Pantheon Books, 1983, pp.143~173.

Theodore H. White, 『The Making of the President 1960』, New York: Atheneum, 1961.

Theodore H. White, 『The Making of the President 1964』, New York: Atheneum, 1965.

Thomas Whiteside, 「Annals of Advertising: Cutting Down」, 『New Yorker』, December 19, 1970, pp.42~95.

Tom Wicker, 『JFK and LBJ: The Influence of Personality Upon Politics』, Baltimore, Md.: Penguin Books, 1968.

Tom Wicker, 「Lyndon Johnson vs. the Ghost of Jack Kennedy」, Earl Latham, ed., 『J.

F. Kennedy and Presidential Power』, Lexington, Mass.: D. C. Heath and Co., 1972), pp.57~70.

Tom Wicker, 『On Press』, New York: The Viking Press, 1975.

톰 위커(Tom Wicker), 김철웅 옮김, 「케네디라면 어떻게 했을까?」, 『경향신문』, 1993년 11월 27일, 10면.

톰 위커(Tom Wicker), 「리처드 M. 닉슨: 성공한 정치인, 그러나 열린 지도력 발휘못한 리더」, 로버트 A. 윌슨(Robert A. Wilson) 외, 형선호 옮김, 『국민을 살리는 대통령 죽이는 대통령』, 중앙M&B, 1997, 178~206쪽.

T. Harry Williams, 「Huey, Lyndon, and Southern Radicalism」, 『Journal of American History』, 60(September 1973), pp.267~293.

Gary Wills, 『Nixon Agonistes: The Crisis of the Self-Made Man』, New York: New American Library, 1969.

Gary Wills, 『The Kennedy Imprisonment: A Meditation on Power』, New York: Pocket Books, 1981.

Gary Wills, 『Reagan's America: Innocents at Home』, New York: Doubleday, 1987.

Earl Wilson, 『Show Business Laid Bare』, New York: New American Library, 1974.

David Wise, 『The Politics of Lying: Government Deception, Secrecy, and Power』, New York: Vintage Books, 1973.

Evans Witt, 「Here, There and Everywhere: Where Americans Get Their News」, 『Public Opinion』, Aug./Sept. 1983, pp.45~48.

Donald L. Wolfarth, 「John F. Kennedy in the Tradition of Inaugural Speeches」, 『Quarterly Journal of Speech』, 47(1961), pp.124~132.

로빈 우드(Robin Wood), 이순진 옮김, 『베트남에서 레이건까지: 헐리우드 영화 읽기/성의 정치학』, 시각과언어, 1994.

맬컴 엑스(Malcolm X), 알렉스 헤일리(Alex Haley) 기록, 김종철 외 공역, 『말콤 엑스(전2권)』, 창작과비평사, 1993.

알렉산더 야코블레프(Alexander Yakovlev), 전원하 옮김, 『성조기와 폭력』, 밝은글, 1989.

David Zarefsky, 「President Johnson's War on Poverty: The Rhetoric of Three 'Establishment' Movements」, 『Communication Monographs』, 44(1977), pp.352~373.

David Zarefsky, 「The Great Society as a Rhetorical Proposition」, 『The Quarterly Journal of Speech』, 65(1979), pp.364~378.

Leonard Zeidenberg, 「Is FCC Obsolete?」, 『Television Magazine』, 13:10(Oct. 1966), pp.27~31, 51~57.

하워드 진(Howard Zinn), 조선혜 옮김, 『미국민중저항사(전2권)』, 일월서각, 1986.

하워드 진(Howard Zinn), 이아정 옮김, 『오만한 제국: 미국의 이데올로기로부터 독립』, 당대, 2001.

하워드 진(Howard Zinn), 문강형준 옮김, 『권력을 이긴 사람들』, 난장, 2008.

하워드 진(Howard Zinn) & 레베카 스테포프(Rebecca Stefoff) 김영진 옮김, 「하워드 진 살아 있는 미국역사」, 추수밭, 2008.

강미은, 「여론조사 뒤집기: 여론 게임의 해부」, 개마고원, 1997.
강준만, 「정보제국주의: 제3세계의 도전과 미국의 대응」, 한울아카데미, 1989.
강준만, 「춤추는 언론 비틀대는 선거: 언론과 선거의 사회학」, 아침, 1992.
강준만, 「커뮤니케이션 사상가들」, 한나래, 1994.
강준만, 「한국인을 위한 교양사전」, 인물과사상사, 2004.
강준만, 「한국현대사 산책(전18권)」, 인물과사상사, 2002~2006.
강준만, 「한국 담배의 역사: 흡연의 문화정치학(2)」, 월간 「인물과 사상」, 2010년 4월호.
강준만 외, 「권력과 리더십(전6권)」, 인물과사상사, 1999~2000.
강준만 외, 「시사인물사전(전20권)」, 인물과사상사, 1999~2003.
강혜승, 「'나는 꿈이…' 킹목사 연설 40주년」, 「서울신문」, 2003년 8월 25일, 8면.
경향신문, 「박정희 "독도 폭파하고 싶다": 미, 한·일에 조기수교 강한 압력」, 「경향신문」, 2004년 6월 21일, 2면.
고석태, 「알리-프레이저 '못말리는 라이벌'」, 「조선일보」, 1999년 12월 23일, 33면.
고성국, 「4월혁명의 역사적 부정으로서의 5·16쿠데타」, 고성국 외, 「1950년대 한국사회와 4·19혁명」, 태암, 1991.
고종석, 「도시의 기억」, 개마고원, 2008.
곽수근, 「워런 비티는 정말 1만2775명을 유혹했나」, 「조선일보」 2010년 1월 16일자.
구정은, 「어제의 오늘」, 「경향신문」, 2009년 6월 24일~10월 28일자.
구춘서, 「부활하는 흑인영웅 말콤 엑스」, 「말」, 1993년 1월호.
국기연, 「중동-아시아, 세계무기 84% 사들여」, 「세계일보」, 2003년 10월 2일, 8면.
국민일보, 「"마릴린 먼로 마피아가 죽였다"」, 「국민일보」, 1992년 2월 19일.
권순일, 「알리 "장애인 여러분 힘내세요"」, 「동아일보」, 1996년 10월 14일, 15면.
권용립, 「미국 외교의 역사」, 삼인, 2010.
김교식, 「다큐멘터리 박정희」, 평민사, 1990.
김동철, 「자유언론법제연구」, 나남, 1987.
김민남, 「시민의 알 권리」, 한병구 편, 「언론법제통론」, 나남, 1990.
김봉중, 「카우보이들의 외교사: 먼로주의에서 부시 독트린까지 미국의 외교전략」, 푸른역사, 2006.
김선욱, 「정치와 진리」, 책세상, 2001.
김선욱, 「한나 아렌트 정치판단이론: 우리 시대의 소통과 정치윤리」, 푸른숲, 2002.
김성곤, 「헐리웃: 20세기 문화의 거울」, 웅진출판, 1997.
김성곤, 「영화속의 문화」, 서울대학교 출판부, 2004.
김성수, 「오바마의 신화는 눈물이었다: 오바마 신화의 탄생, 현장 100일의 리포트」, 열린책들, 2009.
김성화·권수진 엮음, 「상식의 파괴자들: 빌 게이츠에서 마이클 조던까지」, 새길, 1995.

김승수, 『디지털 제국주의』, 나남, 2000.
김용관, 『탐욕의 자본주의: 투기와 약탈이 낳은 괴물의 역사』, 인물과사상사, 2009.
김용석, 「다시 쓰는 한반도 100년」, 『경향신문』, 2001년 9월 22일, 11월 3일자.
김우룡 엮음, 『커뮤니케이션 기본이론』, 나남, 1992.
김윤성 지음, 권재준 그림, 『그림으로 이해하는 생태사상』, 개마고원, 2009.
김정열, 『미국에서 본 팍스 아메리카나』, 이슈투데이, 2001.
김정현, 「60년대 근대화노선: 미국의 '문화제국주의'와 한국지식인」, 『역사비평』, 제13호, 1991년 여름.
김정환, 「책과 시대: 자서전 『말콤 엑스』」, 『중앙일보』, 1993년 12월 22일, 11면.
김종두, 「'회교이단' 지도자로 10년새 급부상/ '흑인행진' 주도 패러칸」, 『경향신문』, 1995년 10월 15일, 7면.
김종철, 『오바마의 미국, MB의 대한민국』, 시대의창, 2009.
김준하, 『대통령과 장군: 윤보선 대 박정희』, 나남, 2002.
김지석, 『미국을 파국으로 이끄는 세력에 대한 보고서: 부시 정권과 미국 보수파의 모든 것』, 교양인, 2004.
김진국 · 정창현, 『www.한국현대사.com』, 민연, 2000.
김진균 · 홍성태, 『군신과 현대사회: 현대 군사화의 논리와 군수산업에 관한 연구』, 문화과학사, 1996.
김진우, 「어제의 오늘」, 『경향신문』, 2009년 6월 11일~2009년 10월 22일자.
김진웅, 「유태 인종 말살, 히틀러 공범 수십만」, 『시사저널』, 1996년 8월 29일, 53면.
김진웅, 『냉전의 역사, 1945~1991』, 비봉출판사, 1999.
김철규, 「제2부 제5장 소비자운동」, 김덕호 · 김연진 엮음, 『현대 미국의 사회운동』, 비봉출판사, 2001, 360~391쪽.
김희균, 「유대인 학살전 장애인 27만명 연습살해」, 『세계일보』, 2003년 10월 2일, 9면.
나카무라 후쿠지, 「68혁명, 현대사의 분수령: 일본 급진적 학생운동과 좌절」, 『역사비평』, 제51호, 2000년 여름.
리영희, 『역설의 변증: 통일과 전후세대와 나』, 두레, 1987.
리영희, 『역정: 나의 청년시대-리영희 자전적 에세이』, 창작과비평사, 1988.
리영희, 『동굴속의 독백』, 나남, 1999.
문정인, 「'공룡' 군산복합체는 어디로」, 『미국 초강국의 빛과 그늘』(『신동아』 1996년 1월호 별책부록), 동아일보사, 1996.
민용기, 『그래도 20세기는 좋았다 1901~2000』, 오늘, 1999.
박경재, 『미국 대통령 이야기(전2권)』, 이가책, 1995.
박노자, 『나를 배반한 역사』, 인물과사상사, 2003.
박보균, 『살아 숨쉬는 미국역사』, 랜덤하우스중앙, 2005.
박성심, 「케네디와 존슨 행정부의 외교정책(1961~1969)」, 최영보 외, 『미국현대외교사: 루즈벨트 시대에서 클린턴 시대까지』, 비봉출판사, 1998, 275~282쪽.
박성희, 『미디어인터뷰』, 나남출판, 2003.

박승혁, 「존 F 케네디 연애편지 1억원 넘게 팔려」, 『조선일보』, 2010년 3월 6일자.
박용현, 「나쁜 사람 미란다」, 『한겨레 21』, 제791호(2009년 12월 25일).
박윤형, 『러시아 정치사상사』, 문예림, 2000.
박중현, 「[책갈피 속의 오늘]1971년 사이먼&가펑클 그래미賞 5관왕」, 『동아일보』, 2009년 3월 16일자.
박진빈, 「미국의 보수화와 군산복합체: 신남부의 힘」, 『역사비평』, 제64호(2003년 가을), 39~59쪽.
박태균, 「한국 경제발전론의 대부, 김영선과 박희범」, 『참여사회』, 1997년 5·6월호.
박태균, 「5·16쿠데타와 미국: 비밀해제된 미국 문서를 중심으로」, 『역사비평』, 제55호(2001년 여름).
박태균, 「1950·60년대 경제개발 신화의 형성과 확산」, 『동향과 전망』, 제55호(2002년 겨울).
박형준, 「"미국이 세계를 진두지휘한다": 미 1년 군사비, 전세계 862조원의 절반」, 『동아일보』, 2004년 9월 7일, A14면.
사루야 가나메, 남혜림 옮김, 『검증, 미국사 500년의 이야기』, 햇담출판, 2007.
서영찬, 「[어제의 오늘]1964년 미 공중위생국 '흡연 보고서' 달표」, 『경향신문』, 2010년 1월 11일자.
서의동, 「어제의 오늘」, 『경향신문』, 2009년 7월 14일~10월 6일자.
성호준, 「나비처럼 날아 벌처럼 쏜 '링의 전설'」, 『중앙일보』, 1999년 3월 18일, 39면.
성환희, 「"알리! 알리!" 양키스타디움 시상식 참여 빅리거·관중들 영웅에 흥분」, 『한국일보』, 2009년 8월 8일자.
세계일보, 「케네디 암살 상황 생생히 증언/재클린 인터뷰 33년단에 햇빛」, 『세계일보』, 1995년 5월 31일, 10면.
세계일보, 「'평화의 사도' 알리 눈물 흘린 이유는…」, 『세계일보』, 1999년 12월 9일, 15면.
세계일보, 「지난해 세계 무기시장 미국·러시아 74% 장악」, 『세계일보』, 2004년 8월 31일, 12면.
세계일보, 「"미란다원칙 고지 안한 경관 폭행 무죄"」, 『세계일보』, 2004a년 9월 1일, 8면
손세호, 『하룻밤에 읽는 미국사』, 랜덤하우스, 2007.
손정목, 『서울 도시계획 이야기: 서울 격동의 50년과 나의 증언』, 한울, 2003.
송기도, 『콜럼버스에서 룰라까지: 중남미의 재발견』, 개마고원, 2003.
송기도·강준만, 『콜럼버스에서 후지모리까지: 중남미의 재발견』, 개마고원, 1996.
시무라 마사오 외, 이경애·황순애 옮김, 『미국문화지도』, 한나래, 1995.
신광영, 「WASP가 지배하는 제국」, 『황해문화』, 제32호(2001년 가을), 47~61쪽.
신지영, 「역자 후기」, 카터 래트클리프(Carter Ratcliff), 신지영 옮김, 『앤디 워홀: 팝 아트의 슈퍼스타』, 눈빛, 1995.
안수찬, 「흑인차별·베트남전 … 나비처럼 날아 벌처럼 쏘다」, 『한겨레』, 1999년 12월 1일, 31면.
야마베 겐타로, 안병무 옮김, 『한일합병사』, 범우사, 1991.
연동원, 『영화 대 역사: 영화로 본 미국의 역사』, 학문사, 2001.
오구라 사다오, 박경희 옮김, 『베트남사』, 일빛, 1999.
오원철, 『한국형 경제건설 2』, 기아경제연구소, 1996.

오치 미치오 외, 김영철 편역, 『마이너리티의 헐리웃: 영화로 읽는 미국사회사』, 한울, 1993.
요미우리 신문사 엮음, 이종주 옮김, 『20세기의 드라마(전3권)』, 새로운 사람들, 1996.
우태희, 『오바마 시대의 세계를 움직이는 10대 파워』, 새로운제안, 2008.
유근배, 「미국의 환경운동」, 미국학연구소 편, 『미국사회의 지적 흐름: 정치 · 경제 · 사회 · 문화』, 서울대학교출판부, 1998, 293~318쪽.
유병선, 「캘리포니아 드림」, 『경향신문』, 2009년 7월 24일자.
유병용, 「박정희정부와 한일협정」, 한국정신문화연구원 편, 『1960년대의 대외관계와 남북문제』, 백산서당, 1999.
유시민, 『거꾸로 읽는 세계사』, 푸른나무, 1988.
유신모, 「어제의 오늘」, 『경향신문』, 2009년 1월 2일~2009년 9월 5일자.
유일상, 『매스미디어와 열린세상』, 경인문화사, 1995.
유재현, 『거꾸로 달리는 미국: 유재현의 미국사회 기행』, 그린비, 2009.
윤봉현, 「무하마드 알리병」, 『신동아』, 1997년 2월호, 512쪽.
이강수, 『현대 매스커뮤니케이션이론』, 나남, 1991.
이경희, 「'대통령의 연인' 마릴린」, 『국민일보』, 1998년 8월 11일, 26면.
이도성 편저, 『실록 박정희와 한일회담: 5 · 16에서 조인까지』, 한송, 1995.
이동원, 『대통령을 그리며』, 고려원, 1992.
이보형, 『미국사 개설』, 일조각, 2005.
이삼성, 『20세기의 문명과 야만: 전쟁과 평화, 인간의 비극에 관한 정치적 성찰』, 한길사, 1998.
이상호, 「글로벌라이제이션과 미국 복지제도」, 김진방 · 성낙선 외, 『미국 자본주의 해부』, 풀빛, 2001, 87~124쪽.
이성욱, 「마약세대, 할리우드를 쏘다」, 『한겨레 21』, 2002년 1월 24일, 56면.
이성주, 「제2차 걸프전, 과연 누구를 위한 전쟁인가?」, 『아웃사이더』, 제12호(2003년 4월).
이숙진, 「시몬 드 보부아르」, 김우창 외, 『103인의 현대사상』, 민음사, 1996.
이승숙, 「케네디 전 미대통령 쿠바와 관계정상화 추진했다」, 『세계일보』, 1994년 8월 30일, 6면.
이원덕, 『한일 과거사 처리의 원점: 일본의 전후처리 외교와 한일회담』, 서울대학교출판부, 1996.
이주영, 『미국사』, 대한교과서, 1995.
이주영, 「미국 신좌파: 역사적 의미와 유산」, 미국학연구소 편, 『미국사회의 지적 흐름: 정치 · 경제 · 사회 · 문화』, 서울대학교출판부, 1998, 247~270쪽.
이창신, 「제2부 제4장 여성운동」, 김덕호 · 김연진 엮음, 『현대 미국의 사회운동』, 비봉출판사, 2001, 324~359쪽.
이창신, 「미국여성과 또 하나의 역사: '평등'과 '해방'을 위한 투쟁」, 김형인 외, 『미국학』, 살림, 2003, 355~386쪽.
이창신, 『미국 여성사』, 살림, 2004.
이철민, 「미 역대 대통령들의 스캔들: 베일 뒤에 가려진 사생활 파헤친『백악관의 내부』」, 『주간조선』, 1995년 6월 22일, 42~46면.
이철민, 「'D-13'에 가려진 당시 쿠바와 소련의 상황」, 『씨네 21』, 2001년 6월 12일, 106~107면.

이현두, 「[책갈피 속의 오늘]1964년 '비틀스' 미국 방문」, 『동아일보』, 2009년 2월 7일자.
일요신문, 「마릴린 먼로 그의 이름은 "스파이"」, 『일요신문』, 1993년 5월 23일, 46면.
임대식, 「1960년대 초반 지식인들의 현실인식」, 『역사비평』, 제65호(2003년 겨울).
임소정, 「[어제의 오늘]1975년 '케네디 암살 장면' 필름 TV에 공개」, 『경향신문』, 2010년 3월 6일자.
임용순, 『역사를 바꾼 통치자들: 미국편』, 미래사, 1995.
임항, 「케네디는 군·산 음모에 희생"/미 영화 〈JFK〉화제」, 『국민일보』, 1992년 1월 16일, 18면.
장수한, 『그래도, 희망의 역사: 나와 세상을 바꾸는 역사 읽기』, 동녘, 2009.
장호순, 『미국 헌법과 인권의 역사: 민주주의와 인권을 신장시킨 명판결』, 개마고원, 1998.
정경모, 「박정희: 권력부상에서 비극적 종말까지」, 『역사비평』, 제13호(1991년 여름).
정승옥, 「'68년 박정희 "북 공격" 요구 … 미서 "반대": 역대 대통령 통치사료 1302건 발견」, 『세계일보』, 2002년 1월 10일, 5면.
정연주, 「패라칸이 주범 확신/딸이 청부살해 기도/말콤엑스 암살 재조명 관심」, 『한겨레』, 1995a년 1월 14일, 7면.
정연주, 「말콤엑스 딸 '패라칸 청부살해 기도'/정부 정보원 공작 의혹」, 『한겨레』, 1995b년 1월 15일, 7면.
정영오, 「존 F. 케네디 연애편지 경매에」, 『한국일보』, 2010년 2월 18일자.
정욱식, 「9·11테러 이후 1년, 테러와의 전쟁과 미국의 군산복합체」, 『문화과학』, 제31호(2002년 가을).
정태원, 「미스터리 사건 10선」, 『사건과 인물로 본 20세기 명장면 200선(『월간중앙』 1999년 송년호 특별부록)』, 중앙일보J&P, 1999, 128~129쪽.
조갑제, 『내 무덤에 침을 뱉어라 4: 국가개조』, 조선일보사, 1993.
조선일보, "재클린, 남편외도 홧김에 바람피웠다", 1996년 6월 20일자.
조희연, 『동원된 근대화: 박정희 개발동원체제의 정치사회적 이중성』, 후마니타스, 2010.
채장석, 「포스트모더니즘과 비디오 아트」, 김욱동 편, 『포스트모더니즘과 예술』, 청하, 1991.
최명·백창재, 『현대 미국정치의 이해』, 서울대학교 출판부, 2000.
최영해, 「1966년 美 '미란다 원칙' 판결」, 『동아일보』, 2008년 6월 13일자.
최웅·김봉중, 『미국의 역사』, 소나무, 1997.
태혜숙, 『미국문화의 이해』, 중명, 1997.
팽원순, 『매스코뮤니케이션 법제이론』, 개정판, 법문사, 1988.
한국과학기술원 인문사회과학연구소, 『과학도가 읽어야 할 인문교양서 83선』, 한울, 1999.
한국미국사학회 엮음, 『사료로 읽는 미국사』, 궁리, 2006.
한국일보, 「마릴린 먼로 "케네디형제가 약물 살해": LA타임스 기자 『마릴린…』 책서 주장」, 『한국일보』, 1992년 8월 6일, 16면.
한국일보, 「미, 62년 쿠바폭격 검토: 백악관비밀회의 녹음테이드 공개」, 『한국일보』, 1994년 7월 29일, 7면.
한규석, 『사회심리학의 이해』, 학지사, 1995.
한홍구, 『대한민국사』, 한겨레신문사, 2003.

한홍구, 「박정희 정권의 베트남 파병과 병영국가화」, 『역사비평』, 제62호(2003a년 봄).
허문영, 「큰 것이 아름답다: 블록버스터의 경제학과 미학」, 『필름 컬쳐』, 1:1(1998), 82~93쪽.
홍규덕, 「베트남전 참전 결정과정과 그 영향」, 한국정신문화연구원 편, 『1960년대의 대외관계와 남북문제』, 백산서당, 1999.
홍은택, 「병마에 말 잃은 왕년의 떠버리」, 『동아일보』, 1997년 4월 28일, 13면.
히로세 다카시, 박승오 옮김, 『미국의 경제지배자들』, 동방미디어, 2000.

찾아보기

1차 비동맹국가 정상회담(베오그라드회담) 198, 203
2차 비동맹국가 정상회담 203

H. W. 부시, 조지 42, 162, 225
〈JFK〉 160~162
KKK 139, 180~182, 309
U-2기 격추사건 17

가가린, 유리 53, 71
고 딘 디엠 215, 216
골드워터, 배리 140, 221~224
광활한 황무지 (연설) 84, 87, 175
군산복합체 30, 31, 33, 34, 37~39, 43, 135, 158, 160
굿윈, 리처드 219, 220
그레이엄, 캐서린 51, 169
그레이엄, 필립 51, 169, 170
김종필 66, 233

네루, 자와할랄 203
네이더, 랠프 251~256
네이션 오브 이슬람 239, 241, 247, 293
뉴 프런티어 14, 15, 28, 47, 48, 50, 232
닉슨, 리처드 9, 16, 17, 21~27, 29, 55, 112, 225, 314

디마지오, 조 110, 111

딜런, 밥 181

러스크, 딘 45, 62, 229
레넌, 존 177, 180
레이건, 로널드 40, 45, 224, 225, 255
로스토, 월트 230~235
리프먼, 월터 49, 50

마르쿠제, 헤르베르트 194, 195
마오쩌둥 268
매클루언, 마셜 23, 24, 186~196, 223, 314
맥나마라, 로버트 45, 79
머로, 에드워드 47
먼로, 메릴린 93, 103~105, 108~111, 113, 193
메레디스, 제임스 139, 140, 245, 246
무하마드, 일라이자 239~242
문화혁명 268
미노우, 뉴턴 84~88, 175, 275
미란다, 에르네스토 256~258
〈미시시피 버닝〉 183
민권법 13, 140, 182, 184, 222, 225
민주사회를 위한 학생(SDS) 283

바에즈, 조앤 227
박정희 61~66, 228, 229, 233, 234, 261~265, 267~269, 273
백남준 311~314
베이비붐 305

베트콩 132, 215, 217, 262, 279, 290, 300
〈보니와 클라이드〉 301, 303~307
보부아르, 시몬 드 117~120
보이지 않는 빈곤층 114, 115
부시, 조지 41, 42, 225
브라운 각서 267
브라운, 윈스럽 261, 267
브레즈네프, 레오니트 217
브링클리, 데이비드 89~91, 176, 177, 276, 285
블랙 파워 242, 244, 245
비틀스 177~181, 186
비티, 워렌 301~305

설리번, 에드 179, 181
성조기보호법 293
세이퍼, 몰리 279, 288
소렌센, 시어도어 21, 45, 106, 137, 138
『숨겨진 설득자』 121
슐레진저 2세, 아서 28, 49, 55, 56, 87, 295
스탠턴, 프랭크 24, 85~87, 279
스티븐슨, 애들라이 13, 54, 149
스푸트니크 13
시내트라, 프랭크 89
신좌파 195, 196, 282, 316

아렌트, 한나 126, 128
아시아·아프리카 회의(반둥회의) 198
아이젠하워, 드와이트 13, 16, 17, 25, 30, 31, 33~35, 43, 48, 52, 83, 106, 135, 168, 212, 213, 262
아이히만, 카를 아돌프 126~129, 132~134
안방전쟁 278
알리, 무하마드 290, 293, 296~300
『어떤 속도에서도 안전하지 않다』 251
엑스, 맬컴 143, 236~243, 246, 247, 293
『여성의 신비』 122~125, 254
연방통신위원회(FCC) 83~88, 175, 250, 254, 275, 286
『예루살렘의 아이히만』 126
오바마, 버락 143
오벌 오피스 28, 173
오스왈드, 리 하비 153, 155~160, 162, 294
와스프(WASP) 185
와츠 폭동 243, 244, 246
워런, 얼 156

워런 위원회 156~158, 161, 162
워싱턴 행진 141, 143, 182
워홀, 앤디 93~95, 98~102, 138
월리스, 조지 140, 182
위대한 사회 220, 225
유엔 무역개발회의(UNCTAD) 203
이동원 262, 265~267, 269
〈이지 라이더〉 306, 307

정보공개법(FOIA) 254
『제2의 성』 117~120
제노비즈, 키티 207, 209
존, 엘튼 113
존슨, 린든 18~20, 55, 57, 58, 152, 155, 161, 166~173, 182, 210, 216, 218~226, 229, 230, 233, 235, 253, 261, 263, 265, 269~275, 279, 282, 286, 293
집단사고 55, 57, 67, 209

철의 삼각 35, 37
촘스키, 노엄 26, 294
『침묵의 봄』 115

카스트로, 피델 52, 53, 63, 69, 73, 78, 111, 155, 159, 163
카슨, 레이철 115~117
카터, 지미 17
케네디, 로버트 45, 46, 79, 103, 104, 107~110, 163, 164, 172, 228
케네디(부비에), 재클린(재키) 13, 30, 51, 105~107, 149, 151, 152, 155
케네디, 조지프 9, 12, 19, 46, 105, 108, 112
케네디, 존 F. 9~16, 18~22, 24~30, 44~52, 54~58, 61~65, 67~69, 70~73, 76~80, 83, 84, 89, 103~114, 122, 136~141, 149~153, 155~168, 170~176, 189, 209 215, 216, 218, 221, 225, 228, 232, 240, 275, 279, 280, 282, 294, 303, 313
쿠바 미사일 위기 73, 79, 80, 111, 159
쿨 미디어 188, 189, 191
크록, 아서 10, 13
크롱카이트, 월터 91, 175~177, 276, 285
클린턴, 빌 111, 209
킹, 마틴 루서 21, 109, 138, 141, 143, 145, 146, 164, 182, 184, 236, 239, 244, 289

테디 화이트 신드롬 29
테리, 루서 249~251
통킹만 210, 217, 261

폰다, 제인 99, 305
폰다, 피터 307
프렌들리, 프레드 279, 284, 286
프리단, 베티 120~124, 254
피그스만 (침공) 53, 55~58, 67, 69, 71, 73, 159, 163

한일협정 263
한일회담 64, 228~230, 233, 234
핫 미디어 188, 189, 193
헌틀리, 쳇 89~91, 176, 177, 276, 285
험프리, 휴버트 18, 24, 265~267
호찌민 211, 212
화이트, 시어도어 18, 19, 29, 151
후버, 존 에드거 19, 20, 46, 107~109, 145, 159, 172, 184, 236
흐루쇼프, 니키타 71~73, 77~79, 194, 217
히피 195, 314~318